Las mujeres que hay en mí

Maria de la Pau Janer

Las mujeres que hay en mí

Círculo de Lectores

SOFÍA

I

En aquella casa habitaban los fantasmas de mis madres. Lo supe desde que era una niña que caminaba junto a los muebles, mirándolos como observan los mayores las montañas recortadas en el cielo. Tenía que levantar la cabeza y ponerme de puntillas para ver las mecedoras de madera, las mesas de cerezo, las sillas tapizadas de terciopelo, las camas de dosel. Entonces aún me resultaba fácil buscar rincones donde esconderme de los miedos infantiles, refugios absurdos donde me sentía segura. Había escondites en las paredes, entre las butacas y las cortinas que caían pesadas, tras la chimenea, en el ángulo que formaba el guardarropa con la pared. Me encogía y esperaba, el corazón acelerado, que alguien viniera a mi encuentro.

Los fantasmas no tenían las formas blancas que aparecían en mis tebeos o en el cine. En las sábanas que se tendían detrás de la casa, en unos porches abiertos al exterior, justo donde empezaba el huerto de los naranjos, no estaban. Estaba segura de ello. Como me entretenía en verlas volar, empujadas por la brisa de la mañana, el airecillo del mediodía, o el viento de las tardes agitadas, sabía que sólo eran telas blancas. Olían a azahar por la proximidad de los árboles, pero no ocultaban secretos. Volaban bien alto, se alzaban sólo un poco, o reposaban verticales, mientras el sol les robaba los restos de agua y el aire les traía buenos aromas.

Tampoco tenían rostros extravagantes ni expresiones que provocasen temor. No eran figuras concretas que se pudieran descubrir fácilmente a través de los sentidos, aunque los sentidos las adivinaran. Yo intuía su presencia, a veces tranquilizadora, a veces inquietante. Pero no eran espantajos que me turbasen el sueño o que me despertaran en mitad de la noche. Eran fantasmas amables, si no se les contradecía; generosos, cuando les contaba mis manías de adolescente. Tenían la paciencia de quien dispone de todo el tiempo del mundo por delante. La gracia de los que nunca harán un gesto que los transforme ante nuestros ojos. El encanto de lo que no se dice. Me acompañaban siempre. Estaban en la casa y ocupaban cada rincón de ella, con la certeza de que nada podía hacer que me abandonasen. Me esperaban en las habitaciones, a lo largo del pasillo, en las salas que se comunicaban con puertas correderas. Me hacían un guiño cuando contaba mentiras para volver más tarde los sábados. Mostraban un gesto triste si no les prestaba atención.

Los fantasmas de mis madres estuvieron conmigo durante una infancia larga y una adolescencia casi eterna, hasta que un día desaparecieron y no volvieron. Esto ocurrió cuando conocí a Ramón y aún no debo hablar de ello. Ahora es el turno de la casa donde he vivido desde que nací y, sobre todo, de los retratos de dos mujeres, colgados en la pared de mi dormitorio. Dos mujeres muy bellas, que tenían la mirada oscura de los que han tenido que morir antes de tiempo.

Cuando era pequeña, me preguntaba si la naturaleza me regalaría parte de su encanto. Nunca estuve muy segura de ello, porque me parecía imposible igualarlas en algo. Ellas eran como una mañana limpia de nubes. En la pintura, lucían la piel tersa, los ojos de almendra, las manos pequeñas, nerviosas, que no se resignan a la inmovilidad. Me imaginaba sus movimientos como un zumbido de abejas en días soleados, la sonrisa tímida, sólo insinuante, que se convertía en una risa de cristal, ancha y feliz. La verdad es que nunca supe si fueron felices. De sus vidas, me llegaban relatos imprecisos que no me servían de mucho para conocer el original. De su rostro, quedaban las fotografías que llenaban aquella casa. Fotografías de las dos, perdidas en un baúl, en un libro cualquiera, sobre el anaquel de una estantería. Tenía, además, los retratos al óleo que había en mi habitación. Prefería suponerlas vivas. Me las inventaba capaces de salir airosas de cualquier obstáculo. Cuando me miraba en el espejo, el rostro adolescente todavía no del todo perfilado, la piel con algún granito inoportuno, el pelo demasiado liso, no podía evitar comparar mi cara con las suyas.

En la pared que quedaba a la derecha de mi cama, había una ventana que daba al huerto. Apoyada en el alféizar, me gustaba extender la mirada por el trozo de paisaje que se recortaba en el marco de madera. Era un paisaje tranquilo, de naranjos y muros de piedra. A lo lejos, una palmera esbelta y la sombra de algunas casas, la pendiente de sus tejados, la torre de humo que salía de sus chimeneas. Era una visión tan agradable... Había llegado a aprenderme de memoria cada uno de los matices del cielo: resplandeciente por la mañana, vivísimo al mediodía, mortecino todas las tardes, cuando giraba hacia un rojo rodeado de gris. En la pared de la izquierda, estaba el retrato de mi abuela: Sofía Riba Morell, muerta a los veinte años. Tenía el cuello esbelto y los hombros redondos, finos. El pelo le cubría el escote en una dispersión de color miel y arena tostada. La cara larga, con los pómulos marcados, a pesar de una juventud que se habría adecuado mejor a las redondeces de carne propias de la época. Me habían explicado poco de su existencia breve y supuestamente satisfactoria. Supe que se casó muy joven con Mateo Feliu Pujol, un médico de Andratx que debió de quererla con una pasión calmada de hombre de bien. Ninguno de los dos se haría demasiadas preguntas; ella no tuvo tiempo. Vivieron en la casa donde yo viví después y engendraron una hija. Mi abuela vería pasar los días uno tras otro, monótonos y repetidos, en pugna con la prisa que le dictaban los ojos, aquella mirada que, a pesar de los esfuerzos del pintor por hacer un retrato convencional, no era capaz de ocultar el hambre de vivir que tenía.

Delante de mi cama, ocupando una parte considerable de la pared, colgaba el retrato de mi madre: Elisa Feliu Riba, una mujer que tuvo una vida corta. Tenía la misma edad que la otra, veinte años mal contados, cuando murió en circunstancias extrañas. Circunstancias sobre las que todos los que estaban a mi alrededor se apresuraron en tejer el velo del misterio y del silencio, desde que era una niña. Una niña a quien nadie quería responder cuando preguntaba por ella. Mi madre estaba en el cielo, me decían mientras acariciaban mis cabellos. En el cielo y en el retrato, pensaba yo sin decir palabra. Hasta que hube superado los veinte años no respiré tranquila, liberada de una especie de maldición familiar que había imaginado que se perpetuaría en mí.

Elisa Feliu llevaba el cabello recogido en la nuca. A pesar de aquel orden aparente, un signo de contención bien distinto de la cabellera suelta del retrato de la abuela, nada alteraba la imagen de la muchacha rebelde. En los ojos, la mirada oscura de los gatos, que –curiosa ironía– tienen siete vidas, cuando la suya fue tan corta. En los labios, un rictus de firmeza, de voluntad. En las manos, un poco más pequeñas que las de la abuela, los dedos largos, finos, y un rastro muy sutil de venas marcadas en la blancura de la piel. Unas manos hechas para moverse al compás de las palabras, acentuando sus intensidades. En la barbilla, la inclinación justa de los que pisan el mundo confiados. Llevaba un vestido entre anaranjado y marrón, la oscilación de los colores dependía de la luz que entraba por la ventana y se proyectaba en ellos. Arriba, un mechón de cabello oscuro, que escapaba del peinado.

Eran parecidas y, a la vez, eran distintas. Durante las horas que dediqué a observar los retratos, largos ratos de observación curiosa y fascinada, intenté descifrar sus detalles. Ambas eran jóvenes y bellas, de una belleza poco frecuente, que se alejaba de los cánones. La abuela tenía quizá la nariz demasiado grande, cosa que, al levantar la cabeza en la tela, la dotaba de un gesto un punto altivo. A mi madre le ocurría con la boca: unos labios incómodos para una señora de buena familia, porque eran carnosos en exceso. Me recordaban a la fruta cuando está muy madura, en el momento preciso en que la carne escapa del envoltorio débil de la piel y derrama jugos de melocotón o de ciruela. La mirada, sin embargo, las diferenciaba. Los ojos de garza de la abuela me miraban con una chispa de felicidad pequeña, de andar por casa. Observarlos me llevaba a pensar en cosas sencillas, sin complicaciones. Cosas como los cubrecamas de encaje que ella había tejido, o como los tarros de confitura, que aún se utilizaban en la cocina, donde había escrito con una caligrafía pulcrísima, un poco inclinada, los nombres de las frutas: albaricoque, cereza, ciruela, naranja. Decían que era una experta entre las cacerolas y los fogones. Entretenía las horas muertas de su juventud preparando helados, horneando tartas, o probando los guisados de carne que se cocinaban poco a poco en un puchero.

La mirada de mi madre no tenía nada que ver con los bordados de la abuela. Ni tampoco con su paciencia en los fogones. Eran unos ojos que me producían una mezcla de sentimientos: por una parte, me inquietaban. Tiempo atrás, cuando era una cría, me habían enseñado a creer en los fantasmas. Descubrí que aquellos ojos no podían desaparecer y dejar al mundo a oscuras. Estaban ahí, jugando al escondite por los recodos de mi casa, ocultos en el mismo sitio donde yo me escondía. No sé si para huir de ellos o para encontrarlos. Por otra parte, me avergonzaban un poco. Eran unos ojos que reclamaban la vida, que la querían entera para exprimirla y agotarla, hasta que no quedara nada, ni una sola gota, en el pozo de la existencia. No se conformaban con la vida tranquila que, antes, había vivido la abuela en aquellas mismas paredes. La abuela, que tenía una mirada hambrienta de vivir, pero que no era como la otra, una exigencia permanente, confusa e inexplicable. Llevaba el pelo recogido en la nuca, pura convención, a propuesta seguramente del pintor, que debía de considerar excesivos sus rasgos de mujer que busca. El hombre se propondría contenerla y no se le ocurrió otra cosa que sujetarle el pelo: grave error. En realidad, el mechón huidizo era un signo de revuelta minúscula. La cabellera recogida servía, contradicciones del retrato, para subrayar el óvalo de la cara, la forma delicada de las sienes, la frente. Descubría las orejas menudas, el cuello provocadoramente desnudo, y una mirada demasiado intensa.

Descubrí que mi rostro constituía una suma de sus excesos, una combinación que no me gustaba mucho. En mi cara todo era un poco grande: la nariz, los ojos, los labios. Resultaba una serie de desproporciones. Casi durante toda la adolescencia, llevé el pelo recogido en una trenza. Era una forma cómoda de no tener que preocuparme ni de pensar en ello. De noche, deshacía la trenza de prisa, casi sin mirarme al espejo, me pasaba un peine y me olvidaba. Hasta que cumplí los veintiún años no fui capaz de sentarme ante el espejo de mi habitación, soltarme el lazo que lo contenía, y dejar que el pelo se desparramase por mis hombros sin ansiedad alguna. Entonces me pregunté cómo era posible ser una mezcla tan exacta de dos caras; y tuve miedo.

La casa en donde vivíamos era un lugar especial. En aquel sitio habitaban los elementos en estado puro porque era una fuente de energía tranquila. Un lugar que respira calma, sin obcecaciones ni prisas, al margen de las danzas del mundo. Caía la lluvia con más intensidad que en otros puntos de Palma, debido a la cercanía de la Serra Nord. De lejos, se recortaba su perfil azulado. En invierno, la temperatura del jardín estaba algunos grados por debajo de la del núcleo de la ciudad. El barrio de Sa Indioteria, a unos tres kilómetros del centro urbano, tenía una identidad propia. Estaba dividido en dos partes bien diferenciadas: Sa Indioteria Vella, calles con muros de piedra, la humareda azul de las casas. Se levantaban palmeras. Había alguna alberca con el agua color sapo y algas. La gente vivía en casas que tenían verjas abiertas a los caminos donde ladraban los perros. De vez en cuando, un conejo atravesaba un camino. Los pájaros se perseguían por los tejados y, en invierno, se solazaban encima de los capós de los coches.

Sa Indioteria Nova, que constituía un auténtico contraste visual para los peatones calmados, era una zona de edificios construidos en los setenta, que se habían ido multiplicando a medida que pasaban los años. Su desorden de geometrías y colores habría formado una mezcla confusa en la pupila de cualquier espectador atento. Durante años, vivieron ahí sólo los emigrantes que llegaban a Mallorca desde la Península. Buscaban trabajo y un techo. Pronto llenaron las calles de niñitos llorosos, de palabras nuevas, de costumbres traídas de fuera. La frontera entre los dos mundos –la calma del pasado y el caos del presente– se dibujaba sin resquicios, con trazo firme. Justo en el límite entre los dos mundos, situada en el umbral que separaba el ayer plácido del hoy bullicioso, estaba La Casa de Albarca, antigua finca mallorquina que mi abuelo compró cuando era muy joven a una familia muy conocida en la ciudad.

La compró mi abuelo de Andratx, Mateo Feliu, porque se enamoró de su perfil de casa sólida que invita a vivir en ella, que ofrece cobijo. Antes, sin embargo, tuvo que hipotecar las tierras de su mujer, Sofía Riba, hija de un farmacéutico de la localidad de Llubí que le dejó, al morir, una fortuna mal repartida entre cuatro herederos. Mi abuela era la hija pequeña y confió en el proyecto del marido. Para desgracia suya, murió demasiado joven. Sólo vivió en la finca los tres primeros años de casada, antes de abandonar el mundo para siempre, aunque yo estaba convencida de que nunca se había marchado del todo. Estaba en el cuadro de mi cuarto, figura silenciosa que me acompañaba. Estaba, sobre todo, en los rincones de aquella casa que aprendió a hacer suya en un espacio de tiempo demasiado breve.

Cuando estaba viva, desde el balcón de la fachada principal aún se veía parte de la iglesia de Sant Josep del Terme. Las campanas repicaban a fiesta en los días claros; pero tocaban a muertos si alguien se iba. Tocaron largamente por ella una mañana, cuando parecía que nada iba a trastocar el orden de aquel mundo pequeño y seguro. Tocaron por su hija, la madre a quien no conocí. Tocarán algún día por mí, que no quiero salir de esta casa que es mi refugio. Cuando las oigo, no puedo evitar pensar en ello. La iglesia ya no se ve desde el balcón de La Casa de Albarca: hay demasiados edificios de construcción barata que separan la casa de la plaza de la iglesia. Cerca de esta plaza, está el convento de las monjas donde crece un almez. Es un almez parecido al que se levanta en el jardín de La Casa de Albarca, sombreando con las ramas enormes la visión del balcón. Entre ambos árboles se establece una curiosa relación de no coincidencia que el abuelo me ha contado muchas veces. Los almeces sólo dan fruto en años alternos: un año sí, pero el que viene no, como si establecieran un juego entre la generosidad y la escasez. Cuando el almez que crece en la casa de las monjas tiene frutos, el nuestro está yermo. No encontraríamos ni una almeza, ninguna de las primerizas, menudas, negruzcas, de hueso duro y poca pulpa. Los dos árboles juegan a alternarse. El año que dan fruto, sacan las primeras hojas de primavera antes. Mientras en uno brota el verde fuera de hora, el otro tiene aún las ramas desnudas.

Desde que tengo memoria he vivido en esta casa. He aprendido a ver cómo pasa el tiempo en el almez, mientras me entretenía en la observación callada de sus cambios. Cuando llega Navidad, el árbol está desnudo. Antes se ha producido la caída lenta de las hojas, que han transformado el verde en ocre, formando una capa de amarillo en el suelo del patio. Debajo del almez hay unos bancos de piedra en los que mi abuelo se sienta a leer el periódico, en las calmas de enero. Yo no voy muy a menudo. Es un lugar que me gusta contemplar desde lejos, entre idas y venidas.

Nunca he preguntado a mi abuelo si añora los atardeceres de Andratx, cuando el sol gira sobre las barcas del puerto. Tampoco me he atrevido a preguntarle si echa en falta a la abuela de veras, a la mía. Años después de enviudar se volvió a casar con una mujer minúscula que no nos estorba apenas. Se llama Margarita: es simple y aburrida como las flores que llevan su nombre. Nada que ver con las mujeres de sus retratos. El abuelo vive siempre como si tuviera que pedirme disculpas por aquel casamiento. En realidad, no hablamos mucho de ello. Existe un acuerdo tácito entre nosotros: yo no le hago preguntas ni comentarios inconvenientes. Nunca he pronunciado frases que puedan enturbiar su existencia plácida de hombre resignado a las pérdidas. Sé respetar sus silencios: los de todos los días, cuando fija la mirada en un punto indefinido, mientras comemos, y no dice palabra; los de los domingos, cuando aprovecha mis salidas para recluirse en la habitación de los retratos y verlas de nuevo. Intuyo que no sabe cómo resistirse: hace años que abandonó el combate contra los recuerdos y ha llegado a establecer un pacto para convivir con ellos. Le gusta mirarlas, porque su visión ya no provoca grietas en su corazón: son la mujer y la hija que perdió, cuando aún eran demasiado jóvenes para tener que morir. El abuelo es un hombre arrugado a quien la vida ha secado poco a poco. Su piel se ha vuelto mortecina. Se le han secado las pupilas, los labios, las manos, hasta que casi no ha quedado nada. Es fácil descubrirle la curva de los hombros, el paso lento y una ligereza que lo hermana con las hojas de los árboles.

Me llamo Carlota Feliu y soy hija única de Elisa Feliu, la nieta de Sofía Riba y Mateo Feliu. Vivo en una casa muy grande, donde cabríamos muchos más de los que la habitamos: mi abuelo y la abuela Margarita, los fantasmas de mis madres y yo misma. Todos los domingos, el abuelo sale de mi cuarto en cuanto me oye llegar. El ruido del motor del coche lo avisa de que he vuelto del cine o del teatro. Espera a oír cómo paso el cerrojo de las verjas y a cerciorarse de que he apagado el farol del jardín, hasta que mi figura se recorta en el hueco de la puerta. Entonces, todos los domingos mantenemos, más o menos, la misma conversación:

–Buenas noches, abuelo.

–Buenas noches. Me he sentado un rato en tu habitación. Se está bien al anochecer.

–Sí, sobre todo en invierno.

–Siempre. ¿De dónde vienes, a estas horas?

–De por ahí. ¿Dónde está la abuela Margarita?

–Duerme desde hace rato. Ya sabes que ella es como los pajarillos de vuelo breve. Se cansa en seguida de todo. Ha cenado un poco y ha ido a acostarse.

–Sí. –Hice una pausa, antes de decir lo que esperaba escuchar–. No se parece mucho a ellas.

–No. –Silencio–. A ellas, nadie se parece excepto tú. Tú llevas su sangre.

–¿No te gusta, abuelo?

–Me gusta y me preocupa a la vez. ¿Sabes? Creo que no fueron felices y me siento culpable de ello.

–No seas absurdo. Tú no tienes ninguna culpa. Y ellas no tuvieron tiempo de saborear la felicidad.

–Tienes razón. Pobres criaturas.

–No las debemos compadecer. No lo merecen. Me gustaría que me hablases de ellas. ¿Quieres contarme cómo eran?

–Hoy no, pequeña, estoy demasiado cansado. Además, hace tanto tiempo que tengo miedo de distorsionar las historias... A veces, yo mismo creo una mezcla extraña entre las dos.

–No quieres contarme más. Es como si te diera miedo recordarlas.

–Los recuerdos quietos no duelen. Son como el agua.

–¿Qué recuerdos te inquietan?

–Ninguno –remueve la cabeza–. Dejémoslo. Te gusta demasiado hacer preguntas. Eres como ellas, Carlota.

No consigo sacar conclusiones de las palabras del abuelo. Me besa la frente y se apresura a buscar el amparo de su cuarto, la compañía de su mujer dormida, la calma del sueño. Mientras tanto, yo me muevo inquieta entre las sábanas. Estoy sola y he de esforzarme para que los pensamientos no vuelen. Se hace el silencio, roto por el ladrido de un perro o por el camión de la basura que recorre las calles del barrio. A veces se oyen los pasos del hombre que no duerme. He llegado a acostumbrarme a ellos. Se llama Ramón y también vive en la casa. Es el jardinero.

II

En el marco de la ventana se recorta un hombro desnudo. Desde la habitación, donde predominan los tonos violeta, el exterior es un pozo, como un mar en la noche oscura. Desde fuera, la visión de la mujer que se mueve delante de un espejo se perfila por el resquicio de las cortinas. Es una línea larga y vertical que permite una media contemplación de sus movimientos, tranquilos y pausados. Alza poco a poco el brazo y extiende la mano como si quisiera coger algo que huye. Mueve los dedos, a punto para tocar un piano inexistente o un instrumento de cuerdas que vibran en el aire. Flexiona las piernas y dobla la redondez de sus rodillas, convertidas en dos lunas.

Adopta la dejadez de los cuerpos que ignoran que alguien los vigila. Hay una ausencia de prisa y un coqueteo con la propia piel que se manifiesta en una cierta impudicia. Sería incapaz de repetir estos gestos, un poco voluptuosos, que se recrean en la autocontemplación, delante del marido que, a estas horas, toma una copita de jerez en el comedor, listas las visitas de la tarde. Cuando se encuentren, ella le sonreirá, honesta y satisfecha, y él capturará una imagen que seguirá los cánones de la perfecta discreción, de la disponibilidad justa. No adivinará las posturas del cuerpo solitario, los estiramientos de sus miembros, la flexibilidad de las carnes, la manera como dobla la cintura delante de la luna de la habitación violeta.

Sofía Riba es muy joven. Se casó hace medio año y la boda fue magnífica. La iglesia de Sant Josep del Terme se puso de gala, con lazos de seda blanca. Había uno a cada lado de los bancos. La novia también llevaba un trozo de seda en los puños del vestido. En el pelo, una coronilla de pétalos que, después de comer un ágape abundante regado con vino tinto, parecían un poco mustios. En un extremo de la sala donde se celebró el almuerzo de bodas, estaba la familia de la novia. Su madre, la esposa del farmacéutico de Llubí que había dejado el mundo pocos años antes, víctima de una bronquitis mal curada, había instalado sus redondeces en una silla acolchada. Tosía de vez en cuando, porque no había encontrado otra forma de hacer notar su presencia de gran señora caduca. El hermano, llamado Celestino como el padre, Dios lo tenga en la gloria, y que había heredado su porte de hombre elegante, calavera, bebía sin mesura. Volaban las copas de vino en sus manos finas, de persona poco acostumbrada al contacto con las cosas. Estaban las tres tías solteronas, que no ocupaban mucho espacio, pero que charlaban sin parar. Se llamaban Antonia, Magdalena y Ricarda.

La novia quiso casarse en Sa Indioteria, trastocando la costumbre familiar, que habían respetado, como mínimo, las últimas siete generaciones de mujeres de la familia, todas ellas casadas en Llubí. En realidad, éste no era el primer síntoma de rebeldía de una muchacha que, desde la infancia, manifestó una voluntad de hierro, mala de doblegar. Si lo hubieran preguntado a las tres tías, ninguna habría dudado en llevarse las manos a la cabeza, y en mover la barbilla en un gesto entre la consternación y la complicidad. Sofía era una chica tozuda a la que el marido debería atar corto si quería vivir tranquilo. Lo pensaban las tres, pero jamás se lo habrían dicho a nadie, era sangre de su sangre, la criatura que había preferido aquella iglesia aún sin terminar, en la que los vitrales que faltaban eran sustituidos por la piedra rasa, al campanario de Llubí. Estaban sorprendidas al comprobar que su madre no se lo había tomado a mal, secretamente convencidas de que aún perduraba el impacto de la última decisión de la novia: hipotecar los bienes heredados del padre para embarcarse con el marido en la compra de la finca.

La Casa de Albarca estaba a medio día en carro desde el centro de la ciudad. Se hallaba rodeada de tierras de cultivo y de pequeñas casitas que parecían un belén. Casas con humaredas grises que subían cielo arriba. Enterrarse ahí les parecía un disparate enorme, pero no se atrevían a decirlo. Se alegraban, en cambio, de verla contenta, porque había sido una niña extraña, muy diferente de las demás mujeres de la familia. De pequeña, perdía las horas contemplando las nubes. Le agradaba pasarse largos ratos sentada junto a los fogones de la cocina, escuchando las conversaciones de las cocineras. Mientras tanto, espiaba las ollas que hervían o la comida que se doraba en el horno. Era una niña de pocas palabras y de muchos pensamientos. Así la definían las tías, admiradas tanto de sus silencios como de las preguntas que los seguían. Preguntas que, a menudo, no sabían responder.

El día de la boda echó un vistazo al cielo para comprobar que no llovería. Le habría sabido mal ensuciarse los zapatos de satén. La vistieron las tías, que parecían las hadas a las que se ha invitado para evitar malos conjuros. Aceptó el carruaje de su madre para ir de casa a la iglesia. Llevaba un velo que le cubría las facciones delicadas, la sonrisa nerviosa. La cola era de seda y se extendía creando la forma de un abanico por el suelo. El rostro, ya pálido por naturaleza, parecía aguado tras la gasa transparente.

En otro extremo de la sala de invitados, se sentaba la menguada familia del novio: su padre y un hermano al que le faltaba algún tornillo. Decían que, cuando nació, se le rompió el llanto y desde entonces no dijo palabra. Eso sí, siempre sonreía a diestro y siniestro como si pidiera disculpas por algún motivo secreto. Parecía contento de haber salido del pueblo, puesto que vivía confinado en él desde que nació. Habían tenido que hacer un largo viaje desde Andratx para asistir a la ceremonia. Durante el trayecto, contemplaba el mundo con expresión de sorpresa. El padre miraba a su hijo recién casado y se preguntaba si aquella muchacha con portes de princesa sería una buena esposa. Lo dudaba seriamente, pero Mateo no había querido hacer caso de sus advertencias:

–Tendrías que buscar una mujer algo mayor, hijo, una mujer hecha que no nos trajera complicaciones.

–¿Qué complicaciones? No sé de qué me hablas. Sofía es la mujer más bella que he visto jamás.

–De la belleza no viviréis. Además, ¿no te parece una chica enfermiza?

–El médico soy yo, padre –la respuesta fue seca y tajante.

–Me disculparás, pero esperaba un casamiento mejor.

–No sé qué esperabas, sinceramente. Es de buena familia, joven y sana. Además, me ha demostrado que me quiere. ¿Sabes que ha hipotecado las tierras de su padre por mí?

–Esperaba que tuviera algo de juicio. Creo que es lo único que le falta. Lo siento, pero es una falta seria.

–No la conoces. Casi no habla, cuando estás tú delante, porque no le inspiras confianza. Es lista: se ha olido que no te gusta.

–Pues acierta. Espero no tener que darte el pésame, en vez de la enhorabuena, por esta boda.

Bajo malos auspicios, se celebraron las bodas. La novia era guapa y joven; el novio estaba enamorado. Todos los signos del cielo anunciaban la alegría. Los invitados estaban dispuestos a beber vino para celebrar aquel casamiento. Las tres tías daban saltitos de emoción, porque la sobrina se casaba. Todo el mundo estaba gozoso. Nadie se habría imaginado que el tiempo les sería tan poco amigo. La noche antes de casarse, Sofía comprobó que había luna llena. Se lo dijeron las tres tías, que daban vueltas alrededor de su cama como si fueran abejas que besaran una flor, mientras musitaban medias canciones y soltaban risitas breves como las migajas que deja el pan cortado con prisas, migajas que llevan aún el aroma del horno caliente. La forma en que olían las tres le recordaba aquel otro aroma, el que salía de la cocina cuando horneaban el pan. La novia las miraba desde las sábanas con una sonrisa burlona. Ninguna se había casado y se tenían que conformar robando los sueños de la sobrina. Espiaban los pases de la modista, cuando se probaba el vestido, le bordaban los guantes con lirios de seda blanca, ataban los lazos para los bancos de la iglesia, discutían los nombres de los invitados, situándolos por orden de importancia, según el vínculo de parentesco, o la antigüedad de la relación. Hablaban con palabras que sonaban a repicar de las campanas, a cristales rotos, a envidia una pizca inocente.

Se compraron tocas de colores para ir a la boda: Antonia con un ramo de nardos como un puño, Magdalena con una guirnalda minúscula que parecía de papel y era de terciopelo, Ricarda con un plumón verde que recordaba a las alas de un pájaro. Las tres saltaban a la vez, aplaudían con gestos nerviosos. Vencidas por la ilusión de los últimos preparativos, se les encendía el rostro. Entonces tenían que poner las palmas de las manos en el cristal de una ventana que hubiera retenido el relente de la tarde y extendérselas luego sobre sus caras, para que el fresco calmara el calor.

Reconocían que no habían tenido suerte en el amor, mientras lo imaginaban bajo la forma de un angelito que levantaba un revuelo de plumas, cuando lanzaba las flechas al corazón de los amantes. En las buhardillas de la casa de Llubí, guardaban una serie de novelas rosa que habían ido coleccionando a lo largo de media vida. Pero sus vidas no tuvieron un final de novela rosa. El destino las transformó en solteronas que viven y sienten a través de las existencias de los que aman. Antonia tuvo un pretendiente que le cantaba canciones bajo la ventana, pero lo mataron en el frente durante la guerra. Se pasó la juventud llorándolo. Magdalena cortejó tres veces, pero los hados no quisieron que aquellas historias llegaran a buen puerto. Se ahogaron todas en un charco diminuto antes de atreverse a soñar con el mar. Ricarda había sido mujer de misas y de curas. Estaba enamorada en secreto del cura del pueblo, un hombre alto y delgado que no le prestaba mucha atención. Ella era asidua al confesonario; él entretenía sus horas muertas poniéndole penitencias difíciles de cumplir, ignorando que eran de su gusto, si significaban largos ratos en la iglesia.

La noche antes de casarse, Sofía las vio dar vueltas alrededor del cabezal de su cama. En camisón, le recordaban a las hadas de los cuentos. Ella sería como aquella princesa cuya cuna, al nacer, fue rodeada por las hadas. No estaba la bruja negra. Sólo las figuritas esbeltas, mustios los pechos y la piel de la cara, que se atolondraban en la prisa por aconsejarla bien. Querían decirle que estuviera tranquila, que no se preocupase por el esposo, que si le amaba de veras, la noche de bodas sería como entrar en el paraíso. Lo decía una entre risillas, mientras las otras empezaban a reír y se santiguaban de prisa, no fuera que el párroco pudiera oírlas desde su escondite. Le contaban que los de Andratx habían puesto un pleito al sol, porque, cuando iban a Palma, los deslumbraba de cara, y cuando volvían a la puesta también. Incluso fueron a ver a un abogado para contarle sus litigios con el sol. Hablaban de prisa porque las palabras se pisaban entre ellas. Querían darle consejos, pero no encontraban las frases precisas. Se imaginaban en su lugar, pero no podían comprender que la novia escondiera sus bostezos bajo la almohada. Cuando se durmió, vencida por el cansancio, tuvieron que abandonar aquella carrera circular y retirarse a la habitación que compartían. Allá, esperaron a que amaneciese para arreglarse el peinado.

Se casó en Sa Indioteria. Las campanas repicaban para anunciar la boda. Ellas tuvieron el corazón encogido durante la ceremonia, que no se alargó en exceso. Ricarda no supo evitar imaginarse a su párroco en el púlpito. Las otras suspiraron un instante por los pretendientes que no estaban. Antonia rezó un avemaría por aquel amor joven que murió en la guerra. Magdalena dedicó un pensamiento a cada uno de sus amores perdidos. Mientras tanto, el novio miraba a la novia. Ella tenía los ojos bajos, tras el velo, oculta la mirada de impaciencia, las ganas de amar. Almorzaron en el comedor de La Casa de Albarca, bajo arcadas de piedra. Estaban invitados los vecinos principales del pueblo. La señora de Son Macià acudió con un presente de ensaimadas. Los señores de Son Nicolau cubrieron el pasillo central de la iglesia de una alfombra de pétalos de rosa. Todos querían dar la bienvenida a los nuevos propietarios de la finca.

El almuerzo fue bueno y abundante. Hubo guisos de pechuga de pollo y albóndigas de cerdo, patatas de Sa Pobla y hierbas aromáticas. Bebieron vino de Binissalem, y el novio, haciendo gala de ciertas veleidades poéticas, recitó unos versos de un poeta persa, cuyo nombre no supo retener ninguno de los presentes, que decía bellas palabras respecto del amor y del vino: «De mi tumba emanará tal olor de vino que los paseantes quedarán embriagados. Rodeará mi tumba tal serenidad que los amantes nunca podrán alejarse de ella».

–¡No es hora de hablar de la muerte! –exclamó el padre del novio, haciendo esfuerzos por disimular el disgusto que le producía aquella boda.

–¡Claro que no! –dijo la vocecilla de la tía Antonia, mientras sus hermanas la acompañaban negando ostensiblemente con la cabeza.

–¡Qué versos tan bonitos! –musitó la novia, y los ojos le chispeaban al decirlo.

En Mallorca dicen que el tiempo que transcurre en la mesa no cuenta. La conversación y los ágapes suculentos tienen el poder mágico de conjurar el paso del tiempo y detenerlo. Por eso nadie envejece en la mesa. Los invitados a la boda no tuvieron, pues, ninguna prisa en abandonar la protección de los manteles y los manjares.

Era un mediodía reluciente de principios de otoño. Los días tenían una placidez de hojas que empiezan un trayecto breve de la rama al suelo, de atardeceres que se acortan hasta devorar el claro, de noches largas. En la mesa había un muchacho muy joven. Sentado entre el resto de invitados al chocolate, tenía la mirada huraña de quien quiere robar las imágenes de la fiesta de un solo golpe de vista. Llevárselas. No hablaba apenas. Era alto y tenía una falta de destreza en los movimientos de los brazos y las piernas que insinuaban un crecimiento rápido, que le había dejado los miembros descompasados. Todo en su rostro tenía aires de provisionalidad, de rasgos que justo acaban de perfilarse con aquella rotundidad incipiente que insinúa futuras certezas. La cara demasiado delgada, marcada de pómulos y con los labios suaves, recién dibujados por el pincel de la vida. Labios de hombre que acaba de hacerse en un instante, que manifiesta los primeros impulsos de una vida que se estrena.

Se llamaba Ramón y no comió apenas. Le pasaban de largo las bandejas de pasteles que dejaban rastro de buenos olores, las jarras de chocolate humeante. Cuando alguien tiene el pensamiento cautivo, no nota el hambre. En realidad, se había prometido un buen festín aquel día. En la casa nunca faltaban unas buenas sopas de pan, un cocido de habas que los calentaba para el frío otoñal, una rebanada de pan con sobrasada. No estaba acostumbrado a las golosinas, y el deseo adolescente se concentraba en ello como si fuera a dar con el cielo. Nunca había probado los dulces que comían los señores en sus fiestas. Por esta razón, él, que era de naturaleza solitaria, había aceptado con entusiasmo la invitación. Se había imaginado devorando dulces repletos de delicias azucaradas, pero no probó ninguno. Desde que entró por la puerta lateral, la cabeza baja y las manos en los bolsillos, sólo tenía ojos para mirar a la novia.

Verla fue como contemplar el cielo y el mar a la vez. Le invadió una sensación de movimiento, como si nada ocupara un lugar concreto, sino que los objetos y las personas se movieran a un tiempo, en una danza que lo aturdía un poco. Sólo ella estaba quieta, sentada en una silla forrada de terciopelo, con las manos apoyadas sobre la mesa, salvándose del naufragio de los otros. Un naufragio en el que participaba también él, sometido a la sensación de que el suelo no estaba hecho de una materia sólida, sino que se había transformado en la orilla de una playa, allí donde la arena se diluye entre nuestros pies, que se hunden en ella a cada paso.

Observó a los otros lleno de curiosidad, porque le parecía extraño que no participasen de su desconcierto. Se habría imaginado que se daban cuenta de lo que sucedía, pero nadie lo miraba. Todo el mundo comía, hablaba, se reía sin hacerle caso, lejos de sus obsesiones. Descubrió que se le había agudizado el sentido del oído, que tenía una percepción renovada, curiosamente sensible, que le permitía escuchar cada conversación, seguir las palabras que pronunciaban y que no iban dirigidas a él, captar la estridencia exacta de una risotada, de una frase fuera de tono. A la vez, empezó a sudar. Le invadían por entero oleadas de un calor desconocido, desde el cuello de la camisa hasta los tobillos. Tenía la sensación de haberse orinado encima. Se notaba húmedo, y le incomodaba sentirse como en un torrente. Habría querido irse, salir de la sala donde los movimientos de los demás –un ir y venir como de oleaje– y el zumbido de las palabras servían para subrayar su malestar.

Tardó en comprender que aquella mezcla de sensaciones significaba enamorarse. Por el momento, tenía que bregar solo con la certeza de hallarse perdido. Se preguntaba si estaba enfermo, si alguno de los condimentos de la comida, apenas degustados, le habían revuelto las entrañas. Para él, el desconcierto no era una sensación nada familiar. Estaba acostumbrado a vivir en un mundo de pequeñas certezas, de historias que crecían y tomaban forma, vinculadas a la tierra y a sus frutos. Era un adolescente y no se había permitido muchos sueños. En invierno, cuando se sentaba con los otros hombres alrededor del fuego, le gustaba escuchar leyendas. Las escuchaba en silencio, porque era de pocas palabras. Luego pensaba en ellas antes de dormirse, en el lecho de paja del porche, en donde encogía su cuerpo y lo cobijaba bajo una manta vieja para protegerse del frío. A la novia, nunca la había visto antes. La conoció el día del casorio. Había ido a la casa en contadas ocasiones, ya que el señor era quien coordinaba las obras de mejora para instalarse en ella. Sofía prefería seguir el trajín de lejos, esperando en el pueblo a que llegara el día en el que podría empezar allí una vida nueva.

Pensaba en el jardín y sólo existían ojos para mirarla. También estaba el corazón, acelerado como una carrera de cien yeguas, que le recordaba que algo le rompía la vida. Nada volvería a ser como antes, estaba seguro de ello. Desde aquel otoño color de miel y de manzana, los días tendrían siempre la tonalidad del cabello de Sofía, la forma de sus labios, la intensidad de unos ojos que no se posaban en él. Pensó que eran como pájaros y que, un día u otro, en la avidez de su vuelo, se pararían un instante en el jardinero de La Casa de Albarca.

III

Mi abuelo tenía los huesos y el corazón de cristal. Los huesos le anunciaban el mal tiempo, cuándo iban a venir vientos y lluvias. El corazón llevaba años callando, temeroso por romperse en cualquier movimiento. Lo adiviné observando sus gestos de hombre miedoso que sabe hasta qué extremo la vida duele. Aquella existencia, que se había imaginado generosa cuando era un médico joven en Andratx, mientras cortejaba a Sofía Riba, pero que muy pronto descubrió que era adversa. Lo he imaginado a menudo: hay dolores que son punzadas. Nos deshojan la piel como si fuéramos las ramas de un árbol en primavera, hasta que no queda más que el esqueleto del árbol florido. Suelen ser hirientes y rápidos. La intensidad es proporcional a lo que dura: a más breves, más intensos. Tras el aguijón inicial mueren, y dejan un recuerdo poco grato. Hay otros dolores que tienen ritmos larguísimos. Se instalan en nuestro cuerpo y lo transforman. Llegan a confundirse con el aliento, con las huellas que marcan el suelo, con nuestra sombra. Cuando el dolor alcanza nuestra sombra, todo es inútil. No valen esfuerzos para vencerlo, porque tan sólo sabremos enmascararlo. Daremos con un disfraz que nos ayude a convivir con él, que permita que paseemos por las calles sin llamar mucho la atención, que tengamos un aspecto vulgar, que nadie pueda confundirnos.

La sombra del abuelo había perdido la mesura. Lo intuí desde muy pequeña, cuando lo veía recorrer los jardines de La Casa de Albarca, y la sombra se extendía en el suelo, proyectándose en la fachada del edificio. Era más larga que la de los cipreses. Oscura como la noche. Acostumbraba a dar paseos con las dos mujeres que viven con nosotros, aunque nunca las vemos. Trasladaron los cuadros a mi habitación cuando el abuelo se volvió a casar. Antes, ocupaban un lugar en la sala principal. A pesar de que nunca me hablaba de ellas, noté que echaba de menos las pinturas. Era la añoranza de no verlas muchas veces lo que debía de entristecerle. Fue entonces cuando lo adiviné. Supe que la pena le prolongaba la sombra. Volvía sus manos de pianista, aunque no tuviera un piano.

Los domingos eran días sagrados. Habíamos establecido un acuerdo que nunca formulamos con palabras, pero que los dos entendíamos. A primera hora de la mañana, la abuela Margarita va a misa. Se lleva un misal y un abrigo que le cubre sus hombros menudos, porque es friolera. A veces he pensado que debe de encontrarse más cómoda en la iglesia. En casa, vivimos demasiada gente. No es que los fantasmas de mis madres o yo misma nos hayamos propuesto interferir en el matrimonio del abuelo. Es una relación lo suficientemente calmada para que nadie se imagine la posibilidad de entorpecerla. Al abuelo debe de servirle de consuelo la presencia de esta mujer de pocas palabras y aspecto sereno. Sobre todo, desde que yo voy a la universidad, desde que los cuadros están colgados en mi habitación, lejos del paisaje cotidiano. Sé que se le rompió su corazón de cristal, cuando tuvimos que cambiarlos de lugar. Aunque quiso disimularlo, yo me daba cuenta de sus trozos hechos añicos. Me imaginaba las aristas, y pensaba que debían de hacerle daño. Por eso se lo pregunté.

–Lamentas que tengamos que llevar los retratos a mi cuarto, ¿verdad?

–Sí. Un poco.

–No seas mentiroso. Conmigo no hace falta que disimules. Ayer me lo dijiste y por la noche soñé que el corazón se te hacía añicos. Creo que lo tienes de cristal.

–Mi corazón sigue en su lugar. Ha soportado muchos embates del mundo, para que se rompa ahora. Además, podré ir a tu habitación de vez en cuando. ¿No es así?

–Siempre que quieras. ¿Has pensado que ahora me harán compañía a mí?

–Claro. La mejor compañía del mundo.

No volvimos a hablar de ello. En la pared de la sala, quedó la marca de los cuadros. Eran dos sombras rectangulares que indicaban que había habido algún cambio. El abuelo se negó a darle una capa de pintura y nos acostumbramos a vivir con aquellos perfiles que nos las recordaban.

Los domingos el abuelo iba un rato a mi habitación a mirar los retratos. Nunca faltaba a la cita. Cuando la abuela Margarita pasaba el cerrojo de la verja, oía los pasos impacientes por el pasillo. Era como una criatura que corre tras la promesa de un regalo, pero que pretende, a la vez, retener la impaciencia. Como nunca había sido un artista del disimulo, se le notaban las ganas, una impaciencia que era de color verde. La impaciencia se parece a la hierba que crece en un jardín del que nadie cuida. Si un día nos apresuramos a arrancarla y limpiamos la tierra de brotes inoportunos, nos damos cuenta de que tiene las raíces profundas. Su inquietud era profunda como los hierbajos que ha alimentado la lluvia. Después de cuatro gotas, volvía a crecer, reforzadas las raíces por la llovizna.

Se sentaba en una mecedora, que estaba situada en una posición estratégica y que le permitía observar los dos cuadros a la vez. Desde la ventana, la luz entraba como un reguero de sol. Invadía el aire de partículas minúsculas que acentuaban la presencia del polvillo atravesado por el sol, de los muebles que adquirían un aspecto más amable, de los rostros de los retratos. A veces, me escondía tras él para observar aquella contemplación. Tengo que reconocer que no me resultaba muy difícil, porque ni siquiera se daba cuenta. Tampoco creo que le importase mucho. Lo único que contaba era la avidez de minutos para mirar. Las ganas de ver dos rostros que se sabía de memoria, pero que siempre le ofrecían matices diferentes. La añoranza no menguaba con los años, ¿quién me había dicho que el tiempo todo lo cura? No debía de ser cierto. Las estaciones y sus ciclos sirven para calmar ciertas prisas, algunas inquietudes, la impaciencia del corazón, pero no pueden doblegar a la añoranza. Parecía una escultura, siempre en una posición idéntica: la espalda un poco inclinada, la frente levantada con los ojos empequeñecidos, rodeados de arrugas, los brazos reposando en las piernas, las manos una sobre otra, las palmas hacia arriba. Yo sólo tenía que esperar un poco. Pasaba lentamente la mañana, mientras el calor adquiría intensidades insospechadas. Me gustaba aquella sensación de bañarme en la luz, como si la claridad fuese agua. Transcurrían los minutos sin palabras ni gestos. Entonces caía una gota redonda. Seguía su trayecto en vertical hasta llegar a la cuenca de las manos del abuelo, que no se inmutaba por nada. Era una lágrima de agua y de luz. Otra, aún más redonda, quizá más salada, seguía a la primera. En las palmas, caía una lluvia pequeña y lenta que nunca duraba mucho.

Hay casas llenas de historias. Historias que tendrían muchas letras si se pudieran escribir, que ocuparían miles de hojas. A veces, los amigos de la facultad me invitan a su casa. Los pisos en donde viven me dan la impresión de un papel en blanco. Son cómodos y tranquilos: las habitaciones recién construidas se alinean en un pasillo. Está el recibidor, los dormitorios, la sala del comedor. Todo calculado, mesurable y previsible. No hay ventanas que se abran de par en par con el viento, ni puertas que golpeen. En verano, un aparato de aire acondicionado regula la temperatura. En invierno, la calefacción vuelve acogedores los distintos espacios. En estos lugares en los que nunca se producen sorpresas, me acuerdo de La Casa de Albarca. Evoco sus escondrijos, los sitios secretos en donde me escondía cuando era una cría, las escaleras que se multiplican, las salas que tienen los techos altos, las paredes gruesas. Entonces me siento afortunada de vivir ahí y no me cambiaría por nadie. Comprendo que he tenido la suerte de nacer en una casa que tiene muchas historias. ¿Cuánta gente ha vivido en ella antes que nosotros? ¿Con qué otros fantasmas, quizá olvidados para todo el mundo, debían de encontrarse los fantasmas de mis madres? ¿Cuántas emociones se han sentido, cuántas conversaciones han dejado un rastro? Cuando alguien muere, jamás se va del todo. Lo aprendí observando los retratos. Se trata de una huida aparente que puede ser definitiva si no queda nadie en la tierra que quiera recordarte. Mis madres tienen personas que piensan en ellas a menudo. Mejor dicho: tienen personas que han aceptado convivir con ellas. Al menos esto es lo que decidimos mi abuelo y yo, aunque no nos lo hayamos dicho, porque nos avergüenza un poco reconocerlo.

Sofía y Elisa nos contemplan desde la altivez de sus veinte años. Para nosotros pasan los días, ruedan las primaveras de invierno y las primaveras de verano, el abuelo envejece, yo me convierto en una mujer adulta que va a la universidad, ellas nos contemplan sin inmutarse. Sofía, con su sonrisa de pan tierno; Elisa, con unos ojos que ocultan el secreto de su muerte. De esto tampoco hablaremos. Hay sentimientos que se guardan en un recodo de la casa, que llega a tener tantos que incluso perdemos la cuenta, y ya no sabemos en qué agujero de la pared escondimos el primer diente de leche, ni en qué baúl ocultamos el secreto de una muerte. Poco a poco nos vamos haciendo a medida de la casa. Nos adaptamos a cada rincón, tomamos la forma de los techos, reconocemos el dibujo de las baldosas y el trazado geométrico de las alfombras.

Esta casa ha sido siempre mi refugio. Las salas me hablan de los días perdidos, cuando yo aún no estaba. La cocina me trae los olores de las confituras que preparaba la abuela Sofía, aunque nunca haya tenido la oportunidad de probarlas. Las terrazas continúan repletas de enredaderas que sacan flor, cuando llega el buen tiempo. Todo parece quieto y, a la vez, han latido muchas vidas. La habitación donde me escondía de pequeña, cuando no me había portado bien y me castigaban a ir a la cama sin cenar, hoy es el escondrijo en donde reposan los cuadros. Me gusta que estén ahí. Antes siempre los veía de paso. Eran dos presencias constantes, alrededor de las que se movía la vida entre aquellas paredes, pero no me resultaban próximas. Me acuerdo de que, cuando jugaba a correr entre los muebles, las criadas las señalaban con un dedo y yo recuperaba la compostura en seguida, temerosa de algún castigo secreto que pudiera venir de las mujeres de los retratos. Era suficiente con un movimiento de brazo que subrayara su presencia, para que me encogiera como un ratón y volviera a ser una niña buena. Desde que duermo a su lado, me he podido reconciliar. La relación está hecha de una mezcla de sentimientos: por una parte el respeto y el temor que se juntan, por otra, la fascinación que siempre me han inspirado convertida en algo más próximo. Las visitas del abuelo los domingos han ayudado a ello. Cuando las contempla con mirada cómplice, me siento cómplice yo también. Primero de él, de este hombre que oculta la añoranza como si fuera algo malo de lo que tuviera que avergonzarse; después de ellas, que lo observan sin poder hacer nada.

A veces, el abuelo eleva el pensamiento y permite que las palabras salgan de sus labios. Yo las recibo como si fueran un vino sabroso, cálido, que me repone a medida que voy bebiendo. Entonces habla de Sofía, la novia impaciente, la mujer que le abrazaba, risueña, entre las sábanas. También toman forma de palabras sus recuerdos de Elisa, mi madre, y se refiere a su carácter independiente, decidido. Nunca dice que estén muertas, a pesar de que los verbos que utiliza para evocarlas se conjuguen siempre en pasado. Algún día he conseguido romper el silencio y hacerle preguntas:

–Abuelo, ¿te gusta recordarlas?

–Dicen que no es bueno vivir de recuerdos. Pensar demasiado en los que ya no están. Pero, hija, yo debo de estar hecho de otra pasta. A mí, me alimentan los recuerdos.

–¿A qué te refieres?

–Las quise mucho. Ésta es la verdad. Una verdad bien sencilla, si te fijas. A veces, me costaba comprenderlas. No entendía alguna salida de tono de su carácter, o cómo reaccionaban ante una determinada circunstancia. No las entendía, pero las quería.

–Se puede querer a una persona que nos sorprende. Siempre hay aspectos que no acabamos de conocer de aquellos que viven cerca.

–Claro. Incluso llegué a entender que las quería también por sus misterios. Pequeños misterios que las volvían más atractivas. No sé cómo decírtelo: lo que podemos predecir no nos emociona de la misma forma.

–La pobre abuela Margarita es absolutamente previsible.

–No hables de ella en este tono. Déjala. No lo merece. Además, ser previsible no es un defecto. Las personas son como son. Qué le vamos a hacer.

–Discúlpame. No quería burlarme. Sabes que la aprecio de veras, pero háblame de ellas.

–Te he dicho que las amaba. Cuando se fueron no sabía qué hacer. Primero una, años más tarde la otra. Yo reaccioné siempre igual.

–¿Cómo?

–Sin rasgarme las vestiduras ni hacer ruido. La mía era una tristeza callada, de las que duran mucho tiempo.

–Aún te dura.

–Siempre. ¿No lo entiendes? El amor que me inspiraron permanece dentro de mí, idéntico. ¿Qué debo hacer con él? Creo que aprendí a guardarlo. Han pasado los años, he tenido que sobrevivir. Continuar viviendo me pareció un ejercicio de inteligencia, pero no era incompatible con la añoranza.

–Te guardas los sentimientos como si tú fueras una cajita. Una caja que sólo abres en esta habitación.

–Quizá. Los domingos son buenos días para la añoranza.

Mientras el abuelo estaba en la habitación, yo subía a la buhardilla. Sin proponérnoslo, protagonizábamos un intercambio de nostalgias. La suya era más sólida, pero no menos real que aquella otra vivida por mí. Siendo él todo avidez, no se daba cuenta de la curiosidad que me empujaba a mí escaleras arriba. Se llegaba por unos escalones cortados en la piedra, sin baldosas, de aristas irregulares, que no facilitaban el recorrido de un tramo de terreno casi vertical. Al final del último escalón, que era muy alto, absolutamente desproporcionado con el resto, había una puerta de madera, carcomida por los años. Tras la puerta, la sorpresa de una azotea donde, años atrás, alguien debía de tender la ropa, porque aún se veían algunos pocos hilos de tender, recorriéndola de un extremo al otro. Eran cuerdas y alambres tendidos un poco sobreros, que se balanceaban con el aire, mientras acumulaban óxido. Desde la azotea, la visión de Sa Indioteria era espléndida. Se recortaban pequeñas extensiones de verde y amarillo, se veían los autobuses que, cada quince minutos, emprendían el trayecto hacia el centro de Palma, se intuían los movimientos del vecindario. Un portalón daba acceso a la buhardilla.

Era el reino del polvo. Cuando entraba, la claridad penetraba conmigo. Un brazo de sol se abría paso de fuera a dentro, inundándolo todo de blancos. A veces, la portezuela renqueaba un poco, como si no se hubiera decidido a dejar que yo ocupase un sitio. Debía de intuir mi secreto: la buhardilla era el mejor lugar de la casa, el espacio que me correspondía. Me gustaba perderme entre las cajas y paquetes, abrirme camino entre baúles enormes, maletas, bártulos, álbumes que se deshacían en contacto con mis dedos, libros medio roídos por las ratas, juguetes infantiles, espejos rotos e instrumentos de quién sabe qué extraña orquesta.

Yo era la funambulista que recorre un cordel colgado entre dos troncos. Era la reina de los tacones de aguja, cuando me probaba los zapatos que había guardados. Era la heroína de las novelas románticas que reposaban en las viejas estanterías, apenas sujetadas por un suspiro. Me sentía feliz en la buhardilla, cuando tenía que contener la respiración porque los hilos de muchas telarañas se cruzaban en un ventanuco. No hay nada como encontrarse en un lugar que cobija historias. Intuir que los objetos que nos rodean llevan una carga de vidas vividas, de miradas que hemos perdido. Desde allá arriba, llegaba, remota, la voz de mi abuelo:

–Carlota, baja de la buhardilla. Ya sabes que no me gusta que subas ahí.

–Es la abuela Margarita quien no lo quiere –le replicaba sin abandonar mi posición–, y tú no te atreves a contradecirla.

–Tiene razón, cuando dice que bajas con la ropa sucia y el pelo lleno de polvo.

–¿Qué importa? –Se hacía un silencio que yo sabía que no iba a durar. El hombre estaba impaciente, porque quería continuar la contemplación de los cuadros, y yo le interrumpía. Me aprovechaba de la situación.

–¡Carlota, ven!

–Bajaré si me cuentas por qué se llamaba Elisa.

–¿Quién? –Trataba de hacer como si la distancia distorsionara mis palabras.

–Ya lo sabes. Mi madre.

–No me obligues a hablar de cosas que casi ni recuerdo. –Cuando mentía, la voz del abuelo se debilitaba y parecía la música de una flauta.

No bajaba hasta que la abuela Margarita volvía de misa. Solía venir a tiempo para preparar el almuerzo. Creo que se demoraba adrede. El afán de no complicarnos demasiado la vida la llevaba a retrasar sus pasos conversando con algún vecino a la salida de misa. Siempre volvía a casa por el camino más largo. Nos daba tiempo para rehacernos: yo, de mi paseo por la buhardilla; el abuelo, de la añoranza. Volvía con una media sonrisa en los labios. Alguien habría dicho que era un gesto de condescendencia. Quién sabe qué grado de ternura ocultaba. Decían que era una enclenque, que no sabía imponerse a su marido ni a aquella nieta postiza que le había caído en suerte, pero no era cierto. Era indulgente y discreta, respetuosa con los amores y los miedos de los demás. Nunca hurgaba en las heridas ni hacía preguntas impertinentes. El tono de voz que utilizaba en cada conversación era siempre el oportuno, suave como el temblor de la seda de sus vestidos. Si no la conocías, te parecía un ratón. Se movía de prisa, silenciosa, como los animalejos que yo encontraba en la buhardilla. Calculaba cada uno de sus pasos, mientras procuraba no hacer infeliz al abuelo.

En la buhardilla encontré la carta. Hay cartas que sirven para desvelarnos una parte del pasado, nos lo aclaran. Son como puentes de luz que se extienden en una orilla en donde la oscuridad desdibuja las formas de las cosas. Son palabras que han quedado retenidas en un papel, hasta que nuestras manos dan con ellas. Entonces se vuelven a repetir las mismas frases. Se dicen en un contexto diferente para unos ojos que son destinatarios de ellas por casualidad. El azar me trajo aquel escrito que, probablemente, no habría leído nunca porque no me correspondía. Una carta es un trozo de conversación grabada en un papel. Un monólogo dirigido a una persona concreta, que tiene nombre y apellidos, de la que a menudo se espera respuesta. Estaba claro que yo no era la persona a la que se dirigía aquel escrito. Entonces pensé que debería haberme avergonzado de ello. En circunstancias normales, nunca habría abierto una carta destinada a otro. Me habría esforzado en contener la curiosidad que me inspiraba, diciéndome que no era para mí. Pero el territorio de la buhardilla era diferente: ésta fue mi disculpa. Todo cuanto estaba tras el portalón de madera, más allá de los alambres de la azotea, me pertenecía.

La encontré sin buscarla. Sólo removía papeles. Lo había hecho tantas veces que ya ni me lo proponía. Era un ejercicio que llevaba a cabo por inercia, sin plantearme si esto o aquello era material privado. En la amalgama confusa de la buhardilla, el papeleo formaba una unidad indivisible. Todo se entremezclaba sin orden ni concierto. Mis ojos sólo tenían que acoplarse a la luz de una bombilla o a la claridad de la mañana, si era soleada. Se entretenían siguiendo las líneas escritas en los viejos cuadernos de caligrafía, en los libros, en los pies de foto de un álbum, en las cartas. Saltaban de una frase capturada en una libreta de notas al párrafo que alguien había subrayado en una Biblia. Iban de una postal que ofrecía vistas doradas a una hoja amarillenta. Reconozco que tengo mérito: de todo aquel batiburrillo, rescaté la carta.

Hay cartas que nos hablan del pasado, pero hay otras que afectan a nuestro futuro. Son escritos que nos dan la clave de alguna historia. Cuando las leemos, ignoramos por qué caminos nos van a llevar. No sabemos cómo cambiarán nuestra vida, si van a invertir su orden o harán aparecer elementos insospechados en nuestro particular mapa del mundo. ¿Cómo habría reaccionado, si alguien me hubiera explicado las consecuencias de aquella lectura? ¿Habría sido capaz de tomar la carta entre mis manos y recorrer sus líneas, si hubiera sabido todo lo que iba a venir? No lo sé. Hay dosis de audacia en mi carácter. Me gusta el riesgo. Será una herencia de ellas, que no había sido capaz de reconocer hasta ahora. Mi vida era tranquila antes de leer aquel papel, y esto me gustaba. Era bueno despertarme por las mañanas y hacer que el pensamiento recorriera el aire, distraído. La vida era amable, sin obsesiones. Desde entonces, todas las noches me duermo persiguiendo el ruido de sus pasos por el jardín. Aunque la noche sea fría, abro un poco la ventana para que no se me escape ni uno. Desde aquel día, me hago preguntas que nunca tienen la misma respuesta. En la buhardilla pasé momentos deliciosos. Algunos marcaron los signos de una historia que aún tenía que escribir.

IV

La espía. Desde el jardín, observa la ventana y la línea de luz que dejan entrever las cortinas. Si concentra la mirada ahí, captura las formas del cuerpo que se mueve en la habitación. Saberse sola debería haberla dotado de una libertad de movimientos parecida a la dejadez: un relajamiento de los miembros, que se abandonan a la deriva del no hacer nada. Debería haber doblado la espalda un poco, mientras alza los hombros y queda perfilada su redondez. El cabello a su aire, o trenzado de cualquier manera, debería haberse descompuesto en torpes rizos.

Sofía sabe que no está sola. Sabe que un hombre vigila sus pasos desde el otro extremo del mundo. Ella, dentro de la jaula tranquila de este cuarto, protegida del viento; él, en el jardín, perdido entre la brisa del anochecer. El saberse observada condiciona cada uno de sus gestos. Es inevitable. No puede dejarse llevar por las sensaciones que propicia la soledad, sino que ha de mantenerse alerta. Los cuerpos que se sienten objeto de un punto de mira no se mueven con la libertad de los otros. Por eso procura situarse bien centrada en la ventana. Con un gesto que quiere ser inocente, pero que no tiene ni una pizca de inocencia, su mano abre un poco más las cortinas. La línea vertical gana algunos centímetros casi por casualidad, cuando se aleja. Luego toma protagonismo el espejo.

Ha aprendido poco a poco a moverse para él. Al principio, cuando intuyó lo que sucedía, le daba vergüenza cualquier gesto excesivo. La reacción inicial fue la de volverse una hormiga y esconderse en alguno de los recodos de la habitación. Lentamente se acostumbró. No fue complicado, ya que le gustaba mucho la sensación de ser observada. No se lo habría confesado a nadie, pero las cosas ocurren y no podemos dar razón de ellas. Le habría costado encontrar una explicación que justificase ante sí misma aquellos instantes. No existía. Lo único importante eran los movimientos de un cuerpo que tomaba forma y vida para la mirada de él.

La vida de Sofía se dividía en dos partes perfectamente diferenciadas. Sus tías habrían hablado de los años de infancia y adolescencia en Llubí, el tiempo de existencia tranquila en el pueblo, cuando el futuro era aún una línea incierta, como un horizonte pequeño que tiembla a lo lejos. Dejó atrás esta época con cierta resistencia. No le gustaban mucho los cambios y se había acostumbrado a un universo de seguridades que nunca alteraban los días tranquilos. La ilusión por La Casa de Albarca, que su prometido supo contagiarle desde su propio entusiasmo, no era un incentivo lo bastante sólido para la partida. Tampoco lo era el mismo Mateo, al que quería con una ilusión que nunca se desbordaba. Inusualmente plácida. Se enamoró de él porque había que enamorarse. Esto era lo que decían las novelas que leía en su casa del pueblo. También lo decían las amigas, la familia, los vecinos. No quería ser como sus tres tías. Soñaba con casarse y tener una casa donde crecieran sus hijos. Todo se dibujaba con una claridad absoluta en el pensamiento, sin fisuras que hicieran temblar la existencia. Se casó contenta. Esperaba que la vida fuese una suma de momentos plácidos, sin sorpresas.

Sus tres tías habrían dicho que la segunda parte de la existencia de Sofía comenzó el día de la boda. Cuando se vistió de seda y caminó, temblorosa la sonrisa, por el pasillo de la iglesia de Sant Josep del Terme. Según ellas, entonces se produjo la transformación. Un corte entre el pasado y el presente, que implicaba un cambio de lugar y de tiempo. A partir de ahora se iniciaba el tiempo de la madurez. Una señora casada tenía que ser ordenada, serena, y un punto aburrida. Tenía que llevar con criterio la administración de la casa. Tenía que dejar de levantar castillos de arena, de soñar despierta, de mirar al infinito, porque su horizonte ya no era una línea casi desdibujada, sino una realidad que no admitía sutilezas poco prácticas. Una mujer casada tenía que recogerse el cabello y no dejar que un solo mechón se escapara del peinado. Tenía que utilizar camisones con las mangas largas, el cuello alto, y un bordado de puntillas en los bordes. Tenía que vestirse con ropa de algodón para los días laborables, con terciopelos y sedas para las fiestas señaladas. No tenía que perder el tiempo.

Las tres tías habrían trazado la división de aquella existencia que estaban convencidas de conocer como la palma de su propia mano, pero se habrían equivocado. La realidad era muy diferente. Así suceden las cosas. Una vida tiene muchas lecturas. Todo depende del punto de vista que adoptemos para contemplarla. Es como si nos encaramásemos a una atalaya. Si miramos al norte, veremos pastos que recorren los ganados; si observamos el sur, se extenderán ante nuestros ojos los huertos de cultivo. Habrá hombres que labran y mujeres vestidas de negro, una sombra en el verde. Si nos volvemos hacia el oeste, nos sorprenderán quizá los bosques en los que es fácil perderse, el espesor de los árboles que forman un suelo verde oscuro. Hacia el este, encontraremos un cruce de caminos que trazan vericuetos, que se enlazan y se desatan. Es sencillo: basta con cambiar el punto desde el que observamos el mundo, y el mundo aparece distinto.

Si Sofía pensaba en su vida, todo se tornaba diferente. Ella distinguía dos etapas: el tiempo en que vivió sin saberse espiada, cuando todo era previsible y los días entregados a la ventana de la habitación. Aquel cuarto le ofrecía una duplicidad de escenarios que le inquietaba un poco. Estaba la habitación que la presencia del marido convertía en conocida y familiar, donde no aparecían los misterios. Luego estaba la habitación en aquella falsa soledad, en la que vivía con el corazón acelerado. Eran como la cara y la cruz de una misma moneda. Un espacio único, que se transformaba por obra y gracia de un cambio inesperado. Tenía la sensación de que el tiempo que pasaba ahí sola escapaba a su control. Era un tiempo con ritmos propios que nada tenía que ver con el resto de la vida. Una parcela delimitada por un espacio y unas circunstancias a la que no habría sabido renunciar fácilmente.

Había algunas preguntas que comparecían, una y otra vez, en su pensamiento. ¿Cuándo descubrió que alguien la observaba? La percepción fue lenta. Se fue concretando a medida que pasaban los días. Al principio notó una sensación extraña, pero creyó que era producto de su imaginación. Llevaba poco tiempo casada. Le costaba acostumbrarse a todas las transformaciones que se habían producido en la cotidianidad. Transformaciones curiosas, porque aparentemente no tenían importancia, pero le resultaban poco gratas. Cuando se despertaba, la visión de lo conocido era sustituida por una serie de objetos extraños. Desde la mirada a la inmediatez, hasta los ojos que se posan en la distancia, todo había cambiado. Los muebles que la acompañaban en la habitación de Llubí no estaban. Abría los ojos y hacía un gesto de sorpresa. Pestañeaba un instante, antes de recuperar la percepción y saber dónde se encontraba. Donde esperaba ver una silla había una cómoda, la cama de su casa, con un ángel de madera en el cabezal, había desaparecido. En su lugar había una enorme, con dosel y cubrecama de encaje. Los primeros ruidos de la mañana también eran distintos. Estaba acostumbrada a oír las voces del vecindario cuando se despertaba. La ventana de su habitación del pueblo daba a la calle. Desde primera hora de la mañana, había movimiento, trajín, conversaciones. Las mujeres salían a barrer la acera. La regaban con agua para que el polvo se asentara. Los carros salían a faenar al campo. Ella se despertaba con el ir y venir, con alguna frase que se le escapaba a alguien y volaba hasta su cama. En La Casa de Albarca, las mañanas eran silenciosas. El propio silencio le hacía abrir los ojos, preguntarse dónde estaba. Añoraba las voces, los pasos. Se extrañaba de aquella quietud semejante a la de un pozo.

No podría decir cuándo empezó a sentirse espiada. Hubo una intuición, un escalofrío recorriéndole la espalda, la sensación de miedo. Lo sospechaba, pero no habría sabido dar razón de ello. Un día –era pleno invierno–, dio el paso que le confirmó que era verdad. Había decidido arriesgarse. Por eso hizo como siempre: se colocó muy quieta, las piernas y los brazos desnudos, delante del espejo. Estuvo así mucho rato, con la respiración mal contenida, esperando a que el momento fuera propicio. No oía ningún ruido. Sólo la propia respiración, descompasada e impaciente. Por fin, se volvió en un movimiento rápido. Avanzó de prisa hacia la ventana, la abrió de par en par, y asomó medio cuerpo hacia afuera. La reacción fue inmediata: un rumor de hojas, un cuerpo que se lanza al suelo desde una cierta altura, pasos que se alejan. El corazón le latía muy fuerte. Intentó calmarlo llevándose las manos a los pechos, sentada en una butaca. Ahora estaba segura: alguien la vigilaba desde el jardín.

Se preguntaba cómo había surgido su dependencia de un desconocido, el deseo de gustarle. ¿En qué momento empezó a imponerse la necesidad de mover su cuerpo delante de un espejo para él? No habría sabido cómo explicarlo, ya que pensar en ello le resultaba difícil. Aquella actitud le rompía todos los esquemas de muchacha educada para una vida tranquila. Por eso no quería plantearse nada. Hubo un día, que debió de ser en otoño, cuando apunta el frío, en que dejó de estar quieta observando su propia imagen. Habían transcurrido muchos días, todos idénticos. Cada uno era una copia repetida de los demás: las mismas pequeñas cosas que se multiplican. Pasarse la mañana en la cocina, entre los fogones, donde se sabía segura y casi feliz. Se ponía un delantal blanco de percal. La tela almidonada adquiría la rigidez de aquellos vestidos que tienen un cuerpo propio. Se los ataba a la cintura con un lazo. Pasaba sus manos dos o tres veces, con la sensación de que medía terrenos conocidos. Luego pelaba ollas enteras de albaricoques, de cerezas, de ciruelas, de mandarinas. Cada fruta, según su temporada. Llenaba un plato de pulpas amarillas, rojas, granates, anaranjadas. Los colores no tenían que mezclarse, sino mantener su pureza. Hervía la fruta que se mezclaba con el azúcar en una caldera. Mientras se esparcía el aroma por toda la casa, ella inspiraba profundamente, como si pudiera probarla por el olfato.

¿Qué tenía que ver la mujer de las confituras con aquella otra del espejo? Habría querido descubrir vínculos claros, razones poderosas que sirvieran para relacionarlas. Siempre se había considerado una mujer sencilla, que rechazaba complicarse la vida. Encontró a un buen hombre y se casó con él, decidida a ir adelante con la compra de La Casa de Albarca. Tenía un carácter resuelto, nunca se echaba atrás, y le gustaban los delantales blancos que voleaban desde la cintura hasta el suelo. En la cocina, las baldosas eran de loza, de un color que le recordaba al cobre. Se sentaba en un taburete y vigilaba el fuego. Tenía que ser un fuego lento, que no precipitase el tiempo de hervor. Creía que el secreto de hacer una buena mermelada estaba en respetar los ritmos del tiempo. Cada fruta necesitaba llegar al punto de cocción sin urgencias. Entonces mantenía, intactos, el aroma y el sabor.

Sus vínculos con la ventana y el hombre que estaba en la otra parte del mundo surgieron poco a poco. Primero, se impuso la sensación de timidez. Cuando supo que era el objetivo de su punto de mira, se encogió. Aunque no quería pensar en ello, su pensamiento volaba constantemente. Desconcertada, eliminó la posibilidad de hablarlo con su marido. Habría ordenado que lo echasen. La vergüenza le duró algunas lunas, hasta que se desvaneció poco a poco. Fue como pelar una naranja. Desprendida la piel de la fruta, quedaba el cuerpo: permanecían la pulpa y el jugo, que mojaban la mano cuando la intentaba exprimir. La mano mojada olía a azahar. Delante del espejo, era como una naranja que ofrece los mejores gajos a unos dedos ávidos. Pero no había dedos, sino una mirada que era una mano entera, tras los cristales cerrados.

Después de la vergüenza, vino la sorpresa. No podía creer que alguien la espiase todas las tardes. Era una cita a la que acudían los dos sin decírselo. Se encontraban desde lugares diferentes: ella delante de la luna del espejo; él, bajo la luna de veras. En el encuentro, sólo estaba la intuición de las presencias. Sofía intuía que él estaba observándola. El hombre del jardín adivinaba sus formas, distorsionadas por las cortinas y la distancia. No existían las palabras, en aquel choque. Ni las imágenes reales. Tan sólo el resultado de una deformación de figuras. Una, sólo percibida como un presentimiento en la otra parte del mundo, lejos de la claridad plácida del cuarto; la otra, sugerida desde la distancia. Habitar la oscuridad incipiente, cuando declina la tarde, mantenerse al acecho mientras se espera que aparezca alguien en nuestro radio de visión. Hacerlo un día tras otro, y otro más, con el corazón en un puño.

Sofía se hizo una nueva pregunta. Vencida la timidez inicial, superada la fase de sorpresa, quiso saber quién era. ¿Quién era el hombre del jardín, el espía? Descubrirlo no fue fácil. Tuvo que esforzarse, abrir los ojos, interrogarse sobre cada una de las personas que vivían en la finca. La Casa de Albarca era un pequeño mundo en el que entraban y salían muchos hombres. Jóvenes y viejos, solteros y casados. Cada uno de ellos podía ser el que la vigilaba. Por eso se decidió a hacer ella misma también de espía.

Los ojos son sabios. Tienen la sabiduría de posarse en las cosas y detenerse en ellas. Recorren el mundo como mariposas, mientras la vida transcurre. Capturan recortes, imágenes. Muchas pasan de largo; algunas quedan fijadas para siempre. Hay una ley de selección natural respecto de todas las figuras capturadas por la pupila. Las hay que son simples reflejos del mundo, tomadas en un instante. Hay otras que perduran, impresas en el cerebro, hasta que el tiempo y el olvido desvanecen sus colores. Éstas poseen una entidad propia. Si tienen mucha fuerza, nunca llegan a borrarse del todo. Sofía no iba a olvidar la primera imagen de Ramón cuando lo vio. En realidad, lo había visto antes muchas veces, pero no le prestaba atención. Existe un abismo de diferencia entre la acción de ver y la acción de mirar. Lo había visto cuando estaba entre más gente y le había ignorado. Era un poco más joven que ella, cuando se conocieron. Era alto y esbelto como las sabinas.

Lo miró y sintió que él la miraba. Sus ojos hablaban del deseo. Un deseo enorme, hecho de una voracidad que tenía la intensidad del fuego. A Sofía le quemaba la cara. Habría querido mojarse el rostro y las manos en una fuente, en un río o en el mar, para conseguir calmar la rojez. Se encontraron en un rincón del jardín, cuando ella paseaba con Mateo. De repente, el marido se convirtió en un estorbo y el espacio entero en la intemperie. El hombre dijo:

–¿Qué te pasa? ¿No te encuentras bien?

–La cabeza me da vueltas. ¿Lo has notado?

–Tienes la piel encendida. ¿Quieres beber un poco de agua?

–Sí.

Antes de que pudiera detenerlo, Mateo se volvió hacia el chaval que se movía entre las plantas y reclamó su ayuda. Le dijo que fuera a buscar un vaso de agua para la señora. Cuando Sofía lo miró, no vio al adolescente de antes. No estaba ante el muchacho que tenía las piernas largas y la cabeza llena de pájaros, sino que su lugar lo ocupaba un hombre de ojos inmensos. Comprendió que eran los ojos que entraban en su habitación sin pedir permiso, con la actitud osada de quien sabe vencer los obstáculos más duros. Lo adivinó con una sola mirada y sintió una inquietud que se apresuró en disimular delante de Mateo. Había adivinado quién era su espía. Debería haberse tranquilizado, ya que un jovenzuelo no inspira muchos temores. Pero no sucedió así. Comprendió que no era un chico como los otros que corrían por el erial. Recordaba vagamente que le habían hablado de su desinterés por los trabajos del campo, de aquella pasión por el jardín. Se pasaba horas contemplando los árboles y las plantas.

Ramón se aproximó con una jarra de agua fresca en las manos. Tenía los dedos delgados. Se imaginó la piel del hombre que trabaja con pétalos de rosa, que tiene su piel empapada. Vio cómo le servía un vaso de agua. Era un vaso de cristal que tenía el borde un poco roto. Pensó que tendría que beber con cuidado para no dañarse los labios con el grosor desigual del vidrio. Mientras sostenía el vaso entre las manos, notó que éstas le volaban. Era un vuelo pequeño, casi imperceptible, un temblor de dedos que intentaban escapar. ¿Hacia dónde habrían querido huir?, se preguntó Sofía con un punto de tristeza. Le sirvió agua poco a poco. Un chorro delgado que se desparrama de la jarra al vaso, haciendo una senda breve, contenida. Aprovechó el instante en que caía la última gota para tocarle la mano. Duró un momento y Mateo ni siquiera se dio cuenta, pero Sofía tuvo una percepción lenta del hecho. Esto es lo que ocurre con las sensaciones: si son gratas, tienen la capacidad de perdurar más allá de su tiempo real. El contacto fue fugaz, pero el efecto que provocó duró mucho rato. Mientras bebía, notó otra vez aquellos ojos fijos en sus labios.

Era una mañana suave, de primavera incipiente. El aire estaba repleto de azules, que se mezclaban y se confundían: de una tonalidad de cielo casi transparente, a aquel otro azul luminoso, sin mácula, o a las huellas blancas que dejan las nubes. Habría sido un paseo como cualquier otro, si Ramón no hubiera aparecido. Habría deseado poderle decir que tenía más sed, sólo para que la volviese a tocar, pero calló, temerosa de ponerse en evidencia. Poco a poco, volvieron a casa. Mateo le daba el brazo, y ella se apoyaba con el pensamiento haciendo cabriolas. Iba y venía como si fuera un pájaro. Lo miró y pensó que era un buen hombre. Lo pensó de repente, sin emoción, constatándolo. Se preguntó qué pensaría de la mujer juiciosa con quien se había casado, si descubriese que le gustaba que la espiara un jovenzuelo por la ventana. Agachó la cabeza, muda, mientras caminaban hasta la casa.

Desde aquel día empezaron las fiestas ante el espejo. Aprovecha la soledad, cuando Mateo está en la sala fumándose un cigarro, después de atender a los pacientes que lo reclaman. Es un tiempo calmo y nada la estorba. En pie, con el cuerpo tenso, el camisón hasta los tobillos, cubiertos los brazos por la tela y los encajes, se mira en la luna del armario. Al ser grande y ovalada, se ve entera. Se está quieta un momento. Ha de reponer fuerzas para poder vencer aquel punto de vergüenza que aún queda escondido en un rincón. También aprende a jugar con la espera. Jugar con lo que se espera equivale a crear una expectativa, un deseo. Cuando alguien quiere algo, siente cierta urgencia, unas ganas de satisfacer inmediatamente el ansia, la pasión. La inquietud se suele vincular con la prisa. Ella intuye que Ramón sufre conteniendo la avidez; y esto le gusta. Es dulce imaginarse sus ojos golosos.

Poco a poco se desabrocha los botones del camisón. Hace un gesto y libera su cuello desnudo; de repente surge el inicio de los pechos. Las manos recorren la curva del cuello y del escote. Respira de prisa, mientras se levanta lentamente la falda. Salen los pies, menudos y movedizos, los tobillos delgados, la esbeltez de las piernas hasta las rodillas. Vienen después los muslos firmes, y Sofía se detiene un instante. Quiere dejarle un tiempo para que se recree en la redondez de la carne. A la vez, llena de sudor, vuelve la cabeza hacia atrás. Tiene que subirse las mangas para soportar ella misma la impaciencia. De él, sabe bien pocas cosas: lo adivina por un ruido minúsculo de pasos y el ansia que intuye. No querría que estuviese en la habitación, aunque lo imagine en algún momento. Lo piensa cuando no quiere ser sólo piel deseada desde lejos, mientras recuerda el tacto de su mano en el jardín.

Saberlo al otro lado de la oscuridad le produce sensaciones contradictorias. La tranquiliza saber que es un juego. No hay engaños reales, ya que no tiene un amante que la visite todas las tardes. En el fondo, podría haber sido producto de su mente que alza el vuelo. El resultado de una mueca de la imaginación. Pensarlo la libera de sentimientos de culpa. No obstante, la certeza de su presencia se impone por encima de todo. Sólo ellos dos lo saben, pero el encuentro es real. A pesar de la distancia, sus ojos la abrazan. Cuando el sol se pone, una mirada la visita para llenarla de gozo.

Se libera de los obstáculos de la ropa. Desnuda, ante el espejo, retorna a la quietud inicial. Todo es silencio. No hay ruido de pasos ni palabras incómodas. Nota la piel y el pensamiento encendidos de deseo. Es un deseo nuevo, que nunca experimentó hasta que se encontró ante la luna del espejo. Se imagina la respiración de Ramón, bajo la otra luna. Sonríe, y sonríe para él. Luego dobla un poco la cintura, mueve los brazos, dobla las piernas. Le ofrece la visión de la fruta oscura del sexo.

V

La carta que encontré en la buhardilla fue escrita en Jaisalmer, un lugar remoto del desierto de Thar, en la India. Hablaba de las dificultades que había para llegar allí. Explicaba que el camino era largo, tortuoso, casi inaccesible. Se había de recorrer una ruta de más de ocho horas desde Jodhpur, a través de campos verdes donde los sarís de las mujeres se tornaban manchas de color. El paisaje agrícola se volvía cada vez más desértico, a medida que se avanzaba por él. El verde era entonces escaso. Me gustaba imaginarlo, mientras seguía con los ojos, que saltaban de un párrafo al otro, las líneas escritas en aquel papel. Decía: «Aquí el paisaje y el tiempo se vuelven lentos. He aprendido a no tener prisa. No podemos impacientarnos, porque resultaría inútil. Hay que dejarse columpiar por los ritmos de la India, conseguir que el pensamiento se convierta en una hoja en blanco. ¡Qué extraño prodigio! Llenarlo sólo de miradas, de desierto, de la sensación de sudor y de la certeza del camino».

El papel estaba amarillento por el tiempo transcurrido y tenía huellas. Alguien lo había leído con atención, antes de olvidarse de él. Me pregunté qué itinerario habría seguido hasta llegar al desván. Seguramente una ruta de bolsillos y cajones. Desde el momento en que fue leído por su destinatario hasta el momento en que yo recorrí sus palabras con avidez, había pasado mucho tiempo. Me esforcé en calcular los años transcurridos desde que un correo lo trajo a casa. Fue escrito mucho antes de que yo naciera, antes también de que mi madre fuese una mujer. Elisa tendría cinco o seis años, cuando aquel papel se incorporó a su historia. Sería una niña que observaba la vida con los ojos bien abiertos, en una casa demasiado silenciosa. Habían pasado años, por lo tanto, desde la muerte de Sofía. Cuando la carta atravesó tierras y mares, volaban las primaveras medio adormecidas, los veranos soñolientos como lagartijas, los otoños y los inviernos demasiado tristes. Todo perdió intensidad en aquella casa, después de la muerte de mi abuela, como si la vida oscureciera.

Me apresuré en buscar información sobre Jaisalmer, pero no era sencillo. Se trataba de un lugar lejano, de callejuelas estrechas, laberínticas. Sorprendía a los viajantes la visión plácida de un lago rodeado de templos y minaretes de piedra del siglo XIV. «Esto debe de ser la placidez, la sensación de perderse: cuerpo, pensamientos inútiles, emociones excesivas se diluyen. Todo se vuelve más dulce.» Acunada por las líneas escritas, me imaginé una ciudad salida de un cuento. En las calles, estallaría la vida. Había niños que bailaban al sonido de un tamborino que tocaban otros niños. Los *havelis*, las casas de los antiguos mercaderes ricos, con sus magníficos artesonados, eran de una gran belleza. Muchachas con la cabellera hasta la cintura como bellísimas Sherezades rescatadas de la oscuridad. Niñas con el rostro lleno de moscas.

En el desván, había un caballo de madera que había sido de mi madre. Yo lo heredé como si fuera un trasto que vale la pena salvar de la destrucción. Llevaba una silla y las riendas de color verde. Me recordaban a las hojas de los árboles. Me gustaba cabalgar en él cuando era una cría, inventarme prados imposibles. Entonces ya tenía una imaginación que parecía espuma: se desbordaba, si tenía ocasión. Mi pensamiento crecía, adoptaba formas diversas, se concretaba un instante en la figura de una nube fugaz, volvía a despegar y después se dispersaba, hecho de burbujas. Cuando cabalgaba el caballo que fue de Elisa me sentía muy cerca de ella. Me imaginaba que mi madre estaba a mi lado, otra vez. Conservaba de ella una memoria muy vaga que, muy pronto, fue sustituida por la presencia del retrato. Pensaba que quizá era un caballo volador. Tenía que sujetar las riendas con las manos, mientras cerraba los ojos. Entonces la tierra despegaba, el mundo se volvía del revés y yo recorría las profundidades, cielo y tierra se besaban.

Leer la carta fue como cabalgar mi caballo de madera. Todo lo que tenía cerca, que era concreto y alcanzable, se trastocó. Me pregunté quién era el personaje que la había escrito. Un hombre capaz de vivir durante un largo período en la India, de recorrer sus rincones con la mirada inquieta. Un hombre que quiso volver, después, a los lugares conocidos. Instalarse de nuevo, y hacer tabla rasa del pasado. No sé si lo trajo consigo, aquel pasado que guardaba como un tesoro, oculto a los ojos de los demás. Quizá dejó que las imágenes perdiesen brillo, permitió que se pulverizaran por los laberintos de Jaisalmer, mientras se alejaba. Hay imágenes a las que nos cuesta dejar partir. Forman parte de nuestra vida y querríamos que tuvieran siempre la misma tonalidad. Nos abrazamos a ellas cuando ya se van. Descubrir que tocamos la nada produce una sensación de desamparo. Durante mucho tiempo habíamos creído en ellas. Tuvimos la fe que muchas personas ponen en una estampa, un devocionario, un hijo, o un proyecto. Era una parte de nuestra vida que nos hacía felices. Nos acompañaban todas las mañanas, cuando abríamos los ojos. Estaban ahí todas las noches, al irnos a la cama. Cuando la imagen empezó a difuminarse, comprendimos que habíamos querido un bien que sólo existía en nuestro pensamiento.

Mi caballo de la infancia tenía la cabeza hecha añicos. Era de madera. Tenía la pupila pintada de oscuro en un fondo blanco. Los labios medio se abrían en una sonrisa que mostraba los dientes. La humedad, el tiempo y la carcoma se fueron comiendo la cabeza del caballo, hasta que se convirtió en un pegujón difícil de reconocer. Un día, puse un dedo encima del ojo izquierdo del caballo. El dedo se hundió en la humedad, mientras gotas de sudor me llenaban la frente. Me puse a llorar. Esto era mucho antes de encontrar la carta que hablaba de retornos.

Me habría gustado que hubiera otras niñas con quienes compartir mis fantasías. La Casa de Albarca, sin embargo, era un mundo de adultos. Desde que el abuelo se casó con la abuela Margarita, no venía mucha gente a visitarnos. Ella no tenía familia y ambos preferían una vida tranquila, lejos de los cataclismos del mundo. Tuve que abrazarme a los fantasmas de mis madres con mucha fuerza. Me acompañaban, cuando no tenía a nadie más. Me sentaba en un taburete, en mi habitación, y las contemplaba. Me preguntaba si, de mayor, me parecería a ellas. Imaginaba sus historias y me decía a mí misma que habían sido mujeres felices, durante un espacio de tiempo muy breve. La abuela Sofía, casada muy pronto, muerta pocos años después. Mi madre, Elisa, que no había tenido marido, pero sí una hija que debió de ser la vergüenza de la familia: yo misma.

Me llamo Carlota y tengo una peca en la mejilla izquierda. Cuando era una niña, la peca era rosada y pequeña. Con los años, la peca se fue convirtiendo en un círculo que el sol tostó. A mi abuelo le gustaba acariciarla. Se entretenía en recorrer su forma, mientras me decía que era un regalo del cielo. Al verlo, protestaba siempre:

–Abuelo, no me gusta tener pecas.

–Sólo tienes una, pequeña, y no debes quejarte nunca.

–¿Por qué?

–Tu madre también tenía una peca en la mejilla. Cuando se reía, se le formaba un hoyuelo y casi desaparecía. Parecía magia. Si estaba seria, volvía a aparecer en su piel.

–No me importa, si ella tenía una.

–Tu abuela, que se llamaba Sofía, también tenía una peca en la mejilla. Yo se la besaba todas las noches, antes de dormirnos. Decía que le hacía cosquillas.

–Pues la abuela Margarita no tiene ninguna. –Reconozco que había un punto malévolo en mis palabras aparentemente inocentes.

–No. –Se hacía una pausa–. La abuela Margarita tiene la piel muy blanca.

–Pobre, ¿no? Tendremos que pintarle una peca.

–¿Cómo?

–Digo que se la deberíamos pintar en la nuca. Así, al menos se parecerá un poco a nosotras.

–Calla, criatura.

Llevo el pelo largo, me cubre el inicio de los hombros. Es color castaño, melaza en las puntas. Tiene el tono de algunas de las confituras que la abuela Sofía preparaba en la cocina de casa. Guardan los tarros uno junto al otro, vacíos y alineados, por orden del abuelo. Aún conservan las etiquetas que ella ponía, cada una con el nombre de la fruta correspondiente. Llegó a preparar mermelada de higo, de sandía, de naranjas amargas. Metía un kilo de fruta y azúcar. Al fuego, la mezcla adquiría una consistencia gelatinosa que recordaba néctares celestiales. El aire se llenaba de un olor dulce que se esparcía por todas partes.

Tengo unos ojos demasiado grandes, que parece que tengan que comerse el mundo; la nariz y la boca, un punto exageradas. Mis rasgos son herencia de dos mujeres, en esta casa en donde aún se percibe su presencia, después de tantos años. Soy alta, pero quizá delgada en exceso. Esto es lo que opina el abuelo, de la suma de desproporciones que me configura. Como curiosa contrapartida a este desorden, tengo un carácter hecho, en apariencia, de mesura y contención. Siempre me he esforzado en contener la curiosidad inmensa que siento por las cosas, estas ganas de saber, de descubrir los secretos de los demás. Estoy convencida de que todo el mundo guarda algún secreto. Los secretos son como partes de la vida que nunca se explican, pero que flotan alrededor nuestro. Son criaturas voladoras que no descansan nunca, y que nos impiden encontrar el reposo. Me gustaría guardar en una caja de madera todos los secretos que pululan por la casa. Están los del abuelo, este hombre de pocas palabras con quien me gustaría mantener más conversaciones. Cada una me da una pista sobre su vida solitaria. ¿Qué secretos puede ocultar, en cambio, una criatura tan transparente como la abuela Margarita, que incluso tiene la respiración suave para no molestar a los que viven a su lado? Pues también oculta alguno. Estoy segura de ello. Como es una figurita pequeña, a veces casi alada, me despista. Su apariencia insignificante llama poco la atención sobre su ir y venir. A pesar de ello, sé que sabe mucho más de lo que nos cuenta. Tiene una existencia de días repetidos, hechos de acciones conocidas, donde no hay espacio para la sorpresa. A la vez, su pensamiento debe de estar lleno de preguntas sin respuesta que procura evitar, aunque estén presentes.

Están los secretos de los fantasmas de mis madres. La vida de la abuela Sofía fue ordenada. Nadie le conoce aventura alguna en aquella existencia de matrona joven y feliz. En realidad, tuvo poco tiempo para mirar el mundo. Dicen que le gustaba encerrarse muchas tardes en su habitación. Esta habitación donde dormía con el abuelo y que ahora es la mía. Se pasaría las tardes leyendo o bordando, actividades a las que era muy aficionada. La existencia de Elisa, mi madre, fue más tumultuosa. Circulan muchas historias que intentan desvelar sus incógnitas. A pesar de ello, el misterio mayor es el que rodea a su muerte. Está también el secreto que guarda el desván. Lo descubrí a partir de la lectura de una carta.

Soy de naturaleza curiosa. No soy capaz de permanecer indiferente cuando algún hilo de la historia se escapa y queda suelto. En mi casa, hay muchos hilos que inician ovillos que me gustaría recorrer. Algunos están enredados. Sería necesaria toda la paciencia del mundo para irlos desenredando poco a poco, y sacar la hebra. Cuando cabalgaba en el caballo de madera de la buhardilla, me imaginaba recorriendo largas distancias. Jaisalmer está a siete u ocho horas en camión desde Jodhpur. Jodhpur es una ciudad azul que llega a confundirse con el cielo. Los indios pintan las casas de azul para que, al mirarlas, el sol no hiera los ojos con tanta intensidad. Desde el fuerte, que está situado en una altiplanicie, se contemplan capas superpuestas de azules. Desde mi caballo volador, me imagino a una niña que lleva el velo y el vestido anaranjados. Baila a los sones de la cítara de su padre. Alza sus brazos pequeños, da vueltas y vueltas sobre sí misma, y vuelve a girar.

El hombre que escribió una carta desde Jaisalmer a mi abuelo hablaba de un pueblecito que se llamaba Khudi. Estaba más al norte, a una hora larga de camino. Fue allí, para hacer un recorrido en dromedario, ya que la zona era desértica. Llevaba veintitrés años sin caer una gota de lluvia. Cuando él estuvo, inesperadamente, llegó el monzón, la lluvia frenética. El animal que montaba perdió el control. De la misma manera que lo perdía mi caballo, cuando yo era pequeña y quería hacerle saltar los obstáculos del desván. El hombre mal envuelto en una gabardina, empapado de pies a cabeza, se refugió en una cabaña. Desde aquel lugar, contempló a los niños que corrían por el fango con los pies desnudos. Muchos veían la lluvia por primera vez. Sus piernas y su corazón corrían de prisa, por aquel lodazal. Fue entonces, al contemplar su mirada llena de curiosidad, cuando se decidió a escribir una carta. Su tiempo en la India había terminado.

Le pregunté al abuelo:

–¿Conoces una ciudad llamada Jaisalmer?

–Yo no conozco muchas ciudades, hija. No he viajado.

–Habrás oído hablar de muchos lugares, aunque no los conozcas.

–Claro. Las palabras vuelan y sirven para explicar cómo es un rostro, una casa, un lugar. Pero si tus ojos no graban aquel rostro, no retienen una cara, o no pisan un lugar, su percepción se vuelve mucho más débil. No perdura.

–No estoy de acuerdo. Yo sólo he oído hablar de la abuela Sofía y tengo vagos recuerdos de mi madre. Sólo conozco sus retratos. Sin embargo, las palabras han conseguido que tuvieran cuerpo y presencia propias. Puedo sentirlas próximas, porque me has hablado de ellas.

–Bueno. Diríamos que se trata de dos casos excepcionales. Yo mismo me he esforzado en ello. Desde que naciste, he intentado repetirte, una vez tras otra, cómo eran. No quería que te olvidaras de ellas. He invertido voluntad y esfuerzos, porque me jugaba demasiado.

–¿A qué te refieres?

–Tu memoria es mi memoria. Tu olvido habría sido mi olvido. ¿Cómo habría sido mi vida, si no te hubieras acordado de ellas? Me imagino solo y triste, sin la posibilidad de hablar con nadie. Tú eres el ancla que me sujeta a la orilla de los recuerdos. Gracias a ti puedo recrearme. Volver a ellas una y mil veces. ¿No lo entiendes?

–Creo que sí. Un recuerdo compartido es más de verdad. Los recuerdos que se guardan entre dos no están cubiertos por la neblina, sino que se mantienen claros. Es como si abriéramos las ventanas para que entrara el sol a raudales.

–¿El sol que ilumina los cuadros todas las mañanas?

–No, el sol que nos ilumina la vida, aunque ellas no estén. Pero ¿y Jaisalmer?

–Jaisalmer será un punto en un mapa. Un sitio que nunca pisé pero que recuerdo vagamente. No lo sé. Quizá alguien me habló de él.

–Es un nombre que viste escrito en una carta. Te la enviaron hace muchos años.

–¿A mí? –no evitó el gesto de sorpresa.

–Sí, abuelo. La carta iba dirigida a esta dirección. Tú eras el destinatario.

Hace años, el abuelo recibió una carta. Su lectura no le impresionaría mucho, aunque tampoco creo que lo dejara indiferente. Por entonces era un viudo respetable. Tenía una hija pequeña, que quizá jugaba junto a él, en la sala grande. Él habría adquirido ya la pose de hombre sereno, que se ha adaptado con resignación a los envites de la vida. De vez en cuando, mientras leía aquella carta, levantaría la mirada hasta el cuadro de Sofía. Por entonces, sólo había un cuadro, y estaba colgado en la pared principal de la sala noble. Sentado en el sofá isabelino, que estaba tapizado de terciopelo granate, se tomaba una copita de coñac. Era el único capricho que se permitía, volcado por completo en su profesión. Tenía fama de hombre demasiado serio. Era una fama que aumentaría con el tiempo, hasta transformarlo en una figura poco amable a los ojos de la gente. Nadie negaba que era de trato cortés, un punto distante. Pero, en sus labios, se veía el rictus de una amargura que se acentuó a medida que se volvía rico en pérdidas. Alrededor de los ojos, dos sombras que recordaban la música de un violín.

Al cabo del tiempo, yo di con aquella carta. Las frases escritas me llevaron a reconstruir el hilo de una historia. No estaban escritas por mí, pero supe hacerlas mías. Surgieron de observar la lluvia en un pueblecito minúsculo. La lluvia, que cuando acecha, llena la tierra de burbujas y convierte los caminos en lodazales. Había niños que nunca habían visto llover. No es sencillo imaginarlo, pero puede ser bello. Las situaciones que para unos son habituales se vuelven absolutamente nuevas para otros. Críos que se comían el agua que caía del cielo con los labios. Se la bebían poco a poco, descalzos, las piernas desnudas hasta las rodillas. Notaban cómo correteaban las gotas por sus cabellos, por la frente, por las mejillas. Era una sensación magnífica, inesperada. Las frases hablaban de Jaisalmer, el lugar donde fue redactada la carta, pero hablaban también de otro lugar: el jardín de La Casa de Albarca.

Se acordaba de los rosales. De la cantidad de agua que necesitan, siempre dependiendo del clima, de la permeabilidad de la tierra, de la temperatura. Se había esforzado mucho para conseguir que la tierra se mantuviera fresca. Cuando se reseca, las raíces sufren el calor. Mientras los rosales fueron pequeños, los regaba con agua abundante. Dejaba que el chorro de agua penetrase tierra adentro, hasta que se empapaba entera. Desde Khudi, observando la lluvia loca, se acordó de los rosales que había amado. Pensó en ello con una pizca de nostalgia mientras contemplaba cómo los niños saltaban de un charco a otro. Habían transcurrido seis años, seis meses y doce días, desde la muerte de Sofía. Quizá ya llevaba el tiempo suficiente en la India. Los rosales necesitaban un lugar soleado y protegido de las ventadas para crecer. Él también había sentido la urgencia de vivir en un sitio lo bastante aislado de las inclemencias del mundo. Comprendía que había hecho una elección correcta. El tiempo es un ungüento que se esparce por las heridas más profundas y consigue sanarlas. La distancia es una planta medicinal que nos salva del sufrimiento.

Leía aquella carta con avidez. Una vez tras otra. La releí muchas veces, hasta que perdí el aliento. En cada palabra, descubría panoramas inesperados. Cada línea era el descubrimiento de un mundo. Estaba escrita con una letra clara, un poco alargadas las consonantes, menudas las vocales. Iba dirigida a mi abuelo, a quien contaba en un tono entre respetuoso y cálido, cómo era el paisaje de Jaisalmer. Le insistí:

–Tú eras el destinatario, abuelo. ¿No te acuerdas?

–¿Jaisalmer? Es una palabra que suena bien. La verdad es que no tengo ni idea de dónde debe de estar este lugar.

–Sí, hombre. Es una ciudad desde donde Ramón te escribió una carta.

–¡Ah! Aquella carta... La puedo recordar vagamente. Esto sucedió hace mucho tiempo. Me parece que decía que quería volver.

–Te pedía permiso para volver a esta casa, después de más de seis años.

–Sí, dudé un poco. Hacía tiempo que se había marchado y siempre lo había considerado un personaje un poco extraño. Pero era un buen jardinero.

–Le dijiste que volviera.

Aquella carta era la clave que abría el retorno de un hombre a la casa en donde vivo, un lugar que no ha vuelto a dejar nunca más. Él riega los rosales, y los poda. Los protege del viento y de la lluvia esquiva. Me gustaría saber por qué se fue tan lejos. Habría querido saber las causas de su regreso. Sólo intuía la añoranza de unos rosales, el descubrimiento de la lluvia en los ojos de unos niños, la constatación del tiempo que había pasado lejos de la isla, el deseo del retorno. Eran bien poco para una curiosidad tan profunda como la mía.

VI

El espacio que separa las cortinas de la habitación de Sofía es cada día más ancho. Antes, las dos telas casi se tocaban; ahora se van distanciando. Es ella misma la que las abre, en un ejercicio de osadía diaria. Primero, era como si nada: un gesto casual con un brazo que separaba las cortinas, casi sin querer la cosa. La mano que se pierde entre los pliegues de la ropa y que los alisa en un determinado sentido. Después, el gesto fue ganando precisión y firmeza. Ya no intervenía el azar en el movimiento que servía para apartarlas, sino una voluntad consciente. Entonces se sentía contenta sin darse cuenta. A veces se sorprendía canturreando una cancioncilla con una parte de tela doblada en cada brazo. Explicaba que le gustaba que la luz entrara a borbotones. No comprendía la obsesión de las criadas por poner trabas a la luz. Las cortinas tenían las formas del mar. Una vacilación de ola que se recoge en la cuenca del brazo, que hace de puerto. Cuando estaba soleado, dejaba los cristales abiertos durante toda la tarde. El viento empujaba la tela como si fuese agua salada. Ella, que pocas veces veía el mar, se sentía cerca de todas las orillas. Sólo necesitaba esperar que llegara el atardecer.

Empezaba a desnudarse. Se entretenía en el cuello de la camisa, que desabrochaba con dedos agarrotados. La impaciencia los volvía torpes, poco hábiles en la tarea de desabrochar cada uno de los botones. Cuando lo había conseguido, mantenía la ropa flotando alrededor de su cuerpo, hasta que la dejaba caer con cierto desdén. La falda caía recta, vertical a sus tobillos. Tenía que agacharse para conseguir quitársela; las medias, sin embargo, recorrían sus muslos con una lentitud deslizante, de ronroneo de gato o de piel de seda. De vez en cuando, estiraba el cuello y los brazos como si pretendiera mantener un curioso equilibrio entre lo vertical y lo horizontal. Ella, que se movía como un arco de violín, recorriendo la superficie de su propio cuerpo. Sofía andada por Sofía, cuando los quinqués iluminaban su habitación, para que pudiera ser vista desde el jardín.

Era un jardinero casi adolescente. Le gustaba la mimosa que crecía junto a la ventana. Alto y espigado, metía su cara en ella antes de iniciar el ascenso. A veces le quedaban restos de amarillo en las mejillas. Se encaramaba por las grietas de la fachada con la habilidad de un gato. Lo había aprendido de pequeño, cuando ya jugaba con los otros niños a encaramarse tejado arriba. Conocía cada centímetro de aquella fachada. Desde los canalones por donde bajaba el agua, cuando caía la lluvia, hasta el grosor de las piedras que la recubrían. La medía con sus pies, que encontraban el fondo justo donde apoyarse y emprender el vuelo. Con las manos abiertas, las palmas un poco peladas del contacto con la piedra, sintiendo la rojez, se pegaba a la fachada. Se movía, silencioso, aprovechando la hora en que el patio estaba tranquilo.

Durante los primeros meses de observación se encaramaba a una rama del almez, de las que casi tocaban a la ventana. Por eso se sentía seguro. Entonces se entretenía en la figura de Sofía, entrevista en medio de claroscuros. Era una figura en movimiento, que le recordaba los árboles del jardín cuando sopla la brisa. Tenía los brazos y los tobillos finos, como las ramas jóvenes. La miraba, hipnotizado, mientras volaba el tiempo. No pedía mucho más. Sólo la quietud y el espacio para mirarla. Dejarse llevar por la seducción de un cuerpo. Concentrado en un único punto de luz, el de la habitación donde ella estaba, empequeñecía los ojos para que su mirada entrara por el resquicio de las cortinas. Salvado el obstáculo, cuando estaba dentro, perseguía cada rincón hasta que se detenía en Sofía. Entonces nada habría conseguido alejarlo de aquel cuerpo.

En las noches de luna tenía que ocultarse para que la claridad no lo delatase. La luna era una espía que recorría cada uno de sus gestos. Se detenía en ellos acentuando su volumen. Si movía un brazo, la sombra del brazo se multiplicaba. Cuando todo estaba oscuro como un pozo, se sentía más seguro, pero también más vulnerable. Cualquiera podría haberle interrumpido entrando en su radio de acción sin que pudiera evitarlo. Si soplaba un viento juguetón, rogaba que el cielo volviese a la calma. Si soplaba tramontana, maldecía a los vientos. A veces, caía la lluvia. El agua recorría su cara y se llevaba rastros de mimosa.

Una noche fue osado. Ya había pasado mucho tiempo desde que acudía a la cita de la mujer y el árbol. Habían transcurrido noches de vela, los pies en la rama, el cuerpo entero en tensión intentando aproximarse un centímetro más a la ventana. Aun así, la situación siempre era idéntica: había una distancia entre los dos. Una lejanía de cristal y de oscuridad que habría querido que desapareciese. A veces, se imaginaba que daba un salto de galgo. El cuerpo apuntaba como una flecha hacia la ventana cerrada. Se replegaba un instante para coger fuerza. Entonces estiraba los brazos, juntos y verticales, mientras la cabeza crecía sobre los hombros. Era un proyectil dirigido a un objetivo único. La meta, el dintel de una ventana mal iluminada. Pensaba en ello, aunque no osara lanzarse de veras. No le asustaba el roce de los cristales con su piel, en el momento del choque con su cuerpo, sino la reacción de la mujer. Por nada del mundo habría querido asustarla. Ella, que le permitía observarla de lejos, quizá se ofendería si pretendía saltarse los límites de lo que estaba tácitamente permitido. Quién sabe si, después, la línea que separaba las cortinas se haría más pequeña, una raya minúscula a través de la cual sus ojos habrían de navegar.

Cuando lo pensaba, se le acumulaban las dudas. La inseguridad, un resto del bagaje adolescente, se imponía a todas las demás sensaciones. Claro que también actuaba el miedo de perderla. ¿Qué pasaría si ella se cansaba del juego nocturno? ¿Dónde iría a buscar aire suficiente para poder respirar, para continuar la vida con su ausencia? Ahora, cuando sólo era una figura tras los cristales, rogaba para que nunca desapareciese. De alguna forma, le había robado la imagen. La retenía en una visión grabada en la pupila. Se había guardado cada uno de sus movimientos, la forma de mover sus brazos, las piernas, el vientre. Le gustaba saber que compartían un secreto. Ellos dos, tan jóvenes y tan solos.

El dolor que nace de una obsesión no está hecho de estridencias. No se trata de aquellas manifestaciones de pena en las que participa todo el cuerpo, la voz y los gestos. No hay arrebatos ni excesos. Suele ser una pena honda, callada, que surge de la imposibilidad de moverse, de actuar, porque las obsesiones nos paralizan el cuerpo y la vida. En la obsesión que sentía Ramón por Sofía, predominaba la angustia. Una inquietud formada por preguntas que, a menudo, no encontraban respuesta. Se preguntaba si podría abrazarla, si tendría que superar muchos obstáculos para acercarse a ella. Temía la amenaza de las cortinas cerradas definitivamente.

En la obsesión que Sofía sentía por Ramón, dominaba la pena. Una pena que era una mezcla de incredulidad por lo que estaba viviendo, de sentimiento de culpa, de confusión. Muchas mañanas, cuando el marido se levantaba de la cama para ir a trabajar, tenía que hacer un esfuerzo por encogerse entre las sábanas. Escondía sus rizos bajo la almohada, mientras él la besaba en la frente. No podía evitar las lágrimas. Nunca creyó que sus ojos fueran capaces de contener tantas. Lágrimas que caían silenciosas, surgidas del pozo profundo de la tristeza. No lo podía remediar: si con el dorso de la mano intentaba hacer que desapareciesen, en seguida volvían a aparecer. Sin prisa, seguían su camino. Iban desde el ojo a los labios, recorriéndole el rostro. Tenían un gusto salobre que, a veces, capturaba con la punta de la lengua. Todo era sal en la boca. Entonces tenía sed.

Hay obsesiones que son como el goteo persistente de la lluvia. Imaginemos una lluvia de invierno, que dura días y noches. El cielo es de un gris que se rompe en tonalidades azuladas. Es un cielo triste, porque nosotros nos sentimos tristes. Las ideas que quedan fijadas en el pensamiento suelen provocar tristeza, porque cierran los caminos a cualquier otra idea. Los deseos que ocupan el epicentro de nuestro mundo inspiran dolor, ya que no abren vías para los nuevos deseos. Si nos bloqueamos en una única idea, si nos centramos en un solo deseo que no podemos alcanzar, vivimos una existencia falsa. Por una parte, los días transcurren en una apariencia de normalidad: estaban las ollas en las que Sofía hervía las confituras, la despensa de la cocina, las cartas dc las tres tías, las conversaciones tranquilas con el marido. Estaba el jardín, la mimosa que le teñía la cara, la rama del almez, los naranjos y las viñas. Todo era vagamente real. Lo único cierto eran los atardeceres entregados a una ventana que tenía las cortinas entreabiertas.

Desear de lejos significa precisar con la mente. El deseo acostumbra a nacer desde la distancia, pero se concreta en la proximidad porque une y empuja. Dos cuerpos que se desean se buscan. Si no hay obstáculos insalvables que les impidan la proximidad, la vida se convierte en una fiesta de tactos y besos. Tocar no es sencillo. Hay quien asegura que se trata de un arte. ¿Quién sabe tocar la piel del otro con dedos lo bastante hábiles para hacerlo estremecer? La cuerda del violín se estira, el arco se tensa, la música surge, rotunda. Hay manos que acarician como si esparcieran perfumes. Se produce una eclosión de espuma. El deseo se vuelve real cuando el otro es presencia concreta, palpable. Un cuerpo que podemos recorrer con los labios, que las manos exploran en la avidez de los dedos. Carne contra carne, dureza que se torna realidad en el envite.

Ellos tenían que vivir el deseo desde lejos. Ramón pasaba las noches con los ojos en blanco, después de las visitas a la ventana. Sofía se esforzaba por no removerse entre las sábanas, por miedo a interrumpir el sueño del marido. Ambos compartían la misma sensación de deseo incompleto, de fiesta que queda detenida en el momento álgido. Primero, el deseo ocupaba todo el espacio del pensamiento. Crecía como si tuviera alas. Se concretaba en ganas de fundirse con el cuerpo del otro, de dejar de existir para formar parte de una materia única. Era una percepción casi dolorosa, porque implicaba la añoranza y la urgencia. Era un deseo hecho de prisa, hambriento y enorme. Convertido en obsesión, el deseo les ocupaba todo el espacio del querer. ¿Qué importaban otras necesidades elementales, como comer o beber, si no podían contentar la más urgente de las carencias?

Sofía empezó a perder aquella gracia que tenía para preparar confitura. El instinto de calcular las proporciones exactas entre la fruta y el azúcar, la capacidad de seleccionar la pulpa más jugosa, de adivinar el tiempo de cocción. Un día, quemó una olla de confitura de albaricoque. El olor a chamusquina se propagó por toda la casa y nadie lo podía creer. En otra ocasión, alteró la cantidad de azúcar que debía añadir y dio como resultado una mezcla que fue a parar a la basura. Cuando se encerraba en la cocina, todo el mundo rogaba que recuperase las habilidades perdidas, ya que la señora se ponía de muy mal humor. Ramón inició un proceso de desatención hacia sus obligaciones. Se pasaba el día bostezando bajo la mimosa del jardín, mientras se olvidaba de los rosales y de los árboles. Llegó a llevar las manos tintadas de amarillo permanentemente. Si veía a Sofía de lejos, se las enseñaba. Ella sonreía, como si el amarillo fuera su señal de amor, un código secreto. Una plaga de gusanos aprovechó el descuido del jardinero para atacar algunos cipreses. La hoja, antes verde oscuro, adquirió una tonalidad marrón. Una sustancia de gelatina resbalaba por el tronco, mientras las ramitas se mustiaban. El jardinero lo contemplaba con expresión de sorpresa, incapaz de buscar un remedio. Después de tantos años cuidándolo, se había alejado de él. La hiedra necesitaba ser podada y sus hojas reclamaban agua de manera urgente. Los naranjos habían dado mandarinas secas, porque les faltaba agua. A Ramón, lo único que le importaba era que él también tenía sed.

El deseo que se vive de lejos se convierte en una mezcla de dolor e incredulidad. Está el dolor de no poder tocar al ser querido. Está la duda de imaginar que nunca nos va a ser posible tocarlo. Cuando el deseo ha de concretarse en la mirada, en el olfato, en la percepción lejana del gusto (¿qué gusto tiene el aire que respira el otro?), sólo satisface una parte de su potencial. Quedan las manos: los dedos huérfanos de piel. Los dedos sólo existen para poder tocar otros dedos. Si no, pasan demasiado frío. Este deseo vivido desde fuera alimenta el pensamiento de añoranzas. Sofía añoraba a Ramón delante de la luna del espejo en la habitación en donde se encerraba, todos los atardeceres. Ramón añoraba a Sofía, desde la rama del almez. A veces, helado por el primer relente. Otras veces, bajo la brisa bienintencionada de las primaveras o los veranos. Si se hubieran podido tocar, todo habría sido muy diferente. Había, sin embargo, una ventana entre los dos. Una ventana y una olla de confitura echada a perder; una ventana y los setos muertos de sed en el jardín; una ventana y un marido que no hablaba mucho.

Una noche Ramón se decidió a dar el paso que los salvara de tanta distancia. El almez cada día estaba más lejos de la ventana. No podía evitar la sensación de kilómetros de aire entre los dos. Tenía que acortarlos, para sentir a Sofía más cerca. Miró las ramas bajas en las que se había sentado muchas noches. Llegó a acostumbrarse a una de ellas, que formaba una especie de silla con el tronco del almez. Había pasado largos ratos observando el amarillo de las hojas, aquellos puntos verdes que podían derivar hacia el ocre, mientras esperaba que ella se acercase al espejo. Entonces lo ganaba la impaciencia. Las ganas de verla, de olerla. A pesar de la distancia, a pesar de los cristales cerrados, se imaginaba su olor. Había conseguido retenerlo, aquel día que le llevó un vaso de agua al jardín. Se impregnó la piel, el pelo, las manos. Era como si todo él fuera un frasco que preservara la esencia de Sofía. Todas las noches, abría un poco aquella botella para que se escapara una pizca de aroma. No tenía que salir demasiado, porque tenía miedo de perderlo. Sólo la cantidad justa para que pudiera respirarla bien adentro.

Aquel atardecer no era muy diferente de los demás. Ramón no se había propuesto abandonar la rama del almez ni introducir ninguna variación en el encuentro. Si se lo hubiesen preguntado, habría dicho que sólo deseaba que todo sucediera como siempre. Mirarla mucho tiempo, hasta que los párpados le temblasen, rendidos, de tanto mirar. Entretenerse en una contemplación que no era tranquila, porque lo acompañaban pensamientos llenos de inquietud. Deleitarse en la forma del brazo, en la curva de la espalda, en el nacimiento de los pechos.

Cuando estuvo debajo de la ventana, lo ganaron las ganas de estar cerca. Sin pensarlo, trepó con las manos y los pies por la piedra. El contacto era áspero y lo devolvía a una sensación de mundo real que le resultaba muy grata. Calculó la distancia que había desde el marco hasta el suelo. Dio un vistazo a su alrededor, deseoso por asegurarse de que nadie lo veía. No habría sido fácil justificar la escalada nocturna. Sin prisa, inició la subida: era importante mantener el equilibrio y, a la vez, encontrar con las extremidades el punto justo donde apoyarse y subir con fuerza. Una tranquilidad interior, casi desconocida, lo impulsaba a avanzar. Pasaban los minutos y él procuraba retener la respiración, acompasarla a los movimientos, que eran muy lentos. Si respiraba poco a poco, se cansaría menos, pensaba. Por eso tenía que medir sus fuerzas, como si las repartiera para que duraran mucho rato. Si perdía empuje, podía caer. El amo con el ruido encendería luz en el patio. Llevaría antorchas para iluminarlo y lo verían. Luego avisarían al señor y éste sería su fin. Por el contacto con la piedra, los dedos perdían flexibilidad y se volvían menos sensibles. Cada canto le marcaba las manos. Menos mal que el marco de la ventana era ancho. Se situó en él suspirando, mientras doblaba las piernas.

Sofía estaba delante del espejo de la ventana. Su desnudez le hacía daño a los ojos, de tan próxima. Con la mano cerrada, golpeó el cristal para avisarla de que estaba ahí. Ella giró la cabeza por encima del hombro, sin llegar a volverse del todo. Continuó con los brazos al aire, de puntillas, con la cintura un poco hacia adelante. La observaba, boquiabierto. La mujer se acercó a la ventana. Estaba muy cerca de donde él se sentaba. Ramón recorrió el cristal con su dedo. Dibujaba la forma de la espalda, el recorrido vacilante hasta las nalgas. Volvió a tocarlo. El aliento lo empañaba.

VII

Recuerdo el día en que el abuelo me anunció su compromiso matrimonial con Margarita Reus, una soltera de una cincuentena de años que no vivía muy lejos de La Casa de Albarca. Era una mañana soleada del mes de mayo, el campo repleto de amapolas. Caminábamos uno junto al otro, y estábamos satisfechos de respirar el aire de la mañana. Al menos yo me sentía contenta, porque siempre me gustó pasear a su lado. El abuelo era un hombre aún elegante, que movía con gracia la punta del bastón con puño de marfil. Lo utilizaba para señalar las piedras, las hierbas que crecían junto al camino, el portal de una casa o la humareda de una chimenea. A mí, me ganaba su conversación serena, la forma pausada que tenía de enlazar los recuerdos, la gracia con la que saltaba de un pensamiento a otro, con aquella facilidad que tienen las mentes ágiles. Podría haber pasado horas escuchándolo, porque siempre me sorprendía. Escuchar sus palabras era como hundir las manos en las joyas de un tesoro.

La placidez puede ser una conversación. Aunque no recuerdo con exactitud de qué hablábamos, ni sería capaz de reproducir las frases que pronunció, sí puedo evocar el efecto que causaba en mí su forma de decir las cosas. Aquella mezcla de seriedad y de ironía suave con que hablaba del mundo. El tono displicente que combinaba con breves comentarios que me invitaban a reír. Las palabras del abuelo me producían un curioso efecto: calmaban cualquier inquietud, y a la vez, estimulaban mis ganas de hacer preguntas. Me despertaba cierta curiosidad por la vida que nacía de interrogantes minúsculos, de comentarios perspicaces, de silencios que eran una invitación a pensar. Estoy segura de que no se proponía conseguir ninguno de aquellos resultados, pero la propia improvisación con la que desgranaba imágenes y, sobre todo, la fuerza de las palabras que acompañaban cada una de estas imágenes derivaban hacia una forma tranquila de reflexión.

El efecto era similar, aunque no exacto, al que me causaba la visión de los cuadros de mis madres. Cuando las miraba, también me despertaban una curiosidad enorme, pero no había una sensación de paz. Era al revés: los cuadros me inquietaban. Me gustaba tenerlos próximos, contemplarlos sin prisa, pero nunca me comunicaron un sentimiento de calma. Sería porque intuía en ellos el misterio. La incógnita que no era capaz de resolver, porque aún estaba demasiado lejos de saber sus claves. En el rostro del abuelo, en cambio, no había misterios. Si acaso, un gesto que relativizaba las emociones, que servía para explicar su forma de acoplarse a los designios de la vida.

Lucía un cielo azul que me obligaba a hacer muecas para defenderme de los rayos del sol. La luz acentuaba las arrugas y las manchas de las manos del abuelo. Me permitía percibir cada detalle de su piel, mientras atravesábamos el verde y el rojo del campo. Cuando pasamos junto a la alberca de la finca, señaló una forma diminuta con el extremo de su bastón. Me costaba distinguir lo que quería mostrarme y hube de empequeñecer mis ojos hasta convertirlos en dos rayas. Era una pequeña rana que saltaba en el agua. Se alejaba del contacto de la punta del bastón, que el abuelo movía persiguiéndola. Entonces, como si nada, soltó la pregunta:

–¿Conoces a una señora que se llama Margarita Reus?

No alteró ni el tono ni la modulación de la frase, mientras la pronunciaba. Simplemente, la dejó caer. Con un pequeño esfuerzo, permitió que saliera de su boca y que volase por la mañana luminosa. Parecía una simple pregunta, sin dobles intenciones. La dijo de la misma forma en que podría haberme preguntado si conocía al nuevo vicario que se acababa de instalar en la parroquia, o qué opinaba del panadero. Yo tenía el pensamiento en la rana de la alberca. Tuve que pararme a pensar en la pregunta, pues quedaba muy lejos de mi radio de interés. Una figura menuda y pálida se fue perfilando delante de mis ojos. No sabía mucho de ella, aunque la conocía desde hacía tiempo. Era una de aquellas personas que no llaman mucho la atención de los que tiene cerca. Un ser casi transparente que habitaba mi mismo mundo, aunque me resultara tan difícil encontrarle puntos de contacto con nosotros. Me sorprendía que el abuelo, hombre discreto por naturaleza, se hubiera fijado en ella.

Hay personas sólidas y personas traslúcidas. Las primeras están formadas por una materia que no favorece las confusiones. Nos damos cuenta de que ocupan un lugar en el mundo porque ellas mismas lo proclaman. Con su presencia llenan el espacio en el que se encuentran. Nadie duda de su importancia. Resulta inevitable referirse a ellas en un conversación, hablar de ellas cuando se presenta la ocasión, tenerlas en cuenta. Cuando hablan, nos parece lógico escucharlas. Sus razonamientos, por el simple hecho de provenir de quien provienen, tienen un valor añadido. Esto sucede al margen de los rasgos físicos que caracterizan a una persona. No se necesita ser alto o bajo, gordo o muy delgado. Las personas sólidas pueden reunir cualquiera de estas características. Su solidez va más allá. Quizá se delatan en la forma de moverse, dominando plenamente el espacio. Tal vez se les nota, al pronunciar unas pocas palabras, porque capturan la atención de los presentes. Mi abuelo es un hombre sólido.

La abuela Margarita es una mujer traslúcida. Las personas traslúcidas se han equivocado de guión. Deberían ser personajes de cuento y, sin embargo, forman parte de la cotidianidad más estricta. En los cuentos tendrían un papel importante. Habitarían el interior de los bosques, aparecerían tras el chorro de agua de una fuente, o se esconderían en una cueva. Son figuras que se definen por su imprecisión. En ellas, nada es del todo cierto ni del todo falso. Su aspecto es débil, casi quebradizo. Son criaturas transparentes que, a veces, podemos captar de un vistazo, pero que a menudo escapan a la percepción de la mirada. Están como si no estuvieran. Un fenómeno parecido ocurre con su voz. Hablan tan bajito que las frases que dicen pasan desapercibidas. No sólo se trata del tono, sino de la modulación de las frases, que se enlazan en una cadencia repetitiva y monótona.

Nunca lo habría imaginado. ¿Cómo podía –me pregunté a menudo– un hombre sólido como las montañas de Tramuntana, que se recortan tras La Casa de Albarca, haberse fijado en una mujer que era una hoja volátil, transparente? Tuve una reacción inicial de incomprensión, ligada a un punto de rechazo que no quería reconocer. Teníamos el terreno demasiado delimitado. No había espacio para más mujeres en nuestro jardín.

Al principio, cuando yo era adolescente, el abuelo me hablaba de cómo las echaba en falta. Lo hacía muy de tarde en tarde, en alguno de nuestros paseos por los campos de Sa Indioteria. Yo era la excusa que necesitaba para deshilvanar el hilo de la conciencia, un elemento del todo prescindible, ya que me olvidaba por completo, una vez iniciado el relato. Como la imagen del médico caminando y hablando solo habría resultado extraña, aprovechaba mi presencia para vaciar su corazón. De alguna forma, yo hacía el mismo papel que su bastón, que lo ayudaba a mantener su caminar airoso, o que sus gafas, que le permitían distinguir de un vistazo el rostro de los que pasaban a nuestro lado. No me importaba hacer este papel. Si he de ser sincera, reconoceré que me gustaban sus arranques de sinceridad, que los esperaba con el pulso acelerado, que los intentaba propiciar con mis silencios. Sabía que el silencio lo llevaba a recordar; y que de los recuerdos nacían las palabras.

Me explicó muchas cosas que me resultan difíciles de ordenar en un discurso. Son pensamientos que me acompañan siempre, pero que se encuentran muy dentro, ocultos en el fondo de la memoria. Son frases que tratan de las pérdidas y de los sentimientos que provocan estas pérdidas. Me dijo que, cuando alguien se va, lo más duro es la certeza de la ausencia definitiva. La seguridad de saber que algo que formaba parte de la vida se nos ha marchado. Esto no se nota tanto al principio, me aseguraba, sino que te das cuenta poco a poco, en los hechos más pequeños de lo cotidiano. Lo descubres cuando estás solo en la cama y no te acostumbras a ello. Quisieras decir una frase y sabes que la otra no está para escucharla. La pronuncias, pese a todo, con acento temeroso. Pero la habitación no tiene eco que te pueda hacer compañía y la frase se acaba en tus labios. Todo queda como si nada, mientras comprendes qué es la soledad.

Pasan los días y las noches. Todas las noches vuelves a la cama que compartiste con quien ya se ha ido. Durante mucho tiempo, no te atreves a ocupar la parte de la otra. Mantienes una línea imaginaria que sirve para distribuir el espacio para dos. Encogido en tu particular zona de las sábanas, te acuerdas de cuando estirabas un brazo y encontrabas el cuerpo conocido. Evocas sus formas y su calidez. Sin quererlo del todo, llevado por la inercia de la añoranza, estiras una pierna. Tu pie traspasa la frontera invisible que tú mismo trazaste. Buscas otro pie que nunca está. Encuentras una geografía inmensa de frialdad en la sábana.

Vienen las mañanas. Todas las mañanas del mundo vueltas ausencia. Abres los ojos y ves la luz que entra a chorro por la ventana. El derroche de luz no se corresponde con el deseo que sientes. Te gustaría que siguiera la noche. Entre las sombras, echado sobre del colchón, volverías a cerrar los ojos para que te acunase la oscuridad. La oscuridad que envuelve las penas, porque es del mismo color. Te preguntas si los sentimientos son como las personas, que nacen, crecen, y llegan a morirse. Desearías que este sentimiento de ausencia llegara a morirse. Notar cómo se encoge, pierde volumen, transforma la textura firme en otra rugosa. Te gustaría poder descubrir que se ha convertido en un cuerpo raquítico que ocupa muy poco espacio en tu propio cuerpo, pero no es así. El sentimiento te ocupa por entero. ¿Qué vas a hacer con la añoranza? ¿Por qué caminos vas a conseguir que el pensamiento se detenga, que no recuerde minucias que vuelven con una precisión dolorosa?

Hay momentos que creías perdidos, pero que, sin quererlo, recuperas. Aquel gesto que la ausente repetía a menudo, la forma de mover su pelo, la sonrisa en los ojos o en la comisura de los labios. Unas frases que dijo, en una ocasión, y que sirven para que el recuerdo se perfile. Hay situaciones que habías borrado y que se presentan en forma de secuencia en el pensamiento. Entonces tú eres un espectador. Contemplas escenas vividas, cuando participabas en ellas de lleno. Todo ello te pesa en el cerebro, te tiemblan las sienes. Tienes la sensación de que no vas a poder soportar la insistencia de los recuerdos. Por otra parte –contradicciones inútiles–, no quieres que el sentimiento muera. ¿Qué quedará del amor, si permites que huya? Lo descubres con un temblor en el corazón y piensas que debes preservarlo. Entonces cambias de actitud. Te esfuerzas para que las cosas que formaron parte de la vida de la otra persona se instalen en tu vida. Miras su retrato y piensas que no quieres olvidar sus rasgos.

El abuelo me soltaba sus discursos, mientras caminábamos por un campo soleado. A menudo se olvidaba de que yo estaba a su lado, y las palabras levantaban el vuelo, aves solitarias. Abrían sus alas por el verde, cuando él las pronunciaba. Algunas volaban muy alto, otras flotaban a ras de tierra, sin alejarse mucho de los hierbajos del camino. A veces, pensaba que me habría gustado perseguirlas como si fueran mariposas. Cazarlas una tras otra, conservarlas enteras, sin que perdiesen una ala ni se rompieran las antenas. Habría querido guardarlas dentro de una caja donde nunca perdieran una pizca de su fuerza. Me gustaba oírlo hablar de su añoranza. Palabras como nostalgia o tristeza no significaban mucho para mí. Servían para designar unos sentimientos que no había tenido ocasión de experimentar. Sentimientos que observaba de reojo, desde la distancia que da la vida no vivida. En mis labios, si las pronunciaba, eran simples palabras: una retahíla de sílabas que se enlazan para formar una palabra. Si las decía él, en cambio, me resultaba sencillo comprenderlas. Tras cada palabra, estaban todas las frases que el abuelo pronunciaba y que me explicaban significados que había desconocido hasta entonces.

La añoranza era el rostro de mis madres, la forma que tenía mi abuelo de entornar los ojos, cuando las evocaba; el temblor casi imperceptible de la mano que sujetaba el bastón, el intento de cambiar la conversación cuando temía que los ojos le chispearan y me decía «date prisa, va a llover» o musitaba «el campo está encendido de amapolas». La añoranza era su figura de hombre vulnerable, por quien han pasado todos los vientos. Era mi mano en la suya, protegida, como en una cueva. Era la sensación de haber llegado demasiado tarde, quién sabe dónde. Me limité a escucharlo. Me bebía sus palabras como si fueran un néctar exquisito. Dejaba que se fueran fundiendo en mi boca.

Me decía que la nostalgia era llegar a casa y encontrarte con la ausencia. Notar que el silencio habita las salas y hacer esfuerzos por recordar las voces de ellas. La de Sofía, su mujer; la de Elisa, su hija. Concentrarse en el recuerdo y descubrir, horrorizado, que el pensamiento ha empezado a olvidar el matiz exacto de sus voces. El cerebro es incapaz de reproducirlas y no se puede conjugar el silencio. Jugar a buscar instrumentos que nos lleven su eco. La voz de Sofía como un violín. Quizá no, no exactamente. ¿Tal vez como una arpa en la que vibran músicas de otra época? Tampoco. Quién sabe si como una mandolina. La voz de Elisa convertida en una flauta ágil, transformada en un sonido de cascabeles. Ambas como una composición al piano.

Iba encendiendo las luces, a medida que recorría las habitaciones. Se sentaba ante sus cuadros y se preguntaba si algún día las únicas imágenes que acudirían a su pensamiento, al recordarlas, serían las figuras de los cuadros. Entonces volvía a esforzarse para que los gestos de ellas fluyesen a su alrededor. Se imaginaba una danza de cinturas que se doblan, de brazos al aire, de aquel movimiento de retirarse un mechón de la frente, de la sonrisa tranquila de su mujer, de la sonrisa inquieta de su hija. Se inventaba pasos que recorrían los rincones, exclamaciones de sorpresa o de júbilo. Veía vestidos, sombreros, zapatos con tacones. La casa se convertía en un escenario en movimiento que observaba complacido.

Añorar significaba confundirse cada día un poco más con su propia sombra. La sombra y tú siempre juntos, siempre solos. La sensación de ir recorriendo camino a su lado, de transformarse en una prolongación de la oscuridad, en una inclinación que es un perfil sombreado. ¿Dónde está el cuerpo que te definía y te dibujaba? ¿Por qué extraños caminos lo has perdido, que ya ni te reconoces cuando te miras en un espejo, reflejo de la sombra? A veces piensas que sólo te queda esperar. Quedarte muy quieto, mientras esperas que el tiempo transcurra y te llegue la hora de encontrarlas. Muy dentro, un chispazo de claridad te anuncia que no has de precipitarte. El campo aún está rojo de amapolas. Hay una rana en la alberca. Una niña que te da la mano y aprende el significado de las palabras a tu lado. Hay una mujer pálida que te sonríe, cuando os encontráis. Al principio, pasabas de largo. Ni te dabas cuenta. Un día le devolviste la sonrisa. Al día siguiente hiciste una inclinación con la frente que debió de recordarle a caballeros de otra época y que te pareció ridícula. Desde aquel día, te espera en el portal de la iglesia todos los domingos.

No podía creerme que se quisiera casar con aquella mujer. No encaja en nuestra existencia de pareja bien avenida. Me indigné, porque era como si me traicionase. ¿Qué haría yo en casa, si traía a otra mujer? Era una mañana luminosa y recorríamos el mismo campo de otras veces. Allá, mi abuelo había dicho muchas palabras. Me parecía que aún flotaban a mi alrededor. Sólo tenía que abrir la mano y cogerlas. Se lo dije:

–No te puedes casar.

–¿Por qué no puedo hacerlo, Carlota? –su voz sonaba pausada, como si viniera de lejos.

–¿Qué haremos con los retratos, si te vuelves a casar? Ella no querrá verlos.

–Ya he pensado en ello. Los cuadros estarán colgados en tu habitación. Yo iré de vez en cuando a mirarlos. Si puedo saber que están ahí, será suficiente.

–Te pasabas la vida hablándome de ellas. Hemos paseado mil veces: yo, en silencio; tú, recordando a mi abuela y a mi madre. Decías que te ayudaba a no olvidarlas, que no las querías borrar del pensamiento.

–Nunca las olvidaré. ¿En quién crees que pienso todas las mañanas, cuando abro los ojos? ¿Qué caras me acompañan, mientras me duermo? Carlota, una cosa no tiene nada que ver con la otra.

–Me lo tendrás que explicar, porque no te entiendo.

–Margarita es una buena mujer. Una persona discreta y respetuosa, que tiene un corazón generoso. Durante estos últimos meses he tenido la oportunidad de conocerla y de valorarla.

–¿Conocer? ¿Valorar? ¿En qué lenguaje me hablas?

–Te estoy diciendo que es una persona que vale la pena. Me gusta su conversación y su compañía.

–¿La quieres?

–Querer es una palabra complicada, porque tiene muchos matices. Si acaso, te diré que la quiero de una forma nueva, tranquila. Es un sentimiento que no interfiere con mis otros sentimientos. No estorba.

–Abuelo, me siento decepcionada. No puedes resistir la soledad. Te sientes solo y te casas.

–¿Y qué?

–Me duele que no seas el hombre fuerte que imaginaba.

–Te ha salido una frase de película, hija, pero la vida no es esto. Reconozco que me cansa la soledad. Tú eres una adolescente convencida de que dominas el mundo. Pronto volarás lejos de mí. Es ley de vida. Yo sólo serviré para recordarlas y para esperarte.

–¿Y ellas?

–Están muertas desde hace muchos años. Nunca lo vamos a aceptar del todo, pero es la verdad. Viven porque tú y yo las hacemos vivir. Cuando nosotros ya no estemos, se habrá terminado definitivamente. Ahora tienen una segunda oportunidad de vivir a través de los recuerdos. Cuando los recuerdos se acaben, ya no quedará nada de ellas.

–No me gusta oírte hablar así. Pareces otro.

–Es verdad. Yo he hecho que estimaras sus recuerdos, precisamente porque quería alargarles la vida. Pero los recuerdos no son suficientes para nosotros.

–¿Qué nos falta? ¿Qué te falta?

–A ti, no muchas cosas. Tienes a tus compañeros del instituto. Después vendrá la universidad. Irás construyéndote un mundo propio. A mí, me hace falta compañía.

–¿Ya has hablado con ella?

–A nuestra edad no hacen falta muchos circunloquios. Se lo dije ayer por la tarde. Le expliqué cómo es la vida en casa. Le dije que tú y yo vivimos solos, que la soledad se me vuelve pesada, que me gustaría hacerle una propuesta de matrimonio.

–¿Directamente?

–No sé de otra forma.

–¿Y cómo reaccionó ella? ¿Te contestó que sí o te dijo que lo pensaría?

–Ni una cosa ni la otra. Tuvo una reacción bien curiosa, debo reconocerlo: se puso colorada. Como es tan pálida, producía un efecto extraño.

La abuela Margarita se incorporó a nuestras vidas sin mucho estruendo. Muy a menudo actuaba como si no viera lo que era obvio. Al principio, me pareció una actitud estúpida. Los hechos son de una determinada manera, pensaba, y esta mujer no los quiere aceptar. Poco a poco, me di cuenta de que su táctica de no querer hacer aspavientos era muy hábil. Nos evitaba enfrentamientos inútiles y la salvaba de situaciones poco airosas. Ella había escogido la vía del silencio como forma de aproximación y, muy pronto, el silencio le fue cómplice. Enmudecía cuando el abuelo estaba de mal humor, cuando él y yo discutíamos o nos enfrentábamos por cualquier motivo, cuando intuía que había tensión en el ambiente. A la vez, sabía encontrar la palabra oportuna, si era necesario. No era mujer de levantar castillos de naipes, sino que era prudente y mesurada. Un carácter poco seductor por sus misterios –había pocos misterios que husmear–, pero de convivencia fácil. Al abuelo no se le veía más feliz, pero sí más satisfecho. Había ganado tranquilidad, equilibrio. No se reía mucho, pero yo lo adivinaba a gusto con la opción tomada. Esto me servía de consuelo. Durante los primeros tiempos de su matrimonio, lo castigué de veras. Cuando quería demostrarle que aún no lo había perdonado, le cerraba la puerta de mi habitación, donde estaban los cuadros. Entonces parecía un león atrapado en una jaula.

La abuela Margarita me ganó en una dura batalla. No fue por su mesura, ni por su serenidad, ni por su discreción –virtudes muy destacables–, sino por su aire frágil. Me robó el corazón aquel aspecto de niña que acaba de aterrizar desde otro espacio. Le miraba los rizos de color plata, que habían sido dorados, y me daba cuenta de la expresión de sorpresa que guardaba en el fondo de sus ojos. Todo podía llegar a maravillarla o a sorprenderla. De aquella apariencia de indefensión, de la imagen de persona que, realmente, no ha roto un plato en su vida, me encandilé. Teníamos pocas conversaciones, pero su presencia fue formando parte del paisaje familiar. En un mundo a veces confuso y caótico, que ella existiera era una suerte.

VIII

La ventana se recorta en la fachada como un rectángulo de luz. Las cortinas, recogidas a ambos lados, han desaparecido de un radio de visión exterior. Ya no interceptan la vista, sino que ofrecen de pleno la panorámica de la habitación. No hay obstáculos para que la mirada se abra camino, escrute los objetos, se detenga en el cuerpo que se mueve. La ausencia de trabas para la contemplación hace que Ramón se sienta distinto. Se había acostumbrado a adaptar los ojos a un resquicio que ofrecía una imagen distorsionada de los objetos. Ahora tiene la sensación de que el horizonte se ha ampliado de pronto. El horizonte ha crecido hasta que la línea se ha convertido en un campo en el que se aprecian relieves y planos, gradaciones. No ha vuelto a ocupar la rama del almez. El árbol forma parte de una etapa que se le antoja lejana: un período lento de aproximación que recuerda sin añoranza. Ha aprendido a doblar las piernas y a meter sus rodillas en el saliente de la ventana, tras los cristales que le separan del mundo. Para Ramón, el mundo real son los metros que ocupa la habitación de Sofía, los objetos que reconoce con la mirada y, sobre todo, la mujer que intuye que lo espera, todos los atardeceres.

Ella ha convertido en un hábito la reclusión en su cuarto. Cuando acaba de merendar, acompaña al marido, que se toma un café y se fuma un cigarrillo. Es la pausa entre trabajo y más trabajo. Después del breve descanso, Mateo retomará la consulta hasta la noche. Sentados en la sala, tienen una conversación tranquila que reconforta al marido y la inquieta a ella. Para el hombre, las conversaciones con Sofía son balsámicas. Le sirven para descongestionarse de todas las palabras que ha tenido que escuchar y que, en la mayoría de los casos, no le interesaban mucho. Las palabras son un soplo de aire fresco que alivia tensiones. Entretanto, ella piensa que su marido es un buen hombre, que no se merece sus juegos con el jardinero. Pero inmediatamente, en un intento de restablecer ante sí misma su sentimiento de buena conciencia, se dice que no hace nada incorrecto. Sólo protagoniza un juego de miradas, del que no osaría hablar con nadie, pero nada más. La expresión «infidelidad» le produce un rechazo profundo. Sabe que se casó con él para serle fiel. Su cuerpo, pues, le es fiel, pero las miradas son libres. También son libres los pensamientos, que despegan hacia lugares insospechados, cuando Ramón la mira. Este juego la hace vibrar. Está convencida de que no podría renunciar a ello por nada del mundo. Es dependiente, porque le resulta tan necesario como el aire que respira.

Cuando Mateo se retira al despacho, sube la escalera hacia las habitaciones. Camina poco a poco, porque intenta disimular la prisa y el afán. No quiere que las criadas hagan comentarios. Se ha repetido mil veces que tiene que actuar con naturalidad, que tiene que moverse sin que se noten las ganas que siente de dejar el mundo atrás. Aminora sus movimientos con la intención de poner riendas al pensamiento, que vuela hacia el saliente de la ventana. Cada paso es un instante menos de espera. Esto la alegra. Cuando sube, da un vistazo rápido a los cuadros del rellano. Hay uno que le gusta especialmente. Representa un paisaje de naturalezas muertas. Hay una calabaza madura y enorme, algunos membrillos. Las frutas parece que supuren melaza. Le traen a la memoria las confituras y es como si esparcieran su olor. Querría recogerlas y ofrecérselas. Piensa que regalar aromas es una buena cosa, porque los aromas nunca engañan.

El trozo de pasillo se alarga ante sus ojos. En este punto, siempre surge el deseo de recorrerlo de un salto. Una carrera y ya estaría, salvada de todas las miradas. Hace un esfuerzo de paciencia y contención. De todas maneras, él aún no habrá llegado. Le gusta recluirse un rato antes de que llegue. Dejar las ideas a su aire, prepararse para el encuentro. Se da cuenta de que su cuerpo ha tomado la iniciativa: no puede evitar la respiración agitada, las pulsaciones en las sienes. Siente que la piel le quema. El corazón corre, veloz. Es el mismo corazón que la impulsaría a saltar por la ventana, a abrir las puertas de par en par. Nunca lo ha llevado a cabo porque el pensamiento se lo niega. Vive un juego de contradicciones que, a menudo, es un tormento. El corazón y la piel, golosos, siempre están de acuerdo. El cerebro, sin embargo, se opone al amor.

Hay días en que la espera es dulce. Esperar puede convertirse en un paréntesis de soledad en el que crece el deseo. Ha descubierto que desear es un momento pleno. Los pensamientos se convierten en criaturas voladoras, mientras que la piel adquiere una sensibilidad inesperada. El cuerpo vibra, cuando la urgencia se instala en él. Sofía se echa en la cama. No la deshace, le gusta sentir el contacto rugoso de la colcha. Hay un punto de aspereza que nota en la cara, en las manos, a través del vestido. Lleva un vestido de algodón que tiene una tonalidad azul, de día que se funde. La cabellera se desparrama por encima de sus hombros. Le gusta tumbarse sobre la colcha, retozar un poco. Abre los brazos y abraza la extensión completa de la cama. Hunde su cabeza un poco más, como si fuera un animalillo que hurga en la tierra, buscando un escondrijo.

En otras ocasiones, la espera pierde cualquier asomo de gracia, porque gana la impaciencia. Una inquietud inexplicable se apodera de su cuerpo. Entonces no puede quedarse quieta en la habitación. Es incapaz de echarse en la cama, porque la inmovilidad le duele. Son momentos difíciles, cuando no sabe hacia dónde volverse ni qué pasos seguir. La inercia que se ha ido creando durante meses lucha con el sentimiento de duda. ¿Qué hace allí, esperando la visita de un desconocido? Se lo pregunta con cierta angustia, como si estuviera hablando con otra. Una mujer que ha decidido lanzarse, sin hacerse preguntas, a una extraña historia. A veces, querría poner freno, detener el empuje que la lleva a acudir a la cita. ¿Qué cita –se pregunta–, si jamás hablan? Intenta justificarse con razones que ella misma reconoce absurdas. Sabe que hay citas que se conciertan sin decirlo, que hay encuentros que se pactan en silencio. Ellos lo hacen todos los días. Todas las noches, cuando Ramón se va, renuevan la voluntad de volverse a encontrar. Entonces quedan de acuerdo para mañana, y para el otro, y para todos los días de la vida. Es un acuerdo tácito, pero igualmente efectivo. No necesitan las palabras que no se pueden decir, porque el cristal las apagaría. Han construido un amor al margen de las palabras, todo gestos que resultan imprescindibles, que son como el aire que respiran.

Ramón recorre el jardín sin hacer ruido. Durante la ruta, que acostumbra a ser siempre la misma, procura no dejar señales de su paso. Tiene que ir con cuidado para que nadie pueda descubrirlo. Si se cruza con alguien, debe intentar que su sombra se desvanezca. Si fuera sólo por él, los comentarios de la gente lo tendrían sin cuidado. Aunque es un adolescente con aires de hombre, está acostumbrado a la fama de muchacho huraño, un tanto raro. Pero ella es otra cosa. Por nada del mundo querría que sufriese las consecuencias de su locura. Sofía debe permanecer al margen de las murmuraciones de los demás. Nunca se lo perdonaría a sí mismo, si los descubriesen. Loco de amor es como se siente. Capaz de hacer cualquier juego de trapecio, sólo por contemplarla. Necesita verla para continuar viviendo, como si su cuerpo se hubiera convertido en el aire que respira.

Atraviesa los caminos del jardín, mientras piensa que la ruta es demasiado larga. Si tuviese la habilidad de acortarla, se sentiría tranquilo. La precaución le da una lentitud que detiene el ritmo del mundo. De día, este mismo camino se recorre en pocos minutos. Lo ha comprobado muchas veces. De noche, en cambio, cada paso es un riesgo y cuesta prolongarlo. Se da cuenta de que la respiración es intermitente, dificultosa. Los nervios siempre le ganan la partida. Calcula los pasos que aún le quedan por delante y es como si tuviera que andarlos con un peso enorme en la espalda. Por eso camina encorvado, encogidos los hombros, con miedo. Cuando está junto a la fachada, se siente un poco más aliviado. Sabe que queda la parte más difícil, el último tramo. Tiene que pegar su cuerpo a la piedra, abrir las manos hasta que encuentren los relieves conocidos que le sirvan como puntales, colocar los pies en los salientes de la fachada, e iniciar la subida. Mientras asciende, los dedos pelados y las rodillas golpeando los cantos, se siente feliz.

Sofía se quita poco a poco su vestido azul. Se entretiene desabrochando los botones, que son minúsculos, desde el cuello hasta la cintura. También lleva en las mangas, desde el antebrazo hasta el puño. Cada uno es como un instante que pasa en la espera. Quiere que la encuentre con la bata de seda que recorre las curvas de su cuerpo. Se la abrocha en la cintura. La ropa la envuelve en una caída vertical al suelo. Cuelga el vestido en el guardarropa y escucha, atenta. La avisa el roce de las manos y los pies en la fachada. Se da cuenta de que es él y contiene la respiración. Ruega no sabe bien a quién que no lo descubran. Nadie debe enterarse de estas visitas nocturnas. Por un momento, se imagina qué sucedería si lo descubrieran. Se vuelve aún más pálida, mientras adivina la presencia de Ramón tras los cristales.

Intuye que la sombra aún sin contornos determinados es él, cuando dos manos se posan en el saliente de la ventana. Mal instalado en el vacío, se coloca con la cara en los cristales. Intuirlo da paso a percibirlo. Percibir que realmente está ahí dura unos pocos minutos. No es un descubrimiento instantáneo. Todos los días tiene la sensación de vivir un pequeño milagro. Una maravilla que se concreta en unos ojos muy cercanos.

Ramón golpea con los nudillos en la ventana. Lo hace muy discretamente, para que nadie más pueda oírlo. Tan sólo es un toque de alerta, un aviso para que Sofía se acerque a donde está él. Ella aún no se decide. Le gusta tomarse su tiempo: para ponerse en pie, y andar hacia la ventana. No tiene el corazón sosegado. La calma de los gestos no va con la inquietud del espíritu. Cuando está a una distancia corta, lo mira. Los ojos de él buscan los ojos de ella. Los ojos de ella buscan los de él. Sonríen, complacidos, antes de iniciar el juego.

La tela de la bata es suave, casi no se siente en la piel. Recorre los brazos y la espalda hasta el suelo. Sofía desnuda es otra mujer. Una mujer con el cuerpo compacto y el vientre duro. Los hombros, quizá un poco anchos, se inclinan hacia atrás para descubrir la dureza de sus pechos. Tiene los pezones pequeños, como dos cerezas maduras, endurecidos por el deseo. Él continúa sentado en la ventana. Tiene las manos abiertas, las palmas tendidas en el cristal. Sólo el cristal separa sus dedos del cuerpo que se dibuja rotundo.

Sofía tiene fija la mirada en las manos de Ramón. Es una palma de piel endurecida. Se imagina el tacto áspero. Imaginarlo la hace feliz. Cierra los ojos un instante y siente la presión de los dedos sobre su cuerpo. Será un contacto que duela un poco, que deje marcas rosadas en los pechos y en los muslos. No le importa. Quiere sentir que las manos la toman entera, que la acarician, que se abren camino por la espalda, hasta las nalgas. Compara el tacto imaginado con el tacto conocido de otros dedos, los de su marido. Él tiene las manos suaves de hombre refinado, poco acostumbradas al trabajo rudo. Cuando la acaricia, siente rastros de ternura que le encienden el corazón, pero no los resquicios escondidos de la piel. Las caricias de Mateo son reales, previsibles. Suelen repetirse, una y otra vez, y tienen el sabor de lo conocido. Nunca le han resultado desagradables, todo lo contrario. La sosiegan, cuando está nerviosa. Le calman el sufrimiento, mientras tranquilizan su conciencia, pero no despiertan su deseo. No puede creer que Ramón nunca le haya puesto las manos encima. La impresión imaginada es tan cierta que podría explicarla con detalles, recrearse en los matices. La certeza de sus manos en su cuerpo es más verdadera que la proximidad de las de Mateo, cuando la abraza.

La respiración de Ramón tiene un ritmo intermitente. Lleva la misma aceleración que si hubiera andado un largo recorrido a campo traviesa: las sienes laten con fuerza, las gotas de sudor le recorren la frente, las manos le queman. Se dibujan los perfiles de las manos como si fuese una calcomanía en la ventana. Sofía abre un poco las piernas y hunde sus propios dedos en la humedad de los muslos. No puede evitarlo, porque su cuerpo entero se deja llevar por el ritmo de las sensaciones. Entonces Sofía ya no tiene sentido del equilibrio y cae, lentamente. Con el pelo y la frente hacia atrás. Tiene el rostro empapado de sudor. Se muerde los labios. Ramón querría romper el cristal de un golpe, saltar al interior del cuarto, tomarla en brazos.

Amarse a distancia debe de ser difícil, pero amarse desde una distancia tan corta es casi doloroso. Si la mujer que desea estuviera en el otro extremo del mundo, saberla lejana lo entristecería profundamente. Tenerla junto a él, en cambio, y saber cómo están marcados los límites de aproximación le produce una sensación difícil de explicar. Por un lado, las ganas de saltarse las barreras y entrar. Esto significaría olvidar las reglas que rigen sus vidas, parámetros que hablan de mundos sociales distintos, de un universo cuyo acceso tiene vetado, porque sólo puede otearlo de puntillas. Por otro lado, el convencimiento de que Sofía se sentiría traicionada si se atreviese cruzar la ventana. De repente, se da cuenta de que ha jugado un papel doble en la historia. ¿Cuántas noches ha soñado con este rectángulo de luz? ¿Cuántos paseos, con aire pretendidamente distraído, ha dado esperando que llegara la noche? La ventana ha representado la concreción del deseo. Ha pensado en ello mientras trabajaba en el jardín. La ha mirado de lejos, satisfecho, sabiendo que guarda el secreto de su vida. Ha alzado la cabeza para verla muchas mañanas, cuando aún tenían que pasar horas para el encuentro. Como la cara y la cruz de una moneda, le ha ofrecido el hechizo y, a la vez, la limitación del júbilo.

Hace pocos días, Sofía le hizo saber una noticia inesperada. Al no hablar, ha tenido que agudizar la importancia de los gestos. La mujer se explica con movimientos del cuerpo que lo hechiza. Un brazo que se levanta, los dedos que vuelan, los ojos que inician un combate de intensidades. Era una noche con idénticas inquietudes, vacilaciones, ganas de encontrarse. Cada uno había recorrido su camino: ella, un trayecto de pasillos y escaleras; él, un camino en vertical por la fachada. Los encuentros han ido repitiéndose hasta ahora con la exactitud de los viejos rituales. Aquellas ceremonias de amor que empujan a los cuerpos a encontrarse. El encuentro tiene siempre un punto parecido de emoción. A Ramón, le parece que alguien los va a descubrir, avisado por la música de sus pulsaciones. Son igual que caballos desbocados que amenazan con saltar todas las barreras, cuando él no osa atravesarlas. Sofía tiene miedo que alguien llame a la puerta, que intenten invadir su intimidad. Por suerte, nunca ha sucedido. Nadie se ha atrevido a vulnerar este espacio que todas las tardes le pertenece por completo. Los otros creen que reposa, antes de cenar. Se la imaginan bordando guirnaldas en una mantelería o cenefas de flores en un pañuelo. Saben que ama la soledad. Han visto cómo la buscaba, cuando tenía demasiada gente cerca. Es una mujer que huye de las multitudes, a quien estorban las presencias inesperadas. No le gustan las compañías que no espera.

Aquel día se encontraron con la urgencia de siempre. Ella quizá un poco más nerviosa que otras noches, porque tenía que explicarle su secreto. Aún no se lo había dicho a nadie. Sentía la necesidad de comunicárselo. Se preguntaba qué pensaría Ramón. Se lo planteaba con aquella preocupación que nos produce lo desconocido, lo que consideramos imprevisible. No había pensado que pudiera sucederle algo así. No formaba parte de sus deseos. Lo había borrado, cuando conoció al jardinero. Se olvidó simplemente de ello, mientras vivía sólo para los encuentros. Había negado una parte de su vida, como si no existiese. De un trazo en blanco, la memoria desvanecía todo lo que los pudiera separar. Aquélla era la única realidad sólida, firme, absoluta. El resto era dejarse llevar por los acontecimientos, por unos hechos cotidianos que no la alteraban mucho. Tenía que llevar la administración de la casa. Pues lo hacía. Lo hacía sin implicarse por completo, empujada por una rutina de pequeños gestos que llegaban a adquirir el valor de los hábitos. Tenía que preparar confituras. Cocinaba sin entregarse con la pasión de antes, equivocándose a menudo en las proporciones del azúcar. Tarros de mermelada demasiado dulce se sucedían en la despensa. Tenía que bordar cubrecamas de punto mallorquín. En cada puntada, había un poco del ansia en que vivía. Por eso nunca le salían exactas. Las había minúsculas, medianas, algunas demasiado grandes. Tenía que estar con el marido. Estaba a su lado con una sonrisa y el silencio. Lo abrazaba con los ojos cerrados, mientras el pensamiento volaba hacia otro cuerpo.

Sofía tenía la mirada oscura, como si guardara algo que él no pudiera adivinar. Los gestos eran más lentos. Vio cómo se quitaba la ropa. El camisón voló como si fuera un pájaro que huye. Surgieron los pechos, que tenían una redondez plena. Luego el torso, hábil al movimiento. Aquellas piernas sin final; la espalda bien torneada. A Ramón le dolió el sexo, que crecía aprisionado en la jaula de los pantalones. Le dolió su aliento, que no podía beberse el aliento de ella.

El vientre adquirió de repente el protagonismo de la escena. Aquel vientre leve, que era una sombra de carne con el botón del ombligo. Ella lo acariciaba. Sólo un roce de las manos en la piel, ligerísimo. Pasó un rato. Habría querido decirle que la amaba, pero cuesta pronunciar las palabras cuando existe un cristal. Vio que se acercaba a la ventana. Observó que las manos se juntaban para hablarle. Se dibujó una curva de luna en el vientre. Ramón palideció. Se lo dijo despacio, para que ella pudiera leerlo en sus labios: «Esperas un hijo». Sofía hizo un gesto de asentimiento con la frente, mientras volvía a mirarlo. Ramón tendió las palmas en la ventana. Apoyó las manos enteras, anchas. Ella puso las suyas al otro lado, coincidiendo en el lugar exacto en donde estaban las de él. Dos manos cubriendo dos manos: en medio, el frío del cristal.

IX

Los asuntos del corazón nunca me obsesionaron en exceso. Puedo decir que desperté tarde al mundo del deseo. Cuando mis amigas se contaban sus anhelos, casi siempre acerca de algún compañero de estudios, las escuchaba con atención, hacía las preguntas necesarias –siempre hay preguntas que resultan pertinentes– y me olvidaba en seguida del tema. Por nada del mundo habría querido parecer poco atenta. Ni tampoco cometer la indelicadeza de permitir que creyesen que sus preocupaciones no me resultaban interesantes. En realidad, no me atraían en absoluto. La mayoría de los chicos que conocía eran niñatos que no miraban directamente a los ojos de la gente y que no tenían mucho que decir. En aquella época, yo era una mezcla de vanidad y de timidez. Me sentía importante, porque vivía en una casa llena de secretos. Era diferente de los demás, porque tenía un abuelo que me trataba como si fuera una persona mayor, una auténtica adulta. Por eso los miraba un poco por encima del hombro: nadie era lo bastante listo para entender al abuelo como yo lo entendía. Las conversaciones insulsas de mis compañeros eran un aburrimiento. Sólo hablaban de cromos y de deportes. A la vez, en una curiosa mezcla de sensaciones, me ganaba la timidez.

El agente provocador de esta mezcla había sido Ramón, el jardinero de la casa. Recuerdo un episodio que él habrá olvidado, pero que conservo grabado en la memoria. Debía de ser una niña de cinco o seis años. Estrenaba vestido y estrenaba bragas. Todo de conjunto, con bordados. Era de color cielo, con puntitos blancos que parecían nubes muy pequeñas. Me encantaba aquel vestido. En la habitación, ante la luna del armario, tomaba impulso con los brazos y daba una vuelta con la cintura, para que se levantase la falda. Cuando emprendía el vuelo, se me veía el borde de las bragas, con el dibujo idéntico del vestido. Me sentía orgullosa de ello y decidí enseñar a los demás aquella coincidencia perfecta de ropas y colores. Di un recorrido por las salas, mientras buscaba al abuelo. Estaba segura de que le gustaría verme. No estaba en el despacho, ni en el comedor, ni en la biblioteca. Darme cuenta de que no estaba en casa me producía siempre una sensación de malestar. Un poco de inquietud en el estómago, ganas de correr tras sus pasos, de llamarlo a pleno pulmón. Como siempre, me contuve.

En el jardín, aún había luz. Lo sé porque pensé que iba vestida del mismo color del cielo. De estas cosas te acuerdas después, aunque parezcan absurdas y pasen los años. Quizá olvides todos tus demás vestidos de infancia. Serías incapaz de memorizar la caída de la tela, el dibujo de la ropa, la forma de las mangas, pero sabes exactamente cómo era aquel único vestido que te emocionó. Tal vez tampoco te acuerdes del conjunto que estrenaste sólo dos años atrás para ir a una boda de compromiso. Hiciste un trayecto de tiendas para encontrar cualquier prenda que te hiciera una cierta gracia, que te permitiera cubrir el expediente. Lo llevaste, rígida e incómoda; lo colgaste en el armario y no pensaste nunca más en él. De vez en cuando, en cambio, aún te preguntas qué fue del vestidito azul celeste de tus cinco años.

Pensé que el abuelo tardaría. Cuando salía de casa, volvía al atardecer. Me sentía decepcionada, pensando que debería desvestirme antes de que llegara. Aquella noche no me podría ver. Desde lejos, descubrí a Ramón. Aunque lo conocía, no tenía casi relación con él. Me parecía que su cara arisca tenía un aire huraño y que yo no le gustaba mucho. Me hablaba poco y sin mirarme. En aquel reducto magnífico que era el jardín, siempre me había considerado un estorbo. Tenía la sensación de que me evitaba. Aquella noche, no obstante, el azul del vestido me había subido a la cabeza. La ilusión me hacía sentir algo mareada, como cuando íbamos a la feria y montaba en una noria. Pensaba en cuando bebí demasiado vino, un día de fiesta en el que el abuelo, sentado a mi lado, se despistó y se olvidó de mí. Luego tenía los ojos manchados de lucecitas y el mundo me daba vueltas. Vomité el alma en un orinal. También llegué a la conclusión de que los olvidos se pagan caros. No se puede olvidar un vestido que nos cambió la vida, pero tampoco se puede olvidar cuidar a la nieta que no conoce aún el poder del vino.

Ramón estaba agachado en el suelo, de espaldas a donde yo me encontraba. Tenía las manos de aquel marrón rojizo de la arcilla. Había cavado un hoyo y acababa de sacar las últimas raíces, cuando me vio. Se me quedó mirando fijamente. Yo era una niña y no quise entender aquellos ojos quietos, detenidos en mí. Como la escena quedó impresa en mi cerebro, puedo recordarla y colorearla. Juraría que no se trataba de una mirada hostil, pero tampoco era cálida. Se diría que buscaba algo impreciso a través de mi presencia. Me observaba con la atención que ponemos en lo que no terminamos de entender, cuando queremos vencer los obstáculos que nos lo impiden, dificultades reales, tangibles. Me miraba con un gesto interrogante, que yo pasé por alto, ilusionada con el vestido nuevo, una minucia que ahora recuerdo con ternura, pero que entonces era el centro del mundo. No nos dijimos nada. Él, porque estaba demasiado concentrado en algo que me resultaba incomprensible; yo, porque, por fin, había encontrado a alguien a quien enseñarle mi vestido. Me planté delante de él, rígido el cuerpo, como si quisiera crecer, estirarme hasta el cielo. Me imagino la escena y me produce cierta gracia: una niña pequeña, que intenta estirarse para parecer mayor. No me impulsaba el afán de ser mayor, sino la necesidad de ocupar un lugar en el espacio enorme del jardín.

A veces, tan sólo buscamos que alguien se dé cuenta de que existimos. Nos importa más que cualquier otra cosa en el mundo. Queremos que unos ojos se detengan en nosotros y nos reconozcan. Sentir la consideración de los demás o, como mínimo, su aprobación es lo mismo que respirar, nos hace sentir vivos. A los cinco años, ya me lo sabía de memoria. Por eso adopté la actitud seria de las situaciones importantes. Lo miré. Ramón abandonó su trabajo y me volvió a mirar de un modo distinto, como si esperase que hiciera una pregunta o un comentario. Pero no le dije nada. Me levanté la falda del vestido hasta la barbilla, la altura justa para que se diese cuenta de que llevaba las bragas del mismo color. Fue un gesto de orgullo, de satisfacción, interrogante. Buscaba una respuesta a mi alegría.

Hay ciertas caras que casi nunca cambian de expresión. Mantienen los músculos con una tirantez idéntica cuando han de reírse o cuando han de llorar. Las cejas conservan la curvatura exacta en la ira y en el miedo. Son rostros que viven enmascarados. Hacen pensar que alguien decidió fijarles una determinada forma: los labios sellados, sin insinuar nada, los pómulos firmes, los ojos con una mirada que no permite adivinar estados de ánimo. Son rostros que no acostumbran a llenarse de arrugas con los años. La inexpresividad los preserva de aquellos pequeños surcos que son el indicio de una vida vivida. Se van secando, en cambio, como si fueran la fruta de una bandeja olvidada en la cocina. Pierden brillo, transparencia. Se van volviendo pequeños y opacos hasta recordarnos objetos sin vida.

Hay otros rostros que reflejan las sensaciones con gestos distintos. Los movimientos de los labios, de los ojos, de las cejas, y de la frente ofrecen mil combinaciones. Entonces, una cara puede transformarse en una frase, una carta o un poema. Nos llega a decir tantas cosas, que no hacen falta palabras. Precisamente porque las palabras se han puesto en cada uno de los rasgos y les han dado fuerza. Entonces ni siquiera debemos esforzarnos en leer qué dice aquel rostro, porque lo captamos de un solo vistazo, sin preámbulos.

Ramón me miró y comprendí que no le gustaba lo que había hecho. En su rostro, había una confusión de sensaciones. Estaba sorprendido y las cejas le dibujaban un arco enorme que recordaba la entrada de una cueva oscura. Estaba también enfadado, y los labios se cerraban con rabia, mientras clavaba sus dientes. Le adiviné la dureza de los pómulos, convertidos en roca. Noté que la barbilla le temblaba un poco. Entonces yo era como una hoja arrastrada por todos los vientos. De repente, me sentí muy ridícula. Allá, con mi vestidito y mis bragas, esperando la aprobación de un hombre que lo único que hacía era echarme de su lado. Aflojé las manos que sujetaban los bordes del vestido y la tela cayó poco a poco, hasta cubrirme las bragas, los muslos y las rodillas. A pesar de haber recuperado una apariencia de normalidad, no me podía mover. La vergüenza había echado raíces y yo no podía levantar los pies del suelo.

Nos quedamos quietos, el uno junto al otro, un largo rato. Ninguno de los dos se esforzó en pronunciar palabra, mientras la tarde se fundía en una luz de melaza. Lo sé porque, de pronto, el azul de la ropa empezó a diluirse. Habría querido decirle que no lo entendía. No comprendía aquel rostro de rechazo, el aspecto amenazador, cuando yo sólo había querido enseñarle mi vestido. Tenía cinco años y quién sabe el tiempo que me habría quedado inmóvil, silenciosa, de no haber oído una voz que me llamaba desde la casa. Tomé impulso para empezar a correr. Corría como si me persiguiera el miedo y estuviese a punto de tomarme por la cintura.

Desde aquel día lo evité. Procuraba no coincidir nunca con él. Si intuía su presencia en una parte del jardín, escogía rutas alternativas para no encontrármelo. Así durante una infancia sin muchas nubes. Pasaron los años y el susto inicial se diluyó. Un día, me lo encontré sin querer. Nos miramos, distraídos ambos en nuestras preocupaciones. Verlo ya no me hacía temblar, porque el episodio perdió fuerza. Se desdibujaron los contornos, hasta que quedó sumergido en una serie de anécdotas infantiles. Hay recuerdos que se olvidan sólo aparentemente. Podemos pasar mucho tiempo intentando rescatar una imagen que vivimos. Somos capaces de perseguir toda una escena a partir de uno de sus matices. Nos acordamos muy bien de un detalle, pero no podemos reconstruir el resto. Pensamos en ello una y otra vez, aunque siempre retornamos al punto inicial, a la sensación de blanco. A veces, yo pensaba en un vestido de color cielo. Recordaba vagamente lo que había sucedido, pero nunca me detenía en ello demasiado. Tuvo que transcurrir el tiempo para que el episodio fuera rescatado de la niebla.

Mi infancia fue tranquila. Viví protegida por mi abuelo y por los fantasmas de mis madres, que siempre estaban cerca. Fueron días felices, cuando aún no había conocido la inquietud, ni el miedo, ni el dolor. El dolor no vino hasta mucho más tarde, cuando era una mujer que descubre los secretos del pasado, que se obsesiona en hurgar en ellos, porque intuye que ocultan la clave de su presente, que no podrá vivir si no conoce su propia historia. Aquella tarde en el jardín, junto a un Ramón hostil y en silencio, ignoraba todo lo que llegaría a saber de aquel hombre. Ignoraba también que las relaciones humanas suelen ser un entresijo finísimo de vínculos que se tejen y se destejen, a medida que avanza la vida. En una ocasión, la abuela Margarita, que era muy discreta y pretendía evitarme sufrimientos inútiles, me dijo:

–No te esfuerces en explorar el pasado, Carlota. Todo lo que ha sido y ya ha dejado de ser... olvídalo.

–Lo dices porque quieres que sea como tú, que te pasas la vida callada, pero somos diferentes. Yo tengo curiosidad por las cosas.

–La curiosidad es mala consejera. No vas a ganar nada hurgando en historias que no te pertenecen.

–Las historias que ha vivido gente de mi familia me pertenecen un poco.

–No, a ti sólo te pertenece tu propia historia. Esfuérzate en vivirla como te parezca mejor, pero no te entretengas en hurgar en el pasado.

–Nunca nos pondremos de acuerdo. Para mí, la historia de mi abuela es mi pasado. También lo es la historia de mi madre. Siempre he vivido pensando en ellas como si fueran fantasmas, una especie de seres de mentira que me ayudaban a vivir y a ser feliz. De repente, cuando aparecen las dudas, cuando descubro que sólo conocía una pequeña parte de sus existencias, tú me echas.

–Yo no tengo derecho a echarte de ningún sitio –sonrió levemente–. Además, soy la última que se ha añadido a esta comparsa. Tan sólo quiero ahorrarte sufrimiento y ahorrárselo a tu abuelo, si puedo. Él no es un hombre fuerte. Una parte de su alma vive en aquel pasado que tú pretendes rescatar. Déjalo que lo sueñe como le venga en gana. No lo inquietes con descubrimientos que lo hacen sufrir.

–Lo proteges. Me gusta que lo hagas, pero no evitarás que yo quiera saber la verdad. Todo lo que le sucedió realmente a mi madre.

–La conocí cuando era muy joven. Siempre pensé que era bellísima.

–¿Como en el retrato?

–Más que en el retrato. Cuando tu abuelo me pidió que me casara con él, pensé que no podía ser verdad. Había tenido una esposa y una hija espléndidas. ¿Por qué razón iba a querer casarse conmigo?

–Al principio tampoco yo lo entendí. Ahora, en cambio, pienso que hizo una elección magnífica.

Viví muchos años sin saber siquiera que existía un pasado por explorar. Cuando el pasado eran sólo dos cuadros y las palabras del abuelo que me hablaba de ellos, vivía sin altibajos. En La Casa de Albarca el mundo era un reducto de paz. Atravesar las verjas y entrar en la finca significaba dejar atrás cualquier preocupación. Los árboles crecían, aunque no nos deteníamos a contemplarlo. Las estaciones se sucedían y cada una nos aportaba brisas suaves o ventadas, colores intensos o una suavidad de tonalidades nuevas. Fui a un colegio donde nos vestían con un uniforme que me recordaba la tierra en las manos del jardinero, con unas medias de lana verde que nos llegaban hasta debajo de las rodillas. En aquella época predominaba en mí la timidez. La vanidad era aún un estadio al que tardaría en llegar. Era una niña vergonzosa que no sabía moverse con mucha agilidad. Mis movimientos eran torpes porque siempre intentaba pasar desapercibida. No dominaba el espacio, más allá de los límites de la casa donde me sentía todopoderosa, y parecía un animalillo que busca esconderse de los demás.

Aprendí medias verdades y medias mentiras, que suele ser lo que nos enseñan en la escuela. Allí, tenía un par de amigas que me duraron lo que duró el colegio. Eran mucho más decididas que yo, aunque sólo en apariencia. La timidez solía jugarme malas pasadas. Me hacía parecer insegura, dubitativa, poco arriesgada. De seguridad, firmeza y capacidad de riesgo, mi carácter tenía dosis bastante elevadas, aunque me apresuraba a ocultarlas. La reserva con la que me enfrentaba al mundo era un especie de escudo protector que me ayudaba a ir construyendo mi propio universo. Un universo hecho de sorpresas y de silencios, de historias inventadas y de juegos.

Aquel colegio tenía un jardín que me recordaba un poco al de mi casa. Había unas verjas que eran la entrada principal. Para entrar, había que hacer sonar una campanilla de metal. Repicaba con dificultades, ya que estaba oxidada por la lluvia. Contaban que habían hecho pruebas para cambiarla por un timbre, pero que los resultados nunca fueron muy satisfactorios. La verdad es que a los alumnos nos gustaba más el sonido oxidado de resonancias graves. El jardín daba a una explanada de césped en la que, en verano, nos echábamos al sol. Eso sí, el cuerpo bien cubierto por el uniforme terroso. Me gustaba permanecer quieta mucho rato, los ojos fijos en el cielo. Si era claro, me recordaba los colores de mi paleta. Si aparecían las nubes, me distraía buscando formas conocidas: la espalda de un elefante o el perfil de una ballena. Una vez me pareció ver dibujados los rostros de los retratos. Las nubes y la neblina se habían combinado para trazar los rizos de Sofía y la mirada de Elisa. Me alegró descubrirlas tan cerca de donde yo estaba. A menudo me sentía muy sola sin su compañía.

Me quedé un rato inmóvil, contemplándolas. De pronto, en un movimiento del cielo, las facciones de cada una se dibujaron con nitidez. Vi el cuello esbelto, los pómulos altos, aquellos ojos que siempre me perseguían. Yo estaba apoyada en la hierba, recorriendo con el dedo las formas que iba capturando. Me sentía feliz, mientras las recuperaba. Pensé que, al llegar a casa, tenía que contarle a mi abuelo aquel descubrimiento.

Los años del colegio se prolongan como un hilo dorado en mi pensamiento. Nada lo deshace ni lo rompe, ya que no hubo grandes contratiempos ni sustos mayores, en una existencia tranquila donde todo se perfilaba con la misma nitidez que las nubes del patio. Después fui al instituto. Conseguir que el abuelo me lo permitiera no fue una tarea fácil, más bien tuvo aires de proeza. Él habría preferido que escogiera un colegio de monjas en donde el hilo dorado tuviera su adecuada continuación. Así, habría crecido en un reducto de algodón que me habría permitido contemplar el mundo por un agujero, pero nada más. Como, a medida que me hacía mayor, había ido rechazando las visiones parciales de la vida, elegí un instituto, lleno de arcos y palmeras, en el que los alumnos nos sentábamos en la escalera a tomar el sol de la mañana. Un instituto en donde nos sentíamos adultos antes de tiempo y en donde mi timidez –incongruencias de la existencia humana– empezó a disminuir a un ritmo sorprendente.

En aquella época se produjo una curiosa metamorfosis en mi cuerpo. La aparente desproporción que había entre unas piernas demasiado largas y unos brazos que nunca sabía dónde debía colocar fue encontrando remedio. Gané en esbeltez y en altura, mientras mis extremidades ocupaban una parte proporcional del conjunto. Dejé que me creciera el pelo, que llevaba por encima de los hombros. Continuaba teniendo los ojos y la boca demasiado grandes, pero nadie –ni yo misma– pensaba ya en la abuela de Caperucita Roja, al verlos. La falda y el jersey de mi antiguo uniforme desaparecieron del armario. Ocuparon su lugar pantalones vaqueros, camisetas de hilo que se pegaban a los pechos y a la cintura, faldas que descubrían la redondez de las rodillas.

La vanidad, que siempre había habitado un reducto minúsculo de mi carácter, creció en proporción al grado en que fue disminuyendo la timidez. No es que me considerase más importante que los demás. Simplemente, me daba cuenta de que no era la figura insignificante de antes. De esta forma, empecé a relacionarme con muchachos de mi edad. Salíamos al cine, nos pasábamos la tarde en el bar de detrás del instituto, o discutíamos sobre el bien y el mal entre clase y clase.

La primera vez que un compañero de curso me besó no vi chiribitas en el cielo. Su abrazo me dejó sin respiración –no porque me emocionara especialmente, sino porque él tenía el gesto de un oso con garras en vez de brazos– y con la cara llena de saliva. Una sensación, en conjunto, muy desagradable. Alguien que me quería bien me contó que esto de los besos exige práctica. Me esmeré en el intento. Aunque puse voluntad y esfuerzo, los resultados no fueron muy buenos. Mejoró la técnica, pero no las sensaciones que producía su ejercicio. A veces, si tomaba dos copas, un beso podía convertirse en un intercambio agradable de ternura y de buena voluntad. En algún caso, el roce de dos lenguas, que exploraban caminos, nos excitaba de cintura para abajo. Pero poca cosa más. Llegué a sentirme francamente decepcionada con aquella historia que el resto del mundo se había encargado de mitificar para mí.

Me habían hecho creer que un beso puede ser profundo como el agua de un pozo o del mar, que hay que saborearlo lentamente para encontrar el gusto del otro, sabores inexplorados que nos hacen amar la vida. Creía que besar se parecía a levantar la cabeza bajo la lluvia y a permitir que las gotas caigan en nuestro rostro, convertido en tejado, mientras las acogen los labios y se las tragan poco a poco. Me imaginaba el beso vuelto temblor de hoja en el cuerpo, cuando el mundo entero se detiene. Me inventaba unos brazos que me permitirían reposar y sufrir, reír y llorar, perderme en un beso que fuera eterno, pero que sólo durase un instante, siempre con sabor a poco. Pasaron los años y pasó la vida. Hasta que un día encontré aquel beso. Fue cuando ya estaba convencida de que era una mentira y no lo podía creer. Sucedió y mi vida fue otra. Todo empezó a complicarse desde que él me besó.

X

La ventana casi no destaca en la fachada. Con las persianas cerradas, sólo puede intuirla si se acerca mucho. Ha tenido que volver a la rama del almez, porque no hay ningún otro lugar donde sentarse cerca de la habitación. Ha vuelto a la época en la que se sentaba en las ramas bajas y esperaba a que las cortinas mostrasen un destello de luz. La única diferencia es que ahora sabe que ya no hay luz. Lo sabe, del mismo modo que puede asegurar que es negra noche y el aire frío. Ha tenido que ponerse una chaqueta gruesa, para que lo proteja de la helada. No sabe cuánto tiempo pasará, apoyado en el árbol. A veces sólo resiste un rato muy corto, el tiempo justo de levantar la mirada al aire. En otras ocasiones, se le van las horas. Sucede cuando también el pensamiento tiene la habilidad de alzar el vuelo. Querría evitarlo, porque el descenso suele ser doloroso, pero a veces no llega a tiempo. No llega a tiempo a capturarlo, antes de que emprenda el vuelo. Los caminos del aire están hechos de burbujas que conducen a la nada. Permitir que la mente vuele es una especie de pequeño suicidio que se combina con instantes de placer profundo.

Ramón aún ignora hacia dónde dirigirá sus pasos. Alguien dijo que los viajes sirven para curar las heridas de amor. Él no cree que nada pueda curar la suya, cuando tiene la vida marcada y el sufrimiento está vivo. Se siente como si le hubiesen robado el alma, que no sabe bien lo que debe ser, pero que duele. Es un sufrimiento que se parece a una herida de ortigas. Se imagina revolcándose, el cuerpo desnudo, sobre una zarza. Se refriega una y otra vez, hasta que su cuerpo sangra. Luego, cuando todo quema como si fuese de fuego, una mano esparce sal en cada una de sus heridas, para que se multiplique el padecimiento. Cuando lo piensa, llega a la conclusión de que no es exactamente así. Él soportaría el dolor de las ortigas, de la sal que salpica las heridas abiertas, pero no puede resistir este otro dolor. Prueba a imaginarse distintas formas de tortura. Se inventa las más terribles que su cerebro es capaz de pensar, pero ninguna superaría la pena que vive. Se abraza al tronco del almez y se pregunta qué va a hacer con los años que le quedan por vivir.

Ramón es un chaval joven. Está acostumbrado a encontrarse con dificultades que puede superar a través del esfuerzo y las ganas. Es de un natural voluntarioso que se entrega a la vida con la misma intensidad que al trabajo. Por primera vez, ha descubierto que se dan situaciones en las que no sirve la voluntad. No es suficiente desear las cosas con todas tus fuerzas. No es suficiente añadir dosis de realidad a los deseos. Es decir, hacer lo posible para que pasen a la esfera de lo que podemos conseguir. Hay un momento en la vida en el que descubrimos que hay situaciones que no tienen remedio. No sirven los deseos ni la voluntad. Obsesionarnos con ello es como darnos golpes con la cabeza contra una pared: doloroso e inútil. Como Ramón también es tozudo, no está dispuesto a aceptarlo fácilmente. No quiere admitir lo que le ocurre. Primero reacciona con un estallido de violencia incontrolada. Tiene las manos peladas de dar puñetazos al tronco del almez. Se despierta de repente con una tenaza que le oprime el pecho. Se ahoga en la respiración intermitente, mientras se descubre empapado de sudor. Entonces lo único que puede hacer es salir al jardín y empezar a correr. Correr kilómetros más allá de los últimos márgenes de piedra que señalan los límites de la finca. Parece un desalmado, un loco, un hombre perdido.

La segunda fase del dolor es más contenida. Ramón no puede evitar pegarse a una pared, como si buscase refugio. Entonces empieza a encogerse. Se vuelve pequeño, doblado el cuerpo, flexionadas las piernas. Querría fundirse y convertirse en una piedra, insensible a todo, incapaz de experimentar nada. Se duerme con la cabeza entre los brazos, vencido por el agotamiento. Entonces sueña con Sofía. Sueña con su rostro rodeado de rizos, los ojos que lo miran sin pudor, el cuerpo esbelto que nunca pudo tomar entre sus brazos. La contempló tantas veces y con tal intensidad que se la sabe de memoria. ¿Qué más da el tacto de la piel, si los ojos la adivinan? ¿Qué valor puede tener una caricia, cuando las miradas envuelven con la mayor sabiduría? El deseo se puede volver tacto, pero también puede ser unos ojos.

Dicen que la distancia lo cura todo. Lo ha oído contar a los mayores, experimentados en casi todas las artes. Se pregunta si debería escucharlos. Le produce cierto reparo abandonar el espacio conocido, el jardín que ha aprendido a medir desde cada rincón. Aunque esté cerrada, la ventana le presta su compañía. Para todo el mundo puede parecer una ventana como cualquier otra. Él sabe que es única: es el lugar donde descubrió el amor, donde las horas pasaban, donde fue feliz. Sabe que no se puede resignar a la inmovilidad. Es incapaz de aceptar que la vida continúa, que tiene que repetir las mismas actividades de todos los días, de todas las semanas, de todas las estaciones. Así, una estación tras otra, hasta que se convierta en un viejo malhumorado y triste.

Nunca había pensado en marcharse. Hasta no hace mucho, el mundo se concentraba en el espacio inmediato que conoce y pisa. Le han dicho que no es verdad. Esto no es más que una parcela insignificante de lo que podría llegar a descubrir. Hay tierras remotas con nombres que ni siquiera sabría pronunciar. Hay mares que bañan las orillas que desconoce, puertos en los que las naves buscan refugio, olas que salpican el aire de espuma. Hay ríos de caudal amplio, donde puedes ver guijarros que han ido rodando, limadas las aristas por el roce con las otras piedras que han encontrado en el camino. Él sólo conoce los torrentes, casi siempre secos, de Mallorca. Si fuese capaz de dejar la isla, zarparía en un barco hacia tierras muy lejanas. Lugares donde la vida y la gente fueran muy distintos. La diferencia lo ayudaría a rehacerse. No podía aceptar que todo debía seguir igual, que cada día vería las mismas escenas, a la gente de siempre, las persianas cerradas. Irse significaría salvarse de una muerte cierta, ya que sumergirse en el dolor era como morirse poco a poco. Era aceptar una mentira, jugar a creer que podía salir adelante como si nunca hubiesen existido los encuentros, como si Sofía y su sonrisa nunca hubieran sido para él. Sabe que ella le perteneció durante muchas noches y no quiere que los recuerdos se desvanezcan. Prefiere guardarlos cerca del corazón, mientras busca nuevas sendas.

Había días en que Ramón tenía la impresión de que la pena era una planta inmensa que se bebía el agua de la maceta donde la habían sembrado. Él todas las mañanas cambiaba el agua a la pena. La regaba con agua limpia, transparente, para que la tristeza pudiera crecer sin obstáculos. No quería ponerle trabas, ni permitir que se fuera secando en su interior. Le hubiera gustado poder cerrar los ojos y olvidarse de ello.

Le enseñaron que los hombres no lloran. Aunque se les rompa el corazón o los devore la rabia, han de mantener el aspecto firme. Ramón llora. Lo hace sin querer, oculto de las miradas de los demás, muerto de vergüenza. Si pudiese evitarlo se sentiría mejor, menos vulnerable. Las lágrimas sólo son una mezcla de agua y de sal. Al fin y al cabo, muy poca cosa. Se lo repite muy a menudo, ya que la constatación lo calma un poco. Lo peor es que aparecen en el momento más inesperado. Son inoportunas e imprevisibles. Él se esfuerza en hacer como si nada ante los demás. Se pasea con la cabeza alta, mantiene las conversaciones de antes, repite inercias. En el momento más inadecuado, empiezan a caer una tras otra. Llegan sin aviso, mientras él habla con un vecino sobre la necesidad de podar los naranjos, por ejemplo. Cuando se da cuenta, pestañea con fuerza, dice que le ha entrado algo en el ojo, cuenta que el humo de los cigarrillos le enturbia la vista. Las lágrimas caen como una lluvia tranquila. No hay posibilidad de detener su camino. Derrotado, musita una excusa cualquiera, da la espalda a su interlocutor y vuelve a casa.

Marcharse lejos. Preparar el hatillo y recorrer muchos kilómetros. Sería como entablar un combate entre la distancia y la pena. Ahora ya sabe que, en el escenario del almez y la ventana, el dolor no sabe hallar consuelo. Una minucia sirve para reactivarlo. El comentario bien intencionado de alguien, la pregunta inocente de otro, incluso un silencio. Todo se junta para levantar una montaña que se interpone entre él y la vida. Intuye que aún no ha perdido la curiosidad por las cosas. A pesar de que vive días de desinterés por todo lo que le rodea, muy dentro hay una voluntad de saber, de conocer. Alguien le había dicho que, muy lejos, hay una tierra con extensiones de campo verde que trabajan mujeres esbeltas como cañas. Tienen la piel oscura de los que han padecido. Llevan pulseras de plata en los tobillos, porque dicen que traen buena suerte. Pero nunca se preguntan por qué les ha tocado vivir en la pobreza. Su miseria no invita a retirar la mirada del espanto. Se mueven con movimientos sinuosos, descalzos los pies. Los saris que llevan llenan la tierra de manchas de colores.

Sabe que irse no significa dejar una historia atrás. Aunque es muy joven, ya ha aprendido que llevará en el hatillo todo lo que ha vivido. La distancia no consigue que podamos desprendernos de la vida vivida, simplemente la cambia de lugar. Renueva el escenario, mezcla nuevos elementos. Cuando parta, se llevará con él el rostro de Sofía. Se llevará sus pies pequeños que se doblaban, cuando iba de puntillas. También los ojos inmensos que tenían un fondo de luz. Lo acompañará su cuerpo de funambulista. Ha leído una leyenda que se titula, precisamente, *La maldición de la funambulista*. Sucedió en Udaipur, una ciudad de la India, donde hay un lago que forma una bahía. La funambulista había hecho una apuesta con el marahá. Él le regalaría la mitad del reino si era capaz de cruzar el lago de extremo a extremo sobre una cuerda floja. La muchacha demostró un equilibrio impecable, mientras se movía con la agilidad de los pájaros. Cuantos la miraban contenían la respiración. Sólo le faltaba un palmo para cumplir la proeza, cuando un noble malvado cortó la cuerda. Ella cayó al lago. Antes de morir ahogada, tuvo tiempo para maldecir al marahá. «No vas a tener hijos», le dijo. Ramón piensa que ojalá alguien hubiera maldecido a Sofía con las mismas palabras.

La última vez que la vio oscurecía en el jardín. Las cortinas estaban abiertas de par en par y la ventana era un foco de luz que se proyectaba en los árboles. Sería una ilusión, creada por las ganas de asomarse a aquella luz, pero le pareció que la ventana desprendía olores de limón. Era un aroma intenso, que respiraba a fondo. Saber que la vería le alegraba. Era una alegría que le recordaba a un día soleado en el rostro. La calidez en las mejillas, en la nuca, en los párpados que tenía que cerrar para no deslumbrarse. El sol de la primavera que nace instalado en el rostro. La existencia se había convertido en una retahíla de momentos de luz.

Se encaramó a la atalaya de la fachada. Miró a través de los cristales y le vio el vientre. Había observado cómo crecía durante semanas, a lo largo de los meses. Mientras se redondeaba, el cuerpo de Sofía adoptaba formas nuevas. Ganaba una gravidez serena de pájaro que reposa en la rama, de nave quieta en el embarcadero. Ella lo recibía con una sonrisa, el batín que, en aquellas últimas semanas, no se había vuelto a quitar y las manos que se cruzaban sobre el vientre, protectoras ante cualquier peligro imaginario. Aunque la sabía más ausente, concentrada en sí misma y en lo que sucedía en su interior, se sentía feliz.

No intuyó que jamás la volvería a ver. Después pensó que no era justo. Debería haber percibido que se les terminaba el tiempo. Debería haber sido capaz de adivinarlo, pero no supo. Las cosas que van a venir no se prevén, o quizá no había estado lo bastante atento. Distraído por el aroma de limones, desatendió aquel otro olor. Era menos intenso, sutil, hecho de partículas diminutas, de presentimientos. Pasó de largo, concentrado en los instantes felices que pueden convertirse en una trampa. La intensidad de emociones nos reclama una atención que impide que podamos pensar en otras cosas, quizá obvias, o incluso más inmediatas. El centro del universo era Sofía. Aquel vientre lleno constituía una simple anécdota, una variación de la belleza. Como todos los días, se despidieron con las manos a través del cristal. Se dio cuenta de que ella tenía las palmas sudadas, cuando comprobó la marca que dejaban. Era un perfil húmedo que quedó impreso en la ventana. Sus manos se apoyaron en la huella de las otras manos.

Aquella noche, Sofía empezó a sentir dolores de parto. Rompió aguas con la sensación de que se perdía en un río pequeño, piernas abajo. Aún no cantaban los primeros pájaros, cuando llegó la comadrona. Pidió agua caliente y toallas. Su frente era un pliegue, tensas las manos que se cerraban alrededor de los barrotes de la cabecera de la cama. A su lado, el marido médico se esforzaba por facilitar el nacimiento del primogénito. Fue muy largo y muy duro, y la noche se prolongó. Parecía que aquella criatura se había negado a nacer, mientras se bebía las fuerzas de su madre. Antes de morir, Sofía pidió que retirasen las cortinas de la ventana, que abriesen las puertas, los cristales, que encendieran todas las luces. Lo decía con un hilo de voz.

En el jardín, Ramón miraba la ventana encendida. Cuando se fue a dormir, descubrió la llegada de la comadrona y ya no hizo otra cosa que esperar. Durante horas, había una lámpara en el interior de la habitación. Un punto de luz que le hacía imaginar idas y venidas, el dolor de ella. Tenía la voluntad de acompañarla en el sufrimiento y sentir el dolor físico al compás del dolor de Sofía. No podía evitar aquella correlación de sensaciones. Su padecimiento se concretaba en las sienes, en la cabeza que le daba vueltas, en la garganta que le dificultaba el tragar saliva, en el temblor de las manos. Pasaron las horas. Cada una tensa como el bordón de un violín. Estaba sentado en el suelo, entre los árboles, abrigado con una manta, la frente apoyada en las manos. De vez en cuando, levantaba la cabeza hacia la ventana, y veía cómo temblaba aquella luz. Era una claridad incierta, que crecía y menguaba en un juego de intermitencias. Aquella vacilación lo hacía sufrir. Le parecía que el espíritu de Sofía se fortalecía un instante, pero que se debilitaba de pronto como la luz que lo acompañaba. Habría deseado ir a la pared, pegarse a la fachada e iniciar el ascenso hacia la ventana, pero sabía que era un territorio prohibido. Sólo podía esperar que pasasen las horas.

Lo cegó el estallido de luz. Alguien habría encendido docenas de velas en el cuarto. La intensidad de las lámparas arrojaba una luz amarilla al jardín. Lo invadió el olor de limón, otra vez recuperado. Por un instante, se sintió el hombre más feliz de la tierra. Comprendió que era ella la que le enviaba un torrente de luz. Era una señal de amor. Lo supo cuando unas manos, intuidas desde la distancia, abrieron las cortinas y los postigos. La ventana desprendía más luz. Se tranquilizó, mientras pensaba que todo había terminado. Se imaginaba que el hijo de Sofía había nacido, que ella le hacía saber que podía reposar. Habría querido reír con fuerza, levantarse y abrazar los troncos de los árboles, correr entre los cipreses.

De pronto, la oscuridad total. Una tras otra, se apagaron las luces. Un alivio enorme sustituía la inquietud de antes. Una calma dulce le devolvía la medida de las cosas, la conciencia del mundo. Las manos desconocidas se apresuraron a cerrar las cortinas y las persianas. ¿Qué sucedía? Adivinaba una precipitación casi dolorosa que no era acorde con el estallido de luz que la había precedido. Contuvo la respiración. ¿Quizá querían que la mujer reposase, después del nacimiento de la criatura? ¿Tal vez le protegían el sueño? No acababa de entenderlo. Sabía que aquella claridad había sido un regalo de Sofía para él. Intuía que había querido decirle que lo amaba, porque sabía que estaba en el jardín. Como si vinieran de muy lejos, oyó lamentos. Pronto se dio cuenta de que era el llanto que acompaña a la muerte.

Murió del parto. Ramón siempre pensó que si hubiese podido estar a su lado no se habría ido. Si hubiese tenido la oportunidad de tomarla entre sus brazos y decirle que no debía claudicar, Sofía habría resistido el dolor. Era una mujer fuerte que no se quebraba con facilidad, que sabía soportar el embate de los vientos. Se fue sin que él hubiese podido hacer nada por evitarlo, alejado de las cortinas, de las persianas, del saliente que conocía de memoria en la fachada. Desde entonces, él se convirtió en una alma perdida que avanza sin rumbo. Sin saber la razón, se sintió próximo al señor de la casa, el otro hombre que ha perdido a su mujer. Antes, siempre lo evitaba. Estaba celoso de él, porque era el marido de Sofía y podía abrazarla. Le envidiaba la proximidad física con ella, la suerte de compartir la misma cama y respirar su aliento. Muchas veces se había imaginado su respiración pausada, tranquila en el sueño. Ahora, sin embargo, ninguno de los dos la puede poseer. Ambos padecen su ausencia en silencio, retraídos del resto del mundo. No hay que esperar que pasen las primaveras y los otoños, porque no volverá. Cuando lo mira de lejos, observa que el médico tiene el semblante triste, el aire pensativo de quien vive concentrado en una sola idea. No se acerca a él. Él tampoco sabe qué hacer con su vida. Le gustaría deshojarla, como si fuera una flor, y dejarla desnuda, vulnerable, a punto de desaparecer. La vida se convierte en una partícula minúscula que no tiene importancia, que ha perdido todo el valor.

El sol es una luz enfermiza que se diluye entre nubes compactas. Predominan los grises y un azul poco definido. En este entorno de luces que tiemblan, Ramón recorre el camino que conduce a la casa. Entra por la puerta principal, arrastrando un baúl en el que ha guardado sus pertenencias. El médico lo espera con aquella expresión distraída que tiene, desde que perdió a su mujer. Sabe que el joven jardinero tiene ganas de recorrer mundo, que viene a despedirse. Lo observa con una mezcla de desinterés y de curiosidad. Por un instante, lo envidia. Es una suerte poder meter la vida en un hatillo y marcharse. Él también lo haría, si no hubiese tantas responsabilidades que lo atan con cordeles invisibles a esta casa. Lo mira con una cierta simpatía que no disimula el tono de voz distante. El otro lo habría mirado casi con afecto, de no haber sido por el cuadro. Ramón ha levantado los ojos y ha visto el retrato de Sofía. Desde la pintura, unos ojos expectantes lo observan. Debe hacer un esfuerzo para contener la tristeza, mientras siente hasta qué punto resulta dura la partida. Escucha las palabras de Mateo:

–Me han dicho que nos dejas, que quieres embarcarte.

–Sí, señor, tengo ganas de conocer otras tierras.

–Haces bien. Eres joven y tienes empuje. Lo siento por el jardín. No hay duda de que tienes una habilidad especial con las plantas.

–Yo también lo siento. Estoy seguro de que echaré de menos esta casa.

–Cuando te canses de recorrer mundo, quizá querrás volver.

–Quizá sí.

–Si llega el momento, escríbeme.

–Gracias.

Ramón mira el cuadro. Con los ojos velados, sale de la sala y vuelve al camino. Da pasos por inercia, inseguro. Cuando piense en esta escena, se le dibujará confusa en el pensamiento. Recordará que por un instante ha dudado, indeciso ante la figura amada, pero poco más. Después, el peso de la bolsa en la espalda y un barco.

ELISA

XI

Elisa tiene la piel morena de su padre y los gestos de su madre, que han vuelto a comparecer en el mundo cuando ella ya no está. Al nacer, tenía los párpados casi sin abrir, convertidos en dos rayas delgadas en un fondo de carne azul por el sufrimiento del parto. La frente abollada de las primeras horas daba a pensar que aquella criatura no había sido muy favorecida por la naturaleza. Como si los malos hados le pasaran cuentas de la muerte de Sofía, bellísima en el ataúd, en el que, por arte de magia, se borró de su rostro el rictus del padecimiento y fue sustituido por una serenidad de rasgos delicados, armoniosos. El marido no se alejaba de su lado, conmocionado en exceso para poder dedicar cualquier atención a la niña que acababa de nacer. Las mujeres compadecían su juventud y su gracia perdidas para siempre. Se pararon los relojes y se cerraron las cortinas, para que la luz del sol no pudiese disimular la tristeza. Empezaron los rezos, las plegarias por aquella alma que abandonaba el mundo. Todo se concentró en el sentimiento de pérdida, y nadie dedicó mucho tiempo al bebé.

Cuando Elisa abrió definitivamente los ojos, días después de su nacimiento, exploró su alrededor con una mirada tranquila, exenta de cualquier sensación de culpa, que recorría los objetos y la gente sin detenerse en ningún lugar. En aquellos momentos, unas pestañas largas, oscuras, sombreaban los ojos de una tonalidad acuosa, indefinida, que el tiempo habría de matizar. Poco a poco, el tono azul de la frente fue desapareciendo, hasta que la piel se volvió rosada. Entonces su padre aún no se había recuperado lo bastante para ocuparse de ella, pero las mujeres del servicio hacían turnos y la paseaban por el jardín. El jardín era una explosión de colores durante el día. De noche, se convertía en otro mundo. Se perdían todos los colores y sólo quedaba el resplandor de las flores blancas y de las hojas plateadas que se transformaban en puntos de luz.

Pasaron los días de su infancia. Transcurrieron poco a poco, porque los primeros años de cualquier vida son siempre lentos. Se construyen a base de hechos repetidos, de descubrimientos pequeños o inmensos que dejan una marca que no se borra. En su caso, no hubo grandes acontecimientos que trastornasen aquella primera mirada tranquila. La humedad de las pupilas, la tonalidad del agua que no permite percibir tonos exactos, fue desapareciendo. Ocupó su lugar un fondo oscuro de noche sin luna. Nadie sabía de dónde había heredado esos ojos de mora. Su color no tenía nada que ver con aquella melaza de abeja zumbona que fueron los ojos de su madre. La mirada creció en osadía, a medida que ella crecía en edad. No tenía la dulzura de Sofía, aquel ensimismamiento de mujer que no se atreve a explicarse. Era, al contrario, una fuente de vida que iluminaba las paredes de la casa. Estaba, multiplicado hasta el infinito, el punto de atrevimiento que se adivinaba en Sofía. La hija no había perpetuado, sin embargo, los recelos ni los miedos. Se adivinaba en ella cierta inconsciencia que llegó a preocupar seriamente a su padre. El médico de Andratx estaba acostumbrado a los silencios de su mujer y no a las palabras de su hija.

A Elisa le gusta conversar. Es una mujer que ha aprendido a escuchar, pero también quiere que la escuchen. Habla con suavidad y, a la vez, con contundencia. No tiene miedo de entretenerse en explicar cómo entiende las cosas, de qué forma se aproxima a la existencia para intentar comprenderla. Pregunta mucho, lo que suele incomodar a los que la rodean. Es un poco áspera, cuando alguien la contradice, pero sabe ser suave si le conviene. Le cuesta encontrar palabras que sirvan para designar con delicadeza todo lo que la rodea, ya que prefiere la dureza que, demasiadas veces, se corresponde mejor con la realidad. Aunque a menudo utiliza frases y expresiones muy directas, prefiere las conversaciones en las que la gente se entretiene en describir las minucias, los detalles insignificantes. Le gusta recrearse en las descripciones de un objeto, de un lugar, de un instante. Lo hace sobre todo en las conversaciones con su padre, que la escucha boquiabierto, sorprendido del papel que ha llegado a adquirir en su nueva vida.

Le gustan también las plantas acuáticas. Ama los nenúfares blancos que florecen en el fango de los estanques. Le gusta reencontrarlos todos los años, como si se cumpliese un ritual. Cuando los mira, siempre piensa en la madre que no ha conocido. Es una curiosa asociación de pensamientos que la tranquiliza. Le gusta sentarse a contemplar los nenúfares y permitir que su imaginación emprenda el vuelo. Los nenúfares se siembran en cubetas de plástico que contienen dos montículos de tierra y llevan perforaciones a los lados, para que las raíces puedan sentir el contacto con el agua. En las acumulaciones naturales de barro y hojas muertas es donde estas plantas enraízan. Son muy prolíficas y ocupan una zona enorme del estanque. De vez en cuando, ella misma se detiene a arrancar las hojas amarillas, para que no enturbien el agua al pudrirse.

A los pocos meses de morir Sofía, las tres tías de Llubí aparecieron en La Casa de Albarca. Llegaron una tras otra, porque no querían ser un estorbo. Se habían organizado para hacer compañía al viudo y ayudar a criar a la niña, no fuera el caso que la hija de su sobrina empezase la vida en brazos extraños. Pero ellas mismas no resistieron la separación y los turnos iniciales se convirtieron en una suma de visitas que pronto las reunió de nuevo bajo el mismo techo. Primero fue tía Magdalena. Durante todo el trayecto lloriqueó recordando a Sofía. Llevaba una cazuela enorme con leche del pueblo para criar a aquella niña que no tenía madre. No podía hacerse a la idea. ¿Qué había sido de Sofía, muerta en plena juventud? Estaba convencida de que fue un error casarse tan lejos del pueblo y abandonarlo. En aquellas tierras, tan cercanas a Palma, sólo podían correr aires malsanos. Se casó enamorada, la pobrecita, y nadie había querido desbaratarle su ilusión. ¿Su ilusión? ¿Y qué importa derrumbar una ilusión si es a cambio de la vida? Aunque sea una vida como la suya, siempre encerrada en el pueblo, contemplando tras las persianas cómo transcurría la existencia de los demás, mientras el propio mundo iba desapareciendo. No deberíamos haber permitido que se casase –repetía–. Deberíamos haberla convencido para que escogiese un buen muchacho del pueblo, que sin duda los había. ¿No le había pasado de largo el tren por tres veces a ella misma? Tres novios había tenido, y los tres se fundieron en el aire como si fueran una espiral de humo.

Tía Magdalena llegó a las cuatro de la tarde, y Mateo salió a recibirla al jardín. Se abrazaron sin mucha efusión. Hubo una cordialidad discreta por parte de él, que intentó evitar cualquier posibilidad de conversación con la excusa de que habría pasado mucho calor durante el viaje, que seguro que quería reposar, que en seguida la acompañarían a la habitación, que bien venida, tía, que sí, que no hemos reaccionado aún del todo, que el disgusto nos priva incluso de las palabras. Hubo una distancia fría por parte de ella, que habría querido romperle la crisma con la sombrilla que llevaba, pero que se limitó a decir que ay, Señor, qué disgusto, que no lo superaré, este dolor tan intenso, que no lo puedo creer, sí, Mateo, me retiraré a la habitación, gracias, ya hablaremos más tarde, me gustaría visitar su tumba, hijita mía de mi corazón.

Una semana más tarde, muerta de añoranza, la tía Magdalena mandó llamar a tía Antonia, que hizo todo el trayecto con el pensamiento confuso. No podía dejar de pensar en la magnitud de su desgracia, la suya, sí, porque los demás no podían comprender aquel dolor ni medir su alcance. ¿Qué había hecho para que el buen Jesús la castigase de aquella forma? ¿En qué he sido indigna de Vos, Señor, que así me pagáis mi devoción, la vida enclaustrada que he llevado en el pueblo? Ya no soy una niña, lo sé, ¿pero cuántos padecimientos me reserváis aún? Las dos personas que más amé en el mundo, ambas muertas en plena juventud. La muerte de Sofía me vuelve al dolor de la muerte de aquel prometido que tenía el bigote rubio y que era un pedazo de pan, de tan bueno, un hombre de bien, muerto en la guerra defendiendo el honor. ¿Y qué iba a hacer ella del honor salvado? A la puñeta el honor, y todos los que le decían que había de consolarse porque había muerto defendiendo su deber. A hacer puñetas el deber también. A hacer puñetas todo el mundo. Y Mateo, el primero, que era un don nadie. ¿No era él el que había estudiado medicina? ¿No era él, el médico de renombre? Entonces, ¿por qué no supo atender a su mujer, que iba de parto? ¡Cómo consintió que se muriera aquella muchacha de su corazón, que sólo tenía veinte años y toda la vida por delante! Pensarlo la dejaba desvanecida y con el aliento quebrado.

Antonia fue recibida por Magdalena, que la abrazó como si fuese un barco que halla un puerto seguro, y por Mateo, que volvió a esforzarse para que nadie advirtiera su desconcierto. Las dos hermanas se besaron con el mismo afecto que si llevaran medio año sin verse. Hubo expresiones tiernas, alguna lágrima mal disimulada, y una clara complicidad entre ambas, circunstancia que hizo suspirar al médico de Andratx, que se encomendó a los santos del cielo mientras le daba su bienvenida. En seguida se retiraron al cuarto, donde esperaban tener más intimidad para las confidencias, tiempo para llorar a su sobrina, y ocasión para comentar las anécdotas del pueblo la una y de la recién nacida la otra. Estaban ansiosas, tristes. Tenían ganas de distraer las horas con palabras y mutua compañía. Magdalena se apresuró a decir que en aquella casa no había orden ni concierto: las criadas, con el señor dedicado tantas horas a la consulta médica, campaban a su aire. Así, los muebles tenían un dedo de polvo, nadie ventilaba las salas, ni se ocupaba de la despensa. ¿Cómo iba a criarse la hija de Sofía con aquel desorden? A buen seguro, sería una niña enfermiza. Tía Antonia se apresuró en responder, casi pisando con sus palabras las de su hermana, que ya lo había imaginado, que la situación era calcada a como la suponía, que menuda desgracia, Dios mío, que Sofía había sido como una hija, y que la criatura era sangre de su sangre, que no podían más que cuidar de ella.

No hubo pasado una semana entera cuando tía Ricarda inició el trayecto hacia la casa, reclamada por sus hermanas. Le fue difícil dejar la sombra amable de la iglesia, los sermones del cura, las penitencias que cumplía cada vez con mayor devoción. Durante el viaje, que se le antojó muy largo e incómodo, pasó por estadios bien diferentes. Su estado anímico fue oscilando de la rabia a la tristeza con una facilidad que le resultó del todo sorprendente. Ella misma se extrañaba, porque era de un natural sereno, que rehusaba las emociones exageradas, que guardaba las energías para dosificarlas cuando era necesario, y no se alteraba en exceso por nada. A medida que el carruaje avanzaba por una ruta polvorienta, los pensamientos de Ricarda se perdían en una nube de confusión.

Es evidente que aquellas dos hermanas mías no saben hacer nada solas –iba diciéndose–. Mira que llamarme. Ésta no es forma de organizarse. ¿Qué vamos a hacer las tres en aquella casa? Ser un estorbo. Vamos a molestar a Mateo que, al fin y al cabo, es el padre de la niña, y vamos a acabar con su paciencia. Los hombres son todos iguales: malos de conformar. Él no nos tiene aprecio. ¿Cómo nos va a apreciar, si nos ha visto media docena de veces mal contadas en su vida? Nos acoge porque es educado, pero no le hace ninguna gracia. Habría sido mucho más hábil ir de una en una. Deberíamos saber que es más provechoso para la cría una presencia continuada que estas invasiones. Al fin y al cabo, tres tías... son muchas tías. Ay, Sofía, hija mía, no sabes el sacrificio que he tenido que hacer para irme del pueblo. Tener que dejar de ver a aquel hombre de Dios que es mi vida. No sé cómo se arreglará, en la iglesia, sin mí. ¿Quién le pondrá flores frescas en la capilla de los Dolores? ¿Quién colocará las sillas y quién le planchará la casulla? Aunque, en el fondo, quizá convenga que no me vea durante una temporadita. A ver si así me valora un poco más, que me he pasado los años haciéndole de criada. No hay derecho. La verdad es que lo hacía por él, no quiero mentir, pero Dios también podría estar contento por ello. Me he pasado muchos días en la iglesia: ¿cuántos rezos, cuántos oficios? ¿Y a cambio, qué? Me quita a la sobrina. ¡Ay, Dios mío, cómo me cuesta entenderos! Me sabe mal ver que somos tan poca cosa, que nadie me tiene en cuenta para nada. Fíjate las de casa del médico Munar, por ejemplo, siempre sanas y contentas, que parecen puercos, de tan gordas. Tienen unas hijas como soles, y yo nunca he tenido una hija, y mi pequeña, la única que he conocido, muerta y enterrada. Es que me vienen ganas de no volver a poner un pie en la iglesia. Si no fuese por él... está claro que no me verían el pelo. Pero ¿y él, qué? Como los demás. Ni una palabra de consuelo, ni un apretón de manos para acompañarme en la tristeza. Sólo supo decirme que tenía que aceptar los designios de Dios. ¿Qué designios? Dios mío, perdonadme, pero a veces pienso que habéis perdido el juicio o que os falta un tornillo.

Llegó a La Casa de Albarca mareada de tanto darle vueltas a la cabeza. Cuando bajó del carruaje, encontró a Mateo, que dibujaba una media sonrisa, al darle la bienvenida. Justo detrás de él estaban las hermanas, que daban saltitos de alegría para celebrar el encuentro. Antes de permitir cualquier comentario, les preguntó:

–¿Dónde está la niña?

–Ahora duerme –respondió Mateo.

–Pero podemos ir un segundo –añadió Magdalena–. Si no hacemos ruido, no se despertará. Tiene el sueño profundo.

Se dirigieron a la habitación donde Elisa estaba. Era una hermosa niña que dormía plácidamente. Una luz amarilla, matizada por las cortinas, favorecía el reposo. Dormía de lado y sólo pudieron verle el perfil: una nariz bien formada, las pestañas largas, los labios regordetes. Hubo un silencio contenido. Por un lado, no querían despertarla. Por otro, resultaba inevitable pensar en Sofía. Tía Antonia suspiró, tía Magdalena movió la cabeza con cierta consternación, a tía Ricarda, que llegaba tras un largo monólogo en solitario, se le cayó una lágrima.

–Se parece a su madre –era más una pregunta que una afirmación de tía Ricarda.

–Es idéntica a ella –exclamó tía Magdalena.

–Como dos gotas de agua –añadió tía Antonia.

–Sí –concluyó Mateo, menos contundente–, tiene un aire a Sofía. Aunque ya se sabe, los críos cambian mucho.

–Bueno –musitó Ricarda con satisfacción–. Al menos no lo hemos perdido todo.

Vestidas de negro y con la expresión triste, las tres tías parecían figuras sacadas de un retablo. Cuando se desplazaban a la vez, sin embargo, tenían un movimiento de abeja que resultaba ensordecedor. Pocos días después de la llegada de la última, las otras dos parecían levantar cabeza. Renovadas las energías y con ganas de actuar, se decidieron a intervenir en el buen funcionamiento de la casa. Por eso empezaron a perseguir a las criadas, a hurgar en la despensa, a mirar cada mueble buscando una mota de polvo. Eran activas, trabajadoras e insistentes. Formulaban mil preguntas cuando les parecía que una cuestión no quedaba lo bastante clara.

No cesaban de expresar comentarios ni de manifestar opiniones, convencidas de que su presencia era imprescindible. A Mateo, a veces, le parecían las hadas de un cuento. Entonces las observaba con ternura. Era cuando le recordaban a su mujer muerta, cuando le contaban anécdotas de la infancia y le desvelaban algún aspecto nuevo de su personalidad. Entonces se sentía bien, arropado por la retahíla de palabras que pronunciaban. Era como si trenzasen un círculo que lo protegía y le permitía recordarla en paz. En otras ocasiones, le resultaba evidente que se transformaban en brujas malvadas. La metamorfosis no era gradual, sino que se producía de repente. Podía suceder en una comida, cuando estaban sentados al fresco, o durante aquellas veladas interminables en el comedor. Observaba sus facciones desencajadas, el brillo de las pupilas, la gesticulación de las manos. Cuando las miraba, le costaba reconocer en sus rasgos a las parientas de Sofía.

A Mateo, todo se le volvía pesado. Le resultaba dura la soledad en aquella habitación que sólo él ocupaba. Había noches en que se despertaba con la sensación de percibir el aliento de su mujer. Le parecía que la oía respirar de una manera pausada, mientras él dormía intranquilo. Durante un instante, pensaba que Sofía había regresado de algún viaje remoto, que la podía rozar con su mano. Al darse cuenta de que la percepción era errónea, fruto del deseo, experimentaba siempre la misma decepción profunda. Luego ya no podía volver a conciliar el sueño. Se había acostumbrado a ver nacer el día, desde la cama. Estaba habituado a la gradación de tonos que anuncian el alba.

También le resultaba difícil concentrarse en su trabajo, cuando su pensamiento volaba hacia lugares desconocidos. Pensaba en su mujer y se preguntaba por qué habían tenido tan poco tiempo. Se culpaba de las horas que había dedicado a su profesión, lejos de ella, y pensaba que debería haber vivido más a su lado. La había amado sin altibajos ni dudas. La echaba de menos del mismo modo.

Cuando llegaban los primeros nenúfares, Elisa se ponía contenta. Era una alegría que le brillaba en los ojos y que se le escapaba por los labios. Una satisfacción constituida por manifestaciones sencillas, casi sin importancia, que alejaban la niebla. A su lado no existían los días grises. Tenía una gran capacidad para transmitir sus propios entusiasmos, una tozudez profunda, un carácter tenaz. Su padre se preguntaba de dónde había surgido aquella fuerza. A él, no se le parecía mucho. No había heredado sus dudas que a menudo motivaban que no se acabara de decidir a emprender un camino. Tampoco perpetuaba la discreción y la mesura de su madre. Aquellos rasgos que en sus progenitores sólo estaban insinuados se dibujaban en su propio carácter. El trazo se volvía firme, de una contundencia que sorprendía a los que vivían cerca de ella. A medida que crecía, se acentuaba una forma de ser independiente, un punto altiva. No significaba que mirase a los otros con aires de superioridad, sino que se había construido un mundo propio en el que no dejaba entrar a cualquiera. Era un ser solitario y voraz. Sentía voracidad por las cosas que iba descubriendo, que le salían al encuentro.

Creció con la sombra de la madre en el pensamiento. Aquella madre a la que sólo conoció en un retrato. Cuando era pequeña, cogía una silla y se sentaba delante del cuadro. Luego intentaba quedarse inmóvil durante un rato muy largo. En la quietud, repetía la postura de la figura pintada: la forma de colocar las manos, la inclinación del cuello y la barbilla. Insistió para que la modista del pueblo le cosiese un vestido idéntico al que llevaba su madre. Al principio, su padre se negó a ello, desconcertado. Cuando lo convenció, jugaba a vestirse con la ropa del retrato mientras imitaba sus gestos. Al hombre llegó a producirle cierta gracia la situación. Muchas tardes se entretenía espiando los juegos de su hija, mientras comprobaba la exactitud con la que había aprendido a imitar la elegancia del cuadro.

Las tres tías coincidían en reconocer que era una niña extraña. Ninguna habría admitido que, en el fondo, veían en ella a una Sofía más enérgica, más capaz de salirse con la suya. Tía Magdalena afirmaba que tenía la misma cara de la sobrina muerta. Adivinaba sus facciones, cosa que, afirmaba, le servía de consuelo. Tía Antonia, con su carácter más realista, siempre matizaba que no eran exactamente los mismos rasgos. Se daba un cambio que resultaba de la suma de proporciones diversas. La mayor diferencia se encontraba en la boca. Los labios gruesos de Elisa no se correspondían con la boca suavemente dibujada de Sofía. Concluyó que no había un parecido real, si uno se detenía en analizar las diferentes partes de los dos rostros. El conjunto, en cambio, misterios de la naturaleza, los dotaba de un aire similar. Tía Ricarda decía que era una cuestión de gestos. ¿Cómo podía haber aprendido a hacer aquel movimiento con la mano? ¿De qué manera era capaz de reproducir el mismo rictus de los labios, la inclinación de los hombros, o el movimiento de una ceja? No lo sabía, pero el calco resultaba exacto. Decidió que los gestos también se heredan, así como se reproduce el color de los ojos o la forma de la nariz.

Aparecen los nenúfares en el estanque y Elisa estrena su sonrisa. Es una sonrisa que recuerda al aire limpio de las mañanas, aquel que entra por la ventana y limpia el ambiente de olores rancios. Todo el mundo en la casa respira mejor, con el sentimiento de que vuelven los buenos tiempos. Le gusta sentarse y contemplarlos. Se pasa mucho rato sentada en el jardín. Son días plácidos, cuando aún no ha descubierto el amor.

XII

Ramón volvió a casa. Todavía no sabía si la podía considerar su casa, aquella finca rodeada de unos jardines que no lo reconocerían. No recordarían sus manos inquietas hurgando entre las hierbas y los pedruscos, limpiando senderos, vertiendo el frescor del agua que mana muy clara. Había pasado demasiado tiempo y las flores son efímeras. En la India había conocido a mucha gente. En aquel país de contrastes, fue un nómada que huye y que busca. También él había sido un hombre lleno de contradicciones. Por una parte, su voluntad de escapar de unos recuerdos que aún le dolían, de la imagen de una ventana persiguiéndolo. Un rostro, un cuerpo. Por otra, la curiosidad que se despierta y nos empuja a recorrer caminos, a perdernos en un pueblo o en una ciudad. Estaba presente la avidez del viajero recién descubierta por un joven que nació en una pequeña isla, que nunca imaginó que el mundo pudiera ser tan grande.

Descubría que el mundo es ancho como los pensamientos, y que como ellos vuela. Nunca se habría imaginado un mundo volador. Un espacio siempre cambiante, en donde la vida se sucedía sin pausas y sin prisa. Era curiosa la mezcla de velocidad y de calma que le salía al encuentro. Tenía la urgencia de sobrevivir, la agilidad con que se mueven los días y la gente. A la vez, el tiempo se adormecía. Las personas vivían la vida lenta de los que no sienten la impaciencia, hecha de inquietudes. Aprendió a esperar. Seguía una ruta itinerante en solitario. Si daba con una aldea acogedora, se quedaba ahí unos meses. Cuando llegaba la época de las lluvias, buscaba un refugio. Lo mejor era caminar. Le gustaba la sensación de tener muchas rutas abiertas por delante. En alguna ocasión, encontraba un compañero de viaje. Personas que le hablaban de la necesidad de recorrer la tierra. Cada uno le contaba una obsesión distinta que lo acercaba a la diversidad del mundo.

Había prostitutas en el camino, cerca de Agra. Las cabañas estaban abiertas, con lechos a la vista de los que pasaban. Por el recorrido que va a Agra desde la ciudad abandonada se veían bestias de feria en el arcén. Eran animales cazados en la selva. Retenidos para invitar a los turistas a fotografiarse junto a ellos. Llevaban cien años ahí, presos de una feria imaginaria. Ramón se acostumbró a ir de un lugar a otro sin normas. Lo guiaban el calor, la lluvia o el hambre. Agra era una muestra de aquella India de contrastes que aprendió a reconocer. La mierda en la calle. Las cloacas desbordándose entre las piedras, las aguas fecales en la superficie, los perros sarnosos y los niños desnudos son los protagonistas de un paisaje dantesco. Todo era caos y suciedad. Hombres sin dientes, que perdían el último aliento en un cigarrillo pedido a los clientes, conducían las bicicletas que llevaban a los turistas. En casetas que parecen guaridas de bestias, dormían los obreros que habían venido de lejos a trabajar. Tras ellos, las prostitutas de pies ínfimos. Nubes de polvo en la piel de Ramón, en el pelo, en el alma. Los olores insoportables mezclándose con sonrisas que equivalían a espíritus resignados.

También en Agra, el Taj-Majal. La belleza más sublime, junto a las boñigas y la basura. La armonía de la piedra, el equilibrio entre el mármol y el aire en que se sostiene, junto a la carne desnuda, llena de heridas purulentas. Durante muchos días no pudo alejarse de él. Era incapaz de abandonar aquel edificio que representaba todo lo que había salido a buscar: la serenidad en el aire. Iba a primera hora de la mañana, cuando empezaba la tarde, y a la hora en que la luz comienza a morir. La piedra cambiaba de tono según la luz solar. El contacto la transformaba. Era como si el blanco pudiese teñirse en un instante de tonalidades distintas. La luz rosada le daba rastros de crepúsculo. La intensidad del mediodía lo llenaba de amarillos. El atardecer esparcía violetas y morados, azul oscuro.

Se paseaba con los pies desnudos, en contacto con la piedra. Entonces sentía que volvía a recobrar la paz. Las inquietudes se adormecían junto al mármol. Se preguntaba cuántas historias habían transcurrido en aquel lugar, cuántas personas habrían ido buscando el olvido y la memoria. Buscar el olvido significaba borrar la huella de las vidas pasadas. Al menos, limpiar el pensamiento. Querer recuperar la memoria significaba abrazarse sin dolor a lo que se vivió, intentar recobrarlo por senderos tranquilos.

El Taj-Mahal era una tumba o una prueba de amor. Cuando el quinto emperador musulmán de la dinastía Mogol era un joven arriesgado, que se dejaba vencer por los embates del corazón, conoció a una mujer. Se encontraron en un mercado en donde, como en un juego, las esposas y las hijas de las familias nobles hacían de vendedoras. Jugaban a vender objetos preciosos, dulces y caramelos. Era una mujer casada, pero el marido estaba lejos aquel día. Se acercó y le preguntó el precio de un azúcar de cristal. Era una pieza grande y angulosa, que brillaba como el sol. Le dijo que era un diamante y él la creyó, mientras le preguntaba cuánto pedía por él. Los ojos del emperador se perdían en los ojos de la dama. Intentó pagárselo a precio de piedra preciosa, pero lo detuvieron las risas de ella. Mientras se reía, le cayó el velo y le descubrió el rostro. Entonces se enamoró perdidamente de ella.

A Ramón le gustaba esta historia. Servía para recordarle aquel amor que la muerte le robó. También él había querido a una mujer casada, justo en el momento de verla. No la había encontrado en un mercado, sino en una fiesta de bodas. Era la fiesta más brillante que había visto, cuando era aún un adolescente. Se servían comidas deliciosas, pero no probó ninguna, y eso que llevaba hambre atrasada. Se limitó a contemplarla, silencioso, maravillado de que fuese real. Le habría querido decir que se había producido un milagro, que el mundo era bello porque ella existía, pero no encontraba los gestos ni las palabras. Si hubiera sido capaz de mirarla a la cara, entonces se habría encontrado con la torpeza en cada movimiento de las manos, en la postura del cuerpo, en la inclinación de la cabeza. Si hubiera sabido dirigirse a ella, las palabras se habrían sucedido en una retahíla de balbuceos imposibles de descifrar. Por eso había escogido una ventana, el único camino para volverla a ver. Una ventana que se perdía en la memoria por las calles estrechas de Agra.

El emperador mandó a la guerra al marido de la mujer a la que amaba. Como el rey David, ordenó que luchara en primera línea, para que lo mataran. Deseaba su muerte. Un pájaro negro que se lo llevara para siempre a recorrer cielos llenos de nubes. Quería que fuese para él, que no hubiera estorbos entre sus dos vidas. Ramón había deseado, alguna vez, la muerte de Mateo. Era un deseo que aparecía como un fantasma sin que pudiera ahuyentarlo. Surgía cuando tenía que abandonar la ventana, alejarse de ella para que el marido no los sorprendiese. Le deseaba una muerte dulce, como de azúcar de cristal, que se deshace en la boca y deja un gusto amable. A veces, pensaba que la muerte que había conjurado se equivocó de destino. En definitiva, una broma grotesca. Cuando fue ella quien emprendió el vuelo por espacios nublados, se sintió cerca de Mateo. Era curioso, pero las sensaciones no se miden ni se controlan. Simplemente, surgen en el fondo del corazón o en un punto indefinido que nos cubre de sombras la mirada.

El emperador y ella vivieron juntos dieciocho años. Como era una mujer inteligente y hábil, lo aconsejaba en los asuntos de gobierno. Tuvieron muchos hijos. Al nacer el decimocuarto, la mujer murió. El hombre no lo podía creer. Maldecía el cielo y la tierra. Lloraba lágrimas vivas. Poco antes, le preguntó qué quería. Cuáles eran las pruebas de amor que requería para marcharse convencida de la intensidad de lo que habían vivido. Ella le rogó que construyese un monumento que mostrara su historia a la eternidad. Así, surgió el Taj-Mahal, la tumba que el emperador alzó para la esposa que había amado. Un edificio de mármol blanco, todo esbeltez. Un mármol que era pureza absoluta, pero que adquiría una tonalidad distinta cuando el sol lo iluminaba.

Cuentan que tras la muerte de ella, él enloqueció. Le tocó vivir tiempos difíciles. Los hijos se enfrentaban para conseguir el poder. Uno de ellos le envió la cabeza del que era su predilecto. Entonces fue encarcelado en un palacio. Había soñado construir otro Taj-Mahal, una tumba de mármol negro en donde reposaría cuando se le escapara la vida. Se imaginaba ambos templos unidos por un arco perfecto que sirviera de puente, pero no llegó a tiempo. Murió observando desde la ventana la silueta del Taj-Mahal.

Ramón pensaba en la tumba de Sofía. Volaba hacia ella, de noche, mientras contemplaba la de aquella otra mujer. Habría querido ser un pájaro y llegar, las alas tendidas, hasta posarse en la copa de un árbol y convertirse en la sombra que acompañara su reposo.

Ser un viajero significaba descubrir las vueltas del camino. Lo entendió durante aquel tiempo. Fue una sensación curiosa: no había nada definitivo, todo era transitorio. Eran transitorias sus estancias en ciudades en las que abundaban los lagos, los edificios de piedra sin techo, los minaretes. Eran huidizas las horas que dedicaba a caminar de un sitio a otro, a liberar su espíritu, abierto el corazón. Escapaban los espacios que acababa de conocer, aquellos lugares en los que permanecía algunas semanas, antes de seguir la ruta. Huían el aire y las nubes. Pasaban de largo las historias que protagonizaban mujeres y hombres a los que conocía pero dejaba que se marcharan. No era capaz de retener muchos instantes. Acumulaba impresiones, que se desintegraban y se vinculaban, llegando a formar una materia única, ligada al pozo de la memoria. Nada era sobrero ni sucedía en vano. Nada, sin embargo, conseguía retenerlo en ninguna parte.

Habría querido que también los sentimientos fueran transitorios. Poderlos vivir con la certeza de que estaban condenados a morirse, de la misma manera que se mueren los animales y las plantas. Si una persona muere, ¿por qué no ha de tener fecha de caducidad todo lo que experimenta? Se lo preguntaba, mientras observaba las formas de las nubes o el rostro de un hombre descubierto en el borde del camino. Habría deseado que los sentimientos fueran como las hojas que se caen todos los otoños, que se renuevan todas las primaveras. Saberlo lo habría aliviado, le habría hecho la vida más fácil. Pero no lo creía. Era un incrédulo que sentía el peso de la vida vivida. Había sentimientos que se parecían a los árboles que extienden sus raíces por la tierra. Poco a poco, se vuelven gruesas y se multiplican.

Comprendió que la voluntad no ha aprendido la forma de retener la vida. Podemos desear detener un instante, que el tiempo pare su rueda y nos permita saborear lo que huye, pero eso no es posible. Podemos suspirar para que una situación sea breve, para que pase un mal trago de prisa. Aunque nos esforcemos, no lo conseguiremos. Las cosas llevan siempre un ritmo propio. No hay que obsesionarse en acelerarlo o frenarlo. Nos tenemos que adaptar, como si fuésemos un cuerpo que se mueve a merced de las olas. Ser dóciles a los embates del mundo no significa mostrarnos sumisos. Saber doblegarnos, cuando soplan malos vientos, sólo indica la decisión de sobrevivir.

Algunas mañanas se despertaba con el cuerpo entumecido. Había recorrido un largo trayecto o había subido por caminos empinados. Las piedras del desierto se clavan en los pies, aunque lleves zapatos gruesos y tengas el ánimo despierto. Entonces se preguntaba qué dolor era más agudo, si el del cuerpo o el del alma. Nunca lo dudó: el cuerpo está hecho de una materia concreta, que se mide y se palpa, con unos límites establecidos. El alma, en cambio, es territorio desconocido. Lo que desconocemos es la guarida de las penas más hondas. Por eso le gustaba imaginarse que volvía a la isla. Allá, en la casa en donde siempre había vivido, las cosas eran fáciles de controlar. No había distancias que recorrer. Todo era previsible y sencillo. Cada vez que lo pensaba, se entristecía un poco. Había escogido la inmensidad de un lugar en donde cada paso tenía el precio de la sorpresa y del desconcierto. Había dejado atrás una isla minúscula, que a menudo añoraba.

Encontraba hombres capaces de estar muchas horas quietos, observando el agua de un lago o las altiplanicies del terreno. Llevaban todas sus pertenencias encima porque no tenían muchas. Se habían desprendido de los bienes que poseían con el deseo de estar poco ligados a las cosas. Su existencia consistía en seguir el camino. Tan sólo se detenían en los templos en los que la gente se reunía. A Ramón le costaba entender aquella actitud distanciada que hacía que no fuesen de ningún lugar. No comprendía su capacidad para renunciar a todo lo que era material, ya que él guardaba los objetos que lo acompañaban como si fueran tesoros. En la mochila llevaba media vida.

Aquellos hombres tenían la mirada profunda de quienes saben muchas historias que podrían explicar. En cambio, casi no hablaban. Habían convertido el silencio en un aliado cómplice y feliz.

Era su mérito: tener el pensamiento lleno de palabras y medir cada vocablo que pronunciaban. No les gustaba el parloteo inútil. Conocedores del poder de las palabras, medían su uso. No querían desperdiciar aquella fuerza que podría haber movido montañas y voluntades. Estaban convencidos de que el silencio permite oír mejor los sonidos del mundo.

Ramón aprendió mucho de ellos. Observándolos, ya que apenas mantuvo conversaciones. Su postura le ayudaba a vivir. Le gustaba, sobre todo, la calma con la que se enfrentaban a las dudas. Dejaban que todo transcurriera con fluidez, sin oponer obstáculos. No se interponían a la vida. Desconocían la impaciencia, el afán, la angustia. Resolvían los interrogantes con la simple observación de los detalles, de los momentos pequeños que lo explican todo. Se reconcilió con el recuerdo de Sofía, aquella parte de la vida que llevaba como un peso en la espalda. Se acostumbró a pensar en la ventana como si fuese un espacio recuperado. Un lugar donde fue feliz, que le había permitido conocer el amor. Intuía que aquel amor lo acompañaría siempre, que nunca olvidaría su rostro. Ahora, que vivía en un contacto absoluto con las cosas, se sorprendía al pensar que nunca la había tocado. Era extraño reconocer que se había sentido muy cerca de una mujer con quien nunca tuvo una relación física real. La había sentido tan próxima que le parecía mentira. A veces, de noche, soñaba con ella. Se le presentaba su cuerpo para que lo pudiera recorrer con sus dedos. El tacto era importante, algo que olvidó durante su relación. Pensaba que era suficiente con mirarla. Todas las miradas puestas en un cuerpo.

En la India aprendió a valorar el sentido del tacto. Los objetos pasaban a formar parte del mundo conocido, desde el momento en que sus manos los tocaban. Una cara era percibida en una caricia. Capturaba la suavidad del cabello, la piel tersa o cansada, los brazos predispuestos. Recorrer el mundo con las puntas de los dedos significaba conocer sus bordes, sus meandros, sus líneas. Había líneas rectas que atravesaban el mundo como una flecha. Otras eran sinuosas y formaban lazos como si fueran a llegar a la cima de una montaña. Las había que se cerraban en un círculo perfecto. Otras tomaban la forma de una nube. Le gustaba la sensación de tocar las piedras, la tierra, la hierba. Permitir que la mano se perdiera por las paredes de una fachada, meterla en el agua, ponerla en contacto con el fango o el polvo. Sentir en el rostro el polvo del camino. Notarlo como una presencia que nos rodea por entero y forma otra piel, abrazada a la nuestra.

En aquellas tierras, Ramón aprendió a observar las cosas de forma tranquila y reposada. Le agradaba saber que la tierra puede ser grande como un pañuelo que se extiende y cubre los vacíos. Antes de volver a la isla visitó un lugar remoto del norte de la India, Khajuraho. Era un lugar de difícil acceso. El avión que recorría la ruta Jaipur-Benarés hacía escala cuando la meteorología se lo permitía. Las tempestades eran frecuentes y los pilotos a menudo tenían que pasar de largo. Después de intentar aterrizar infructuosamente, seguían la ruta hacia Benarés. Estaban el pueblo viejo y el pueblo nuevo, situados a unos cinco kilómetros del aeropuerto. Contando los alrededores, se podían calcular unas nueve mil almas. Le sorprendió el contraste con la pestilencia de Agra. La vegetación era más generosa, la gente afable, las calles tranquilas. Le parecía que habían reducido el espacio, en un punto en el que los turistas no se quedaban mucho, porque estaban sólo de paso. La gente iba para ver sus templos magníficos, maravillas arquitectónicas profusamente decoradas. Abundaban las figuras humanas y de parejas en posturas eróticas. Le sorprendió ver cómo la sensualidad podía surgir de la piedra y obrar el prodigio: dotarla de vida, de sinuosidad, de movimientos cadenciosos y sugestivos. Le gustó la minuciosidad de los detalles. Ver la espalda que se dobla como un arco, los brazos que se alzan, las manos cuando rasgan la ropa, sólo insinuada, de un sarí, las acrobacias, casi funambulescas, de los amantes. Aprendió a detener la mirada en cada gesto que se recortaba en la piedra. Era un placer para sus ojos, poco acostumbrados a reconocer sensualidades detenidas para siempre. Había cinturas insinuando movimientos, pechos erguidos, nalgas rotundas. Se preguntó cómo era posible que, mil años atrás, el sexo fuera ya pura belleza y artificio. Encontró todas las variantes de un juego amoroso intenso. Los templos se alzaban, majestuosos, ofreciendo la diversidad del sexo.

Se adentró aún más por la región, hasta llegar a las cataratas. El agua brotaba pardusca de tierra; la naturaleza era plácida. Cuando caía la lluvia, se embarraban los caminos. Entretanto, pasó por pueblos minúsculos que no aparecían en ningún mapa. Había dos docenas de casas mal contadas, una fuente donde las mujeres, vestidas con colores brillantes, iban a buscar agua, hombres que observaban su paso desde el portal de casa. Le gustaban, sobre todo, los niños. Los niños indios tenían una belleza particular, extraña entre tanta miseria. Los ojos eran pozos hondos, oscuros, capturadores de miradas. Planteaban preguntas, interrogaban, llenos de curiosidad. Las adolescentes lucían sus esbeltos cuerpos, sus cuellos largos, las sonrisas seductoras. Les gustaba perseguir a los pocos viajeros que veían pasar. Sus carreras tenían algo de huida y de búsqueda a la vez. Algunos niños iban descalzos, los pies negros de suciedad. Huían, puede que sin siquiera saberlo, de su realidad empobrecida. Al menos, esto pensaba Ramón al verlos. Eran como bandadas de pájaros persiguiéndolo, voraces. Tenía que pedirles que se fueran, con una sensación que mezclaba el desconcierto y la impotencia.

Una niña de ojos inmensos, con el pelo al viento, el cuerpo delgado y dulce, lo siguió. Corría sola, cuando los demás ya habían abandonado la carrera. Llevaba un pequeño collar de piedras de colores, humildes, sin nada de valor. En su cuello parecían esmeraldas. Llevaba una falda vieja y un corpiño verde que le descubría, en un relámpago, trozos de piel morena. Extenuada, con el aliento roto en medio del camino, la perdió de vista. Entonces fue él quien habría querido seguirla. Fijó sus ojos en aquel punto, cada vez más pequeño, que borró la distancia. Cuando se desvaneció, aún perduraba la imagen en su retina. Hizo un esfuerzo por memorizarla.

Durante mucho tiempo, los días transcurrieron sin prisa. Tan sólo contaban sus ganas de continuar la ruta, la pasión por los descubrimientos. Era un hombre joven que recorría el mundo con el ánimo lleno de curiosidad. Habría querido llevarse todo lo que le salía al encuentro, llenar un hatillo como si se tratase de un tesoro. Había salido de un jardín tranquilo para encontrarse con la diversidad y los contrastes. Había abandonado una isla pequeña para perderse en la inmensidad de una tierra que nunca dejaba de sorprenderlo. Aprendió a ser paciente y a estar vivo, a recobrar la alegría y a valorar el silencio. Un día añoró Mallorca. No era una nostalgia punzante, amarga, sino que tenía matices de gozo. Tenía la sensación de que empezaba a recuperar un bien perdido. Aquel tesoro preciado que le arrebató la muerte. Poco a poco, aprendió a reconciliarse con la vida. Entonces quiso volver. Decidió dejar atrás todos los paisajes que aún le poblaban los ojos para regresar al paisaje conocido, que podía medir y sentir próximo. Cogió un papel y escribió una carta al señor de La Casa de Albarca. Le decía que había recorrido un pedazo de mundo, que lo había descubierto ancho y diverso, pero que quería iniciar el camino de vuelta. Esperó la respuesta, ansioso, porque las buenas noticias a veces tardan por los caminos del viento.

XIII

Ramón hizo el último tramo del viaje de vuelta en barco. El mar estaba en calma y se pasó toda la noche en cubierta, observando la oscuridad. Había muchos puntos luminosos. Pensó que cada uno era un rostro de los que había conocido lejos de la isla. Una chispa de fuego en el firmamento servía para recordarle a las personas que había encontrado a lo largo del viaje. Las conservaba grabadas en la retina. No pudo evitar preguntarse cuánto tiempo se mantendría la nitidez de las imágenes. Habría querido preservarlas de todas las otras que, forzosamente, se añadirían. La vida era una acumulación de instantáneas que podían mantenerse un momento o que podían durar toda la vida. A medida que transcurría el tiempo, iba sumando retratos. Ahora, los de la India ocupaban un espacio enorme en su cerebro. Casi diluían la existencia vivida antes de irse. Se unían al recuerdo de Sofía. El resto aparecía entre niebla, confuso. Se preguntaba si, en realidad, los recuerdos formaban una rueda que iba girando, siempre al amparo del presente. La intensidad de lo inmediato empequeñecía el pasado, pero no lo borraba. Nada borra aquella parte de la vida que hemos saboreado, pensaba.

Era una noche serena. No había nubes en el cielo ni las olas formaban remolinos de espuma. Lo rodeaba el azul. Era un color tan intenso que invitaba a extraviar la mirada, a recorrer sus tonalidades. Volvía con el ánimo sereno. En su espíritu no había lugar para las inquietudes que lo acompañaron en la partida. Habían pasado los años y todo se había calmado. Del mismo modo que se calma el mar después de una tempestad, así se había ido acallando su dolor. Lo único bueno del dolor era su fecha de caducidad. Más lejana o más cercana, llegaba siempre. En Mallorca le habían dicho a menudo que el tiempo era el mejor remedio. Curaba todas las penas. No lo acababa de creer, ya que en un rincón de su corazón perduraba aquella ausencia. Pero ya no dolía. Era una realidad dulcificada por los días. Habían transcurrido tantos que perdió la cuenta. Más de seis años lejos, recorriendo caminos en silencio.

Había humedad y la sal se le adhería a la piel del rostro y de las manos. No quería buscar refugio en el interior, sino que prefería el aire marino, la sensación de provisionalidad. Vivía un instante efímero: el paréntesis del retorno. Todo lo que dejaba atrás era aún muy real, pero pronto formaría parte del pasado. Lo que iba a venir sólo se perfilaba en su imaginación. Le gustaba aquel sentimiento de hora fugaz. Sabía que, más adelante, al recordarlo, estaría satisfecho de haberlo vivido con fuerza. Tenía la sensación de que concluía una etapa y de que se iniciaba otra que lo llevaría a nuevos horizontes. Volvía distinto y se reconocía en la diferencia. El hombre que escrutaba la noche, de pie, cerca de las olas, no tenía nada que ver con el muchacho que se había marchado. Entonces era casi un adolescente, que no había aprendido mucho. Había amado a una mujer con toda la urgencia del mundo. Fue un amor hecho de miradas, que crecía tras una ventana cerrada. Comprendió que había sido una historia bella e incompleta, como los sueños que se interrumpen si alguien nos despierta. El amor no puede existir sólo a través de los ojos. Tienen que intervenir las manos y el olfato. Necesitamos tocar al ser querido, olerlo, para que el amor perdure.

Se imaginó un amor sólido como los roquedales agrestes, a pesar de que nunca le había susurrado una palabra. A través de un cristal, las palabras llegan distorsionadas. La distancia las falsea, convirtiéndolas en una caricatura de palabras auténticas. Había imaginado muchas veces que tenían largas conversaciones. Él le contaba cómo era cada rincón del jardín; ella sonreía, hacía preguntas, se reía a grandes carcajadas. Un día, perdido en los callejones de una ciudad de la India, se dio cuenta de que nunca había oído reír a Sofía. Desconocía su risa. Esto lo llenó de angustia. Se preguntaba cómo había podido soportar tanta distancia. Vivir ignorando cómo se reía la persona a quien amamos no es sencillo. ¿Cómo sería su risa? ¿Fresca como la menta o dura como un trago de ginebra? ¿Tenía ecos de flauta ágil o adquiría resonancias de pianola? Volvió a envidiar a Mateo, que la habría oído reír muchas veces. Le envidiaba la risa secreta, aquella que se nos escapa sólo después del amor, cuando los ritmos de la fiesta nos dejan el cuerpo vencido.

Era consciente de haber capturado un instante efímero. Aquel viaje en barco era el paréntesis que dividía dos momentos de la vida. En un lado, quedaba el pasado; en el otro, el futuro. El presente era un espacio quieto, de noche calma. Era su perfil de hombre que observa la oscuridad y busca el refugio que permite recordar. Soplaba la brisa del mar. Aunque no era muy intensa, se alzó el cuello de la chaqueta, mientras volvía a la evocación de lo que había dejado atrás. En Bombay, el caos de la calle. En una ciudad de trece millones de habitantes, no es fácil encontrar el silencio. Se acordaba de una lavandería llena de agua y jabón. Había prendas tendidas entre los tejados, rozando el cielo. La ropa tenía rastros de suciedad. Centenares de telas que cuelgan al aire, con su goteo grisáceo. Había abandonado la visión impresionante de la bahía y se trasladó a aquel lugar, que parecía un gran decorado con cortinajes que amenazaban con romperse. La ropa blanca no lo era del todo, sino que perduraban unas franjas oscuras. Los trapos de colores constituían una mezcla de tintes. A una pila enorme iba a parar el agua sobrante después de la limpieza. Era turbia, como si llevase restos de barro. Vio a un hombre que se lavaba el cuerpo. Primero, lo contempló de espalda: por los hombros le resbalaba el agua que iba echándose encima con un cubo pequeño. Las salpicaduras le recorrían el espinazo hasta el inicio de las nalgas, medio cubiertas por unos calzones de hilo. La forma de la cabeza, con el cabello afeitado casi del todo, se dibujaba en forma de curva. Tenía el cuerpo delgado. No le sobraba ni un gramo de carne, en la cintura estrecha y las piernas largas. Aunque se movía con los gestos de la gente de aquella tierra, no tenía el aspecto de ser uno de ellos. Lo miró sorprendido por su actitud ausente, concentrado tan sólo en la repetición de una tarea concreta: echarse agua sobre el cuerpo. Cuando por fin se volvió, comprendió que era un extranjero como él.

Se quedaron mirándose. Entre la multitud ruidosa destacaban sus cuerpos inmóviles. Desde una distancia relativamente breve se observaron. Sin pensarlo mucho, Ramón se aproximó. Tenía curiosidad por aquel personaje que destacaba de repente en un paisaje humano muy poblado. Pronto se dieron cuenta de que hablaban el mismo idioma, y les hizo gracia. Era curioso que, desde cierta distancia, se hubiesen sabido reconocer. Miguel estudiaba sánscrito en la universidad. Vivía en una casita pequeña, con dos estudiantes más, y tenía el espíritu conciliador de los hindúes. Era un hombre no muy alto, con la piel pegada a la carne, las mejillas chupadas, los ojos medio hundidos en sus cuencas. Alguien habría dicho que vivía del aire del cielo. Aunque esto no fuera cierto, sí lo era su pasión por las cosas ligeras como el aire, aquel dejarse llevar por los embates del mundo sin ofrecer resistencia. Le gustaban los misterios que, según él, llenaban la vida. Sentía devoción por el sánscrito porque era todo un misterio que le gustaba descifrar. Decía que nada resulta demasiado pesado, si sabemos aproximarnos sin miedos. Lo importante era llegar al fondo de las cosas, despojarlas de lo que resulta innecesario o sobrero. Así era su vida, libre de lazos materiales. Habría sido capaz de sobrevivir muchos meses alejado de cualquier mínima comodidad. Sólo tomaba lo que le resultaba imprescindible para seguir su camino. En cambio, era un enamorado de las palabras y del silencio.

Para él, las palabras se parecían a la vida. Eran su retrato. También servían para dibujarla con gracia y precisión. Miguel se entusiasmaba por todo lo que tuviese cierto encanto. Le gustaba la forma de una nube o del cuello de una mujer. Se embelesaba en la contemplación de las piedras del camino, de las páginas de un libro, o de la ropa tendida en medio de la calle. A veces, Ramón pensaba que su espíritu sería ligero, ya que nada lo retenía del todo y, sin embargo, sabía encontrar placer en las cosas más pequeñas. Admiraba su carácter y en seguida se hicieron amigos. Le habría gustado parecerse a él, ser capaz de profundizar en la vida sin permitir que la vida le hiciera daño.

Aquel primer día en que se conocieron caminaron juntos hasta la Torre del Silencio, un lugar en donde los hombres entregan los muertos a los cuervos. A Ramón le resultaba difícil de entender. Lo observaron desde cierta distancia, porque no estaba permitido a los extranjeros acercarse. Miguel no decía nada, los ojos bien abiertos, como si quisiera llevarse las imágenes. Habían caminado un buen rato y tenían los pies cansados.

El aire del mar se volvió intenso. Ramón encogió los hombros y se acurrucó un poco dentro de la chaqueta. Empezó a tener frío, y aquella sensación le resultó grata. Era un frío húmedo, que le iba calando poco a poco en los huesos, bien diferente del clima indio. Reencontrarse con el frío lo hacía sentirse cerca de casa. Volvió a recuperar la conciencia de retorno, de momento único. Le habría gustado prolongarlo. Si hubiese sido capaz, habría detenido los momentos vividos que se iban sucediendo en imágenes prefijadas en el pensamiento. También habría dejado de hacerse preguntas sobre lo que iba a venir. Miguel le habría dicho que no se preocupase, que tenía un libro blanco aún por escribir. El mar era de un azul todavía muy oscuro, pero lo quebraban las olas. Primero, pequeños círculos de espuma; ahora cabras salvajes.

Tenía la sensación de ser otro hombre. Volvía distinto. Los años y la vida vivida lo habían transformado. Venía de momentos de caos y de momentos plácidos. Por eso se sentía afortunado. No se trataba sólo del viaje físico, de la sensación de que recorrer la tierra siempre es una ganancia, sino de la metamorfosis interior. Había aprendido mucho: atravesó caminos, escuchó historias, leyó libros. Desde la distancia, el antiguo mundo adquiría dimensiones nuevas. La añoranza hacia Mallorca se combinaba con la curiosidad que le inspiraba la isla. Se preguntaba si se sabría adaptar, de nuevo. Él había escogido el retorno, lo cual le llenaba de una alegría profunda, real. A la vez, existía la posibilidad de no haber acertado en la decisión. Quizá había transcurrido demasiado tiempo. Tal vez los habitantes de la casa estaban ya lejos de su vida. Se fue siendo un adolescente. Volvía un hombre con el pensamiento repleto de imágenes capturadas, de lugares y rostros salvados en la memoria. Había dado muchos pasos y suspiraba por un poco de reposo. Habría querido que fuese sencillo recuperar el rincón que abandonó. Como si volver fuera un juego; como si recobrar los espacios conocidos no constituyese un reto, sino una consecuencia natural después de tanta lejanía.

Una gran ola empujó el barco, y él tuvo que afianzar bien los pies para no caerse. No obstante, no tenía la más mínima intención de abandonar aquel punto de vigilancia. Cerca de donde estaba, un grupo de personas hablaba en voz alta. Las palabras le llegaban sin dificultad, y eso aumentaba su sensación de acogida. Aunque en otras circunstancias habría preferido estar solo, aquella noche era distinta. Las voces lo mecían. Le ofrecían el resguardo de una presencia que acompaña y no estorba. Le recordaban dónde estaba y qué iba a hacer. Metió las manos en el fondo de los bolsillos, para guarecerlas del viento. Lo oía soplar, mientras le recorría el cuerpo una caricia poco tierna. Volvió a pensar en Miguel. Era su mejor amigo, la persona que había contribuido a cambiarlo. Se preguntaba si había sido capaz de agradecerle todo lo que le había dado.

Se habían visto por última vez pocos días atrás. En la casa de Bombay, entre las cuatro paredes desnudas de artificio y de oropeles. Un lugar tranquilo en el que habían compartido muchas conversaciones. Donde siempre había alguna anécdota que contar, un paisaje que describir. En aquella ocasión se encontraron para despedirse. Ramón estaba decidido a partir para Mallorca. Llevaba tiempo hablando de ello, y a Miguel no le extrañó. Le parecía lógica la voluntad de su amigo de reconciliarse con su pasado, el afán por recuperarlo. Él había pensado en posponer indefinidamente su retorno, ya que la vida en la India se le volvía cada vez más grata. Le habría sido difícil renunciar a su peculiar forma de medir el tiempo. Se había adaptado a unos ritmos que aprendió a hacer suyos. Ramón, en cambio, siempre fue un viajero. Tenía claro que estaba de paso, que no se podía establecer porque pertenecía a otro lugar. La aventura de la India tenía un principio y un final que se aproximaba. Estaban en aquella casa gris de cemento, en donde los objetos eran de una austeridad extrema. Dominaba la desnudez de las paredes, los suelos con un leve rastro de suciedad que recordaba todos los pasos dados, las luces débiles. La alfombra, en donde tantas veces habían compartido conversaciones, volvía a ofrecerles cobijo. Tenía un aire gastado, de tela que ha ido perdiendo su color, deshilachada por el uso. Era acogedora y cómoda. Se echaron uno junto al otro, con la amable sensación de dejarse llevar. A través de la única ventana que había en la habitación, abierta a un patio de vecinos, entraba una luz mortecina que les hacía compañía. Ninguno de los dos era muy explícito, a la hora de expresar sus sentimientos. Sentían que la conversación era más fácil cuando hablaban de los demás y de la vida. Mientras se referían a eso, sus miradas descubrían secretos. Ahora tenían muchas palabras pendientes. Ramón no quería marcharse sin haberlas dicho; Miguel las esperaba. Lo escuchó, pues, con atención:

–Creo que voy a un mundo desconocido. No sé si es acertada la decisión de volver a Mallorca.

–Llevas tiempo hablando de ello. Echas en falta la isla y es bueno que vuelvas.

–Cuando se acerca la fecha, crecen las dudas. Era un niño cuando me fui. Un adolescente enamorado de una mujer imposible. Ella está muerta y yo me siento vivo, otra vez.

–Estás vivo y has aprendido mucho.

–Me pregunto si todo lo que he aprendido hará que me sienta lejos de la isla, de la gente que dejé.

–Te acercarás a ellos de una manera diferente. Tendrás la mirada de los que regresan a un lugar después de haber vivido. La vida te va a permitir observar el mundo con los ojos más atentos.

–¿Crees que nos volveremos a ver? Te echaré mucho de menos. ¿Quién me dirá qué libros debo leer?

–Nos escribiremos. Además, un día u otro, haré un viaje a Mallorca y podremos reencontrarnos.

–¿Puedo contar con ello?

–Tienes mi palabra.

Le invadió una sensación de placidez. Aquel sentimiento tranquilo que siempre le contagiaba Miguel. Le sorprendía que se hubiese comprometido a visitarlo en Mallorca. Era una noticia inesperada que lo aliviaba de la tristeza de tener que partir. Había una cierta renuncia, en la vuelta. Sacrificaba todo cuanto había llegado a convertirse en parte de lo cotidiano: la visión del paisaje. A cambio, lo esperaban horizontes desconocidos. Las líneas que unen el mar y el cielo a menudo eran de trazado incierto. Se desdibujaban ante la pupila. Perdían color, se diluían. Tenía la sensación de que habían transcurrido muchos, muchos años, desde que abandonó Mallorca.

Pasó un largo rato. En cubierta, notó el frío de la noche, el ruido de las olas, que se alzaban y morían con cierta intermitencia. Le llegaba también el sonido lejano de las conversaciones que otros viajeros tenían no muy lejos. Poco a poco, las palabras fueron perdiendo fuerza. A medida que avanzó la oscuridad, las personas que estaban en cubierta se dispersaron. La mayoría volvía al interior del barco, buscando el resguardo de una temperatura benigna. El frío se volvía intenso, pero él continuó sin moverse. No movía un solo músculo, pendiente de todo lo que lo rodeaba, inmerso en el silencio profundo. Empezó a amanecer lentamente y la claridad aparecía como un milagro. La luz se esparcía por el cielo y las nubes surgían tintadas de azul. Adivinó el esqueleto de la isla, su forma de criatura estirada. Habría querido que aquella imagen se grabara para siempre en sus ojos, pero no era capaz de ello. Un velo de niebla le nublaba la pupila e impedía que la mirada se detuviera en lo que veía. Se acercaron poco a poco, mientras el espacio adquiría un tono anaranjado. Entre morados y grises, resplandecían colores de mandarina. Le temblaron un poco los labios, pero mantuvo la postura de hombre que no se inmuta por nada. Se había alzado el cuello de la chaqueta, aún tenía las manos hundidas en los bolsillos, cuando el barco atracaba. Los perfiles de las casas, las formas del paisaje, se recortaban sin anuncios. Por un instante, pensó que no podía haber pasado mucho tiempo. Todo era una repetición de lo que recordaba. La sirena del barco avisaba a los pasajeros de que llegaban a la isla. Pronto sería hora de desembarcar. Ramón miraba las rocas y los árboles con el corazón dolorido. Le dolía de pena y de ganas de volver. ¿La pena? No sabía si tenía que atribuirla al desconcierto. Las emociones se mezclan sin orden, cuando es la hora del retorno.

XIV

El mundo estaba como lo había dejado. La única diferencia es que lo encontró más oscuro. La oscuridad tiene relación con la exactitud: cuando los sitios y las personas se concretan, adquieren cuerpo y sombra. Las imágenes que el recuerdo diluía y desvirtuaba se volvían a componer ante sus ojos. En la reconstrucción de los diferentes lugares, intervenían la experiencia pasada y los cambios del presente. Los días vividos se acumulaban en el interior de Ramón y formaban una materia curiosa, un bálsamo que se posaba sobre las cosas y modificaba su apariencia. Le sucedió sobre todo con las distancias. Hubo de resituarse en el espacio de la isla, donde todo se le antojaba más pequeño. La propia finca, que antes le parecía campos sin límites, se convertía en un fragmento de tierra perfectamente acotado. Esta percepción lo tranquilizaba, lejos de preocuparle. Mientras recorría el mundo, esperaba que fuese infinito. Ahora, que volvía a estar en casa, lo único importante eran los linderos conocidos. Los terrenos mil veces pisados, el conocimiento de cada rincón. Le ocurrió lo mismo con los ritmos del tiempo. En Mallorca, no reinaba la prisa. Los hechos se sucedían sin agitaciones porque nada se precipitaba. Aun así, no eran los ritmos de la India. No existía un acoplamiento entre los que había aprendido a hacer suyos y estos otros que le volvían a salir al encuentro. Tenía que esforzarse para facilitar la adaptación al cambio. Era una cuestión de pasos, de compases, de cadencias. Le gustaba intentar recuperar los viejos hábitos.

Lo recibieron con una mezcla de alegría y de curiosidad. La mayoría de las personas que vivían en La Casa de Albarca habían traspasado pocas veces sus límites. Para ellos era la medida del mundo. Por lo tanto, no era posible imaginarse qué podía haber al otro lado del mar. A muchos les resultaba del todo indiferente. No les importaba saber lo que existía más allá de los márgenes de una isla que convertían en el centro del universo. Otros miraban a Ramón con una cierta curiosidad. Habrían querido saber cómo era posible sobrevivir lejos de Mallorca. Vivir años enteros sin morirse de añoranza. Algunos lo envidiaban. Eran jóvenes, inquietos, y habrían querido ser lo bastante valientes para partir. Le observaban el rostro, transformado como un trozo de mármol que acaba de ser cincelado por un buen escultor, mientras pensaban que había vuelto hecho un hombre. Recordaban la expresión de antes, aquellos rasgos sólo perfilados en los que cualquier emoción se dibujaba. Lo comparaban con la cara del presente, absorta en cada uno de los descubrimientos. Una cara de difícil lectura, ya que guardaba las emociones como si fuesen tesoros que se negaba a compartir. Compartía, sin embargo, las conversaciones. Les explicaba historias traídas de lejos, que tenían un regusto increíble.

El señor lo recibió con amabilidad. Mantuvo cierta distancia, que consideraba adecuada, entre sus dos mundos, pero le dijo que se alegraba de aquel retorno. Hizo referencia a la carta, mientras le agradecía los comentarios y las descripciones que, según su opinión, eran una prueba de confianza respetuosa. Le dijo que esperaba que se encontrase bien entre los suyos y que, muy pronto, se volviera a incorporar a las tareas de siempre. El jardín –dijo con una sonrisa– quizá aún se acuerda de tus manos. Ramón lo observó en silencio, mientras lo escuchaba. Analizaba los sentimientos que Mateo le despertaba. Comprendió que no quedaban restos de las emociones pasadas. No experimentó ni una pizca de la rivalidad que le inspiró años atrás. Incluso el recuerdo de la antigua sensación, que sabía real, le parecía mentira. Pero tampoco quedaba ni una sombra de aquella complicidad que experimentó hacia él, después de la muerte de Sofía. Todo formaba parte de otra historia. Lo saludó con la cortesía del jardinero que manifiesta al señor que quiere recuperar un puesto de trabajo. Le expresó una amabilidad que no tenía nada que ver ni con la comedia ni con el servilismo. Ramón era sincero: se alegraba de estar en La Casa de Albarca y se lo hacía saber a su señor. El resto era materia muerta. Hablaron un rato, junto a la sombra recuperada del almez. Él no se cansaba de mirar sus hojas, de observar el grueso y el alcance de las ramas, la solidez del tronco. Por un momento, pensó en todos los árboles que había visto. Se acordó de árboles pequeños y de árboles disformes, de ramas perennemente desnudas, de otras que eran jardines en el aire. Los recuerdos eran gratos, pero la presencia del almez se imponía. Pensó que ver todos aquellos árboles le había servido para querer mejor al viejo conocido.

El gran descubrimiento fueron las estaciones. Era magnífico recuperar las primaveras y los otoños. Significaban la oportunidad de reencontrar las lluvias suaves, las capas de hojas que cubren el suelo, los ocres que preceden al invierno. Le encantaba volver, en los meses que lo renuevan todo, a la sensación de que los días se alargan, que se le gana tiempo al sol. Eran percepciones que volvía a sentir, después de muchos días de vivir dividido entre las sequías y las lluvias salvajes. Todas las primaveras, esperaba la brisa de las mañanas. Todos los otoños, se entretenía en medir cómo la luz se hacía un paso más corta. Entretanto, hubo de reconciliarse con el jardín. Durante aquellos años, manos inexpertas lo habían dejado crecer sin control. Aquella libertad de movimientos lo dotaba de un encanto difícil de precisar, pero concordaba poco con la voluntad del señor, decidido a imponer cierto orden. Ramón intentó equilibrar los dos extremos: el aire de libertad que transmitían las plantas que han crecido algo más de la cuenta, la hiedra que ha invadido toda una pared, los pinos, los rosales que necesitaban una poda urgente, las plantas que se habían salido de sus márgenes, los árboles que crecieron sin gracia.

Hubo de pasar un poco de tiempo para que se adaptara al retorno, pero no mucho. Como las semanas transcurrían de prisa, pronto volvió a sentirse cómodo. Sin habérselo propuesto, tenía la confianza de los que trabajaban a su lado. Nadie discutía sus decisiones ni le planteaba dificultades. Tenía una relación cordial con los demás. Reinaba el espíritu tranquilo de las buenas conversaciones, el tiempo para un chiste o una broma, pero perduraba siempre un punto de recelo. No lo había decidido así, pero era una forma de mantener la reserva sobre su propia vida, lo que constituía una necesidad. Podía ser cordial, pero nunca sería del todo transparente ante los ojos de los demás. Había dosis elevadas de reserva y de silencios. Eran los silencios que había aprendido a calcular cuando estaba en la India. Ahora no quería renunciar a ellos. Nadie lo consideró nunca un hombre estirado ni de trato difícil. Respetaban sus rarezas con un gesto que se parecía a una sonrisa.

En Mallorca, el tiempo era cíclico. En la India, lo había sentido lineal. La diferencia se basaba en la forma de vivirlo. Durante su etapa de caminante, recorría la tierra. Avanzaba siempre hacia lugares diferentes, se detenía en un sitio, pasaba por otro, descubría nuevas rutas. Se imaginaba que había trazado una línea que describía curiosos meandros y que él se entretenía en recorrer. Por eso el tiempo adquiría una dimensión distinta. Progresaba con lentitud, mientras las experiencias vividas iban quedando atrás. No era posible recuperarlas, porque siempre había algo nuevo por descubrir. La única opción era seguir adelante, inmerso en el hallazgo siguiente, con el ánimo a punto para dejarse sorprender. En la isla, por el contrario, el tiempo era un ciclo inmenso. Los hechos y las cosas nunca se perdían del todo sino que siempre volvían. Tenían un curso similar al de las estaciones.

Esta idea circular del tiempo favorecía una visión diferente de la vida. Si sabemos que las hojas volverán a llenar las ramas de los árboles, no nos dejamos llevar por la desconfianza al verlas desaparecer. No miramos a aquellas últimas, antes de caer, con la expresión hambrienta de lo que se pierde y se vuelve irrecuperable. Empleamos un punto de esperanza, que se vuelve alegría al constatar la pervivencia de la naturaleza. Van a venir más ramas floridas, en una nueva primavera que ahora sólo podemos intuir, pero que sabemos cierta. Vendrán también otras lluvias tranquilas, que se desharán en gotas humildes por las fachadas. De la misma forma, volverán a dilatarse las tardes y el aire se tornará cálido. Todo renacerá, en un afán de vivir que corresponde a un mundo que siempre vuelve.

Pasaron las estaciones y Ramón se adaptó a sus nuevos menesteres. Vivía en una casa pequeña que había habilitado justo a la entrada de la finca. Una casa con la fachada de piedra, canalones que recogían la lluvia, un pozo y amplias ventanas. Tenía un patio con dos bancos de piedra y una cisterna. Había una sala en donde guardaba las herramientas del jardín, y en donde se sentaba a leer, cuando tenía un rato. Le gustaba vivir solo y su existencia adquirió momentos plácidos. Se levantaba temprano y se iba a dormir tarde, después de haber dedicado un rato a la lectura. Las charlas con la gente de La Casa de Albarca se combinaban con largos silencios. Vivía tranquilo, sin perseguir quimeras ni rarezas, mientras las estaciones volvían al círculo.

Durante aquel tiempo, pocas veces se cruzó con Elisa. Ella, que vivía en la casa grande, a quien se le iba transformando el cuerpo y la mirada, que ya no era la niña que había visto de reojo, al volver, sin dedicarle apenas atención. Había visto a tantos niños, en la India, que aquella dama en miniatura no lo impresionó ni lo enterneció. Le parecían mucho más interesantes el jardín, la gente que lo habitaba, el cielo limpio de nubes. Sabía de su existencia, pero aquella vida concreta, con nombres y apellidos de categoría, a pesar de la pequeñez de su persona, lo dejaban indiferente. Ella, amparada por su padre y por sus tías, tampoco se fijó mucho en el jardinero que se incorporaba a su paisaje.

Pasaron los años y la niña creció. Le crecieron las piernas y los brazos. Se alzaba de puntillas para parecer más alta. Echaba los hombros hacia atrás para caminar con gracia. Tenía el rostro de facciones marcadas, los labios inusualmente carnosos. Se movía con una agilidad que sorprendía a su padre, poco dado a las contorsiones del cuerpo, y que dejaba embelesadas a sus tías, cuando los visitaban. Sin pensarlo nadie, ya que estas cosas ni se quieren ni se prevén, había heredado los rasgos de su madre. Al menos, cierto aire de mujer entre bella y ausente. La belleza casera de Sofía, sin embargo, fue sustituida por un punto más elevado de singularidad. Tenía la actitud decidida de quien no acepta ni las órdenes ni los consejos de los demás. Sonreía de soslayo, con la boca cerrada, conocedora de muchos secretos que no quería contar. De vez en cuando, rompía a reír y era como si hubiese masticado menta, porque el aire se llenaba de buen olor.

Las tres tías combinaron las visitas desde el pueblo para acompañarla durante la infancia, la adolescencia, y la juventud. Amaban a aquella criatura, que les permitía ejercer de madres por turnos, y no estaban dispuestas a renunciar al privilegio. Con los años, las relaciones con Mateo llegaron a ser cordiales. En el fondo, el médico agradecía la compañía de aquellas figuras maternales alrededor de su hija. Le gustaba que llegasen en el viejo carruaje, levantando nubes de polvo, mientras Elisa aplaudía bajo el arco de la entrada o les enviaba saludos con un pañuelo al viento. Se podría haber convertido en una criatura insoportable, demasiado protegida por las tres mujeres que tenían todo el tiempo del mundo, y por un padre que disponía de muy poco, pero que se lo dedicaba entero. Sus deseos, cualquier detalle tan sólo expresado, se cumplían con rapidez. Ella probaba las primeras frutas del jardín, se compraba sombreros de seda, mostraba afición por la música.

Todo el mundo decía que era un ángel, pero un ángel demasiado inquieto. Desde niña, no paraba un segundo en el mismo sitio. Le gustaba correr por el patio, encaramarse a los árboles, nadar en la alberca. Nada la amedrentaba ni la asustaba, sino que sentía una curiosidad infinita por las cosas. Tenía que perseguir a cuanto se moviese, aunque fuera la sombra de una sombra. Crecía y era una figurita que se movía por las salas de La Casa de Albarca. Cada vez, los gestos convertidos más en un calco de los de su madre. Los movimientos robados de la otra. La forma del rostro, como una suma de características singulares que daban como resultado aquel curioso parecido. No obstante, era decidida y un punto audaz, rasgos que no había compartido Sofía. Cuando se reía, parecía que iban a juntarse cielo y tierra. Entonces los contagiaba a todos y el aire se llenaba de risas glotonas. Risas que expresaban las ganas de vivir. Se apuntaba primero su padre, con cierta timidez, avergonzado de dar rienda suelta a una alegría que le parecía demasiado pueril. Se sumaban en seguida las tres tías, expulsando cada uno viejos fantasmas que les habían costado más lágrimas que sonrisas. Se abandonaban a ello con una alegría que no se esforzaban en contener, que ella les había transmitido y que se volvía contagiosa. Se reían a placer. Luego se miraban con unos ojos más limpios, liberados de aquellos velos que va depositando la vida que se vive tristemente. Elisa era la causa de su gozo. Primero, la amaron porque era una prolongación de la madre muerta. Después, se convirtió en el centro de atención de sus existencias. Era una muchacha que derrochaba ilusión por la vida.

Siendo una adolescente, descubrió cómo podía salir de casa sin que nadie se diera cuenta. Le gustaba la sensación de libertad que le permitía abrir los portones de atrás y otear afuera. Todas las noches, su padre cerraba con llave la puerta principal. Daba dos vueltas a una llave enorme y los cerrojos crujían. Era una especie de ceremonia que le gustaba ejecutar, cuando la casa se cerraba al mundo. Durante unas horas, nada iba a alterar la calma de las habitaciones en las que la gente reposaba. Nadie debía interrumpir ni el descanso ni el sueño. A primera hora de la mañana, las criadas volverían a abrir de par en par las ventanas. La luz entraría a chorro hasta el último rincón. Hasta entonces, era el tiempo de la calma, de las horas quietas que nos acompañan en la vela o en el sueño. Las horas de los pensamientos adormecidos, aquellos que sólo nos permitimos medio a oscuras, de los deseos que se ocultan, del reposo.

No todo el mundo quería descansar, al anochecer. Las consignas del señor no eran ley para todos los que habitaban bajo aquel techo. Elisa, la niña de sus ojos, no soportaba la sensación de tener que recluirse en la casona. Dormirse significaba caer rendida, después de un día entero de fiestas y juegos. Nunca le gustó la quietud, aquel dejarse llevar mientras el cansancio se apodera de todos los miembros y los párpados empiezan a cerrarse. Por eso retrasaba el momento de irse a la cama. De pequeña, lo conseguía lloriqueando hasta que la dejaban en paz. De adolescente, descubrió que la portezuela que daba a la parte de atrás tenía una llave que nadie utilizaba. La guardó en un cajón de la cómoda de su habitación, dispuesta a utilizarla en cuanto fuese conveniente.

Al principio, sólo salía de vez en cuando. Daba una vuelta por los rincones mal iluminados del jardín y volvía a casa. Lo importante era la sensación de autonomía, la posibilidad de poder marcharse. Entonces, la propia salida quedaba en un segundo plano, a veces en una simple excusa o en una anécdota. Poco a poco, se fue aficionando a salir. Procuraba no hacer ruido, intentando no interrumpir el sueño de su padre. Las tres tías, que pronto descubrieron aquellas salidas, nunca dijeron nada. No lo mencionaban ni siquiera entre ellas, como si hubiesen establecido un complot protector. Cada una estaba convencida de que era la única que sabía el secreto. Tía Antonia movía un poco la cabeza, en señal de advertencia, cuando se encontraba con su sobrina en los pasillos. Tía Magdalena hacía como si nada, levantaba los ojos y miraba al techo. Tía Ricarda dibujaba una sonrisa cómplice que Elisa comprendía sin palabras. Le gustaba salir a pasearse bajo las estrellas. Si refrescaba, se envolvía con una capa de lana. Si era una noche de verano, cogía la bicicleta, atravesaba las verjas, y recorría los caminos.

Al cumplir los doce años, la internaron en un colegio de monjas de Palma. Llevaba una falda de cuadros blancos y verdes, unas medias de lana hasta las rodillas, una blusa blanca, y una chaqueta gris. Nunca le gustó aquella vestimenta. Los fines de semana, cuando volvía a su casa, se vestía con ropas ligeras, que tenían el tacto suave y le recorrían el cuerpo como una caricia. Se las cosían sus tías, siempre dispuestas a complacerla. A veces, se ponía un vestido que fue de su madre: tenía el corpiño estrecho y la falda levantaba el vuelo. Era color berenjena. En aquella época, suspiraba por los días de fiesta. Las semanas en el internado se le volvían lentas y pesadas, muy parecidas a un castigo. En el edificio de al lado, pared con pared con la escuela, había un internado para chicos. En la hora del patio, ellos les lanzaban palomas de papel en las que escribían algunas frases ingenuas. Ellas las capturaban de un salto. Con suerte, encontraban los versos de cualquier poema. Como los escribían de memoria, a menudo eran versos incompletos o rimas cojas. Uno de ellos tenía el pelo color calabaza: anaranjado y dulce. La cara llenísima de pecas. Se enamoró de Elisa y le enviaba muchos rollos de papel convertidos en palomas. Crecieron juntos, cada uno en la parte de la reja que los separaba. De vez en cuando, con suerte, él se encaramaba a la pared y tenían largas charlas. Se reían de todo y de nada, porque eran críos. Aun así, Elisa se moría por volver a casa. Añoraba las cosas que amaba y que conocía. Habría querido llevarse la bicicleta azul, los vestidos de su madre, la yegua del establo, y los árboles.

Cuando Elisa tenía quince años, el chico del pelo calabaza empezó a visitarla. Los fines de semana llegaba a su calle en una moto pequeña que hacía mucho ruido. Se vestía con una chaqueta gruesa para protegerse del frío. A veces, ella lo adivinaba detrás del autobús en el que volvía a casa. El afán la impulsaba a ponerse en pie y a andar hasta la parte posterior del vehículo. Allá, lo miraba a través del cristal. Veía su silueta recortada en la moto y lo saludaba con la mano, para que estuviese contento. No le inspiraba sentimientos muy profundos, pero era el compañero perfecto para iniciar el descubrimiento del mundo. Aquella peculiar manera que tenía Elisa de lanzarse de cabeza a la vida, sin pedir permiso ni consejo. Su padre se preguntaba de dónde salía tanta inquietud, tan poca paciencia, una curiosidad que nunca tenía fin. Las tres tías, al verla, fruncían el ceño, pero nunca le llevaban la contraria. Todas sabían de sus encuentros con el muchacho, tras la calle del estanque, en un solar abandonado donde centelleaba la luz de una farola.

Eran inexpertos y poco hábiles. Se besaban con la furia de los que no saben recrearse en la astucia de un beso. Se mordían los labios y se dejaban moratones en el cuello. Aún no habían aprendido que las señales del amor pueden ocultarse. De momento, se dedicaban a palparse los cuerpos con una sensación de prisa, como si les faltase tiempo, mientras les parecía que nunca tendrían suficiente. Podía ser duro y largo, el beso, perderse entre los dientes, mientras la lengua seguía caminos de saliva. Las manos de su amante primerizo dejaban a Elisa siempre insatisfecha. Despertado el deseo, no sabía saciarlo. No poseía el don del tacto, la capacidad de encontrarle los rincones secretos del cuerpo, allá donde empezaba a despertarse el placer, y que ella tan sólo intuía. Elisa habría querido que tuviera destreza, pedirle que se esforzase un poco más, que encontrara caminos nuevos con ella. Pero el amante era tímido e inseguro. Se imaginaba que sus dedos nada sabios la hacían estremecer, al recorrer su cuerpo. Elisa vibraba, antes de verlo. Sentía un aguijonazo en el vientre, en la entrepierna, en el sexo, pero nada más. Su presencia insegura, su torpeza en cada movimiento, la falta de paciencia apagaban el deseo y le dejaban un resto de decepción.

No se atrevía a hablarle de ello. En cada encuentro, multiplicaba los esfuerzos para que el chico siguiera sus pautas. Era inútil. El joven del pelo color calabaza no era un buen amante. Se echaba sobre Elisa, manoteaba sus pechos, dejaba su vientre dolorido e insatisfecho. Una noche, que no era muy diferente de las otras noches que compartieron, la penetró con urgencia. A ella le dolió, y no disimuló aquel dolor. Notaba los movimientos como latigazos. Se deshizo del abrazo, se bajó la falda, y emprendió el camino hacia su casa. Oía los gritos que la llamaban. No entendería por qué se marchaba. Querría una explicación que la rabia y el desencanto le impedían dar. Sintió el sexo y los muslos llenos de lo que él había derramado. Húmeda, volvió a su habitación. Intuyó la presencia de la tías, que la espiaban. Nunca les diría hasta qué punto era desafortunada. Nueve meses después tuvo una criatura: era hija suya y del chaval del cabello color calabaza. No quiso volver a verlo jamás. Le puso Carlota.

XV

Las tres tías se apoderaron de aquella criatura y se dedicaron a ella en cuerpo y alma. No hubo reproches, porque Elisa era una chica que tenía los ojos profundos y ganas de vivir. Nadie se atrevía a echarle en cara aquel nacimiento. El bebé había sido un error de la naturaleza, una aparente equivocación del destino que en seguida reconvirtieron en un don del cielo. Incluso su padre, que primero pensó en enviarla lejos de casa, se reconcilió pronto con su hija, mientras observaba a su nieta con una mirada feliz. No volvió al colegio, lo que la llenó de satisfacción, y recibió en casa clases de música y dibujo. La nueva situación no la trastornó en exceso. De la criatura, nacida de un momento que no quería volver a recordar, sólo recibía satisfacciones: era una niña regordeta que tenía su misma mirada. Nunca se planteó que pudiera constituir un obstáculo para su futuro. La vida eran las paredes de la casa, el jardín, las charlas bajo los porches y los días que se sucedían sin interrupciones. Le encantaba aquella existencia, anclada en la belleza del espacio y en la perfección de las cosas. Desde las terrazas, se acercaba al cielo. Tenía la sensación de poder tender la mano y capturar recortes de nubes. Se sentía poderosa y feliz. La maternidad, que pasó por su vida como un episodio grato, transformó su cuerpo adolescente. Ganó en firmeza y en rotundidad. Aún tenía la cintura de avispa, pero sus pechos y caderas habían crecido en redondez. La mirada se volvió más segura. Tenía el rostro de una adolescente y el cuerpo de una mujer, que miraba el mundo con la serenidad de los que no han sufrido grandes penas. Vivía tranquila, quizá con un punto de curiosidad por el porvenir. A veces, se preguntaba si el amor eran cuatro revolcones por el suelo. Habría querido imaginarse unas manos que iniciasen un recorrido delicado por su cuerpo. Aquel cuerpo que volvía a sentir la llamada de la vida, pero que se esforzaba por acallarla. Carlota descansaba en sábanas de hilo, mientras ella dormía poco.

Pasaron las estaciones y la vida seguía una música de ritmos cómodos. En la casa, nadie se atrevía a inquietar sus días. No veía a mucha gente, porque no lo necesitaba. Cuando llegaba el calor, sacaba una sombrilla y miraba desde la baranda. Observaba el agua del estanque, los nenúfares, los árboles. Si algún pensamiento desagradable acudía a su mente, lo rechazaba sin esfuerzo. No era difícil alejar lo gris, cuando los colores estallaban a su lado. El verano siempre había sido la época del año que más le gustaba. Se producía una curiosa combinación de sentimientos. Por un lado, la pesadez de las horas, cuando el sol caía en el jardín y tenían que cerrar las persianas para que no invadiese las habitaciones. Entonces todo se volvía aún más lento. Por otro, aquella sensación de fuerza, un vertido de energía en el cuerpo. Si hubiera sido capaz de explicarlo, habría dicho que el verano le daba coraje. Le daba pereza cualquier movimiento, en las horas cálidas que todo lo entorpecen. A la vez, la intensidad de la luz, que desnudaba al mundo sin clemencia, le aumentaba las ganas de vivir.

Sucedió a principios de verano. En el jardín, los grillos formaban una orquestina cuando empezaba a girar la noche. Por las mañanas se despertaba con la luz entrando a chorro por la ventana. No había cortinas que pudieran filtrar tal intensidad. Todo el mundo sudaba. Gotas de sudor caían por la frente de su padre, cuando inclinaba la cabeza para atender a una explicación de un paciente. Una llovizna se instalaba en las sienes de las tías, que nunca se acostumbraban a aquellas temperaturas. Un fina capa de agua le recorría el cuello, por más que se trenzase el pelo. Se preguntaba cómo es posible combinar la lentitud con el afán. Sólo el verano facilita esa unión de contrastes. La quietud y la prisa ocupaban un lugar en el pensamiento, acompañándolo. A veces, habría querido permanecer inmóvil en la cama, quieto el cuerpo por donde el calor abría caminos. En otras ocasiones sentía el deseo de moverse.

El día 15 de agosto, la fiesta de la Virgen, hizo un calor húmedo que se abrazaba a la piel. La casa se despertó con cierta inquietud: había prisas innecesarias por los pasillos, carreras por la escalera de la entrada principal, risas en la cocina. Nadie sabía la causa de aquel desbarajuste. Probablemente ni siquiera se dieron cuenta de que sucediese nada especial. Para todo el mundo era un día como cualquier otro. Incluso Elisa tardó en ponerse en guardia. Aunque notó a las tres tías algo nerviosas: entraban en una habitación y salían de ella media docena de veces, repetían la misma pregunta que acababan de formular, combinaban períodos de una gran locuacidad con ratos de silencio. Aunque Carlota parecía especialmente nerviosa y reclamaba con insistencia sus juguetes, Elisa no descubrió lo que estaba a punto de suceder. Su vida siempre había sido controlada, mesurada. Había una única excepción, aquella noche absurda que le dejó el obsequio de una hija, pero nada más. El resto era tranquilo.

Al mediodía llovió. Fue una lluvia de agosto, que obligó a retirar las sillas de las terrazas. No duró mucho, pero cayó con la intensidad de los pensamientos que se van repitiendo como una obsesión. Formó charcos en el suelo, pequeños círculos de agua verdosa que Carlota descubría. Debería haber servido para limpiar el ambiente, pero sólo fue una fantasía. El aire continuaba pesado. Había algunas nubes en el cielo que no calmaban el calor. La humedad se adhería a los tejidos de la ropa y penetraba en el cuerpo. Parecía que el día iba a hacerse eterno: eternas la horas y eternos los minutos. Nadie tenía la sensación de estar esperando algo. Esperar significa estar atento, vivir alerta. Significa permanecer con la mirada a punto, a la expectativa de lo que va a venir. Elisa nunca había vivido de esta forma. Sin embargo, aquel día se sorprendía a sí misma, demasiado inquieta para poner atención en lo que sucedía a su alrededor. En una increíble combinación de distracción y agudeza, notaba los sentidos despiertos. Captaba los olores que la llovizna había reavivado y que entraban por la ventana. Intuía los sabores de la comida que se estaba cocinando y que esparcía un olor a hierbas aromáticas. Habría querido recorrer su propio cuerpo con la punta de los dedos sólo para capturar sus formas. La excitación del ambiente se había trasladado a las manos de Elisa, a sus ojos, a la mirada que buscaba sitios por donde volar. Fue entonces, al apoyar su cuerpo en la barandilla de la terraza. Con las mangas arremangadas y el cuello abierto, miró al jardín.

Por el sendero, entre dos hileras de eucaliptos, avanzaba alguien. Tenía la actitud distraída de quien no se imagina observado. Era un hombre alto, más bien delgado, que andaba moviendo el cuerpo al ritmo de los pies. Le resultó una figura vagamente familiar y se entretuvo contemplándolo. Había fijado su mirada en él por azar, pero se resistió a retirarla, llena de curiosidad. Él no caminaba muy de prisa, distraído en los árboles que lo rodeaban. Ahora arrancaba una hoja, después recortaba con los dedos unas ramitas secas, luego pasaba la mano por un tronco. Trazaba un recorrido lento, como si buscara la rugosidad de la madera. Le llamaron la atención sus movimientos: aquella calma de hombre que busca en las profundidades del jardín, que pierde el sentido del tiempo, concentrado en el afán por contemplar las plantas, por calcular su inclinación y empuje. A medida que se acercaba, vio a un hombre fuerte, que tenía las facciones bien dibujadas, el semblante firme. Le gustó la forma en que se movía. Cada movimiento era una mezcla de naturalidad y de determinación. Había gestos improvisados y gestos que parecían fruto de una experiencia de siglos. ¿Quién le ha enseñado a moverse de esta forma?, se preguntó. Destacaba en él una dosis de misterio que le encantaba. Habría querido preguntarle de dónde salía, por qué extraños laberintos había llegado al jardín.

Ramón levantó la cabeza desde lejos y vio a una mujer que escudriñaba desde la terraza. Era Elisa, la hija del señor. Lo adivinó en seguida, aunque llevaban tiempo sin verse. Quizá no era tanto. Tal vez era una cuestión más simple: nunca habían querido favorecer un encuentro. Mientras ella fue una niña, la apartó de su camino, porque le traía pensamientos absurdos. Después, simplemente, se olvidó de ella. De la misma forma que ella se alejó de un hombre que no le resultaba nada interesante, porque tenía una actitud áspera. En aquel momento cambió todo. No fue una transformación lenta, resultado de un encuentro que hace que modifiquemos los criterios iniciales respecto a alguien. Tampoco fue la consecuencia de una conversación que nos desvela aspectos insospechados de otra persona. La situación fue mucho más elemental. Una mujer levanta la mirada y descubre a un hombre que avanza desde lejos hacia donde ella está. El hombre tarda unos minutos en reaccionar. Ella se pregunta quién será. Pasa un rato hasta que lo relaciona con el jardinero de la casa. Le parece un personaje muy atractivo y se pregunta cómo le ha podido pasar por alto durante tanto tiempo. Mira al cielo y busca la lluvia. El aguacero habrá limpiado el aire para que lo pudiera descubrir. Sin abandonar su posición inicial, quieta en el mirador que le ofrece la baranda, no se decide a hacer nada. Continúa observando sus pasos por el jardín, mientras lo espera.

Ramón ha vivido un proceso casi parecido. Al principio, el perfil de la mujer que acaba de descubrir le ha resultado algo familiar. No se trata de una familiaridad que tenga las raíces en un encuentro más o menos frecuente. Haber visto a alguien no es motivo suficiente para que te resulte conocido, próximo. Está trastornado, porque le hace recuperar viejas imágenes. Elisa tiene aires de Sofía. Ya ha pasado tiempo suficiente como para que la historia de su juventud siga guardada en el fondo de un cajón. No lo altera ni recordarla. A pesar de todo, el parecido resulta sorprendente. Este hecho capta su atención y lo impulsa a acercarse con cierta curiosidad. A medida que se le aproxima, los parecidos se diluyen. Se encuentra con una versión de Sofía mejorada por los años: una mujer con el pelo recogido en la nuca lo observa con atención. Tiene unos ojos que le recuerdan a otros ojos. Es joven como la otra, pero se adivina un punto de altivez que le resulta desconocido. Está también la rebeldía. Un gesto de decisión que habla de un carácter fuerte. Los labios son el rasgo que llama más la atención de su rostro. Le recuerdan a las fresas, antes de recogerlas, cuando mezclan su olor con el de la tierra. Lo descubre con sorpresa: no se trata de una mujer muerta que vuelve para reavivar fuegos que se apagaron tiempo atrás. Ya no quedan ni las brasas, de aquellas hogueras. Sólo un recuerdo amable, la pesadumbre por el deseo dulce e intenso que no ha vuelto a experimentar de la misma forma. La mujer hacia la que avanza no admite moldes ni modelos.

Hay situaciones que se nos quedan grabadas para siempre. Momentos de la vida que se nos ofrecen para que tomemos partido. Ambos podrían haber dejado volar el instante, permitir que se escapara por el aire de aquella tarde de agosto. Entonces, todo habría sucedido de una manera distinta. Si no retenemos el presente, huye de prisa. Hay situaciones que podrían habernos pasado de largo, si no nos hubiésemos detenido en ellas. Hubo una coincidencia. Elisa quería detener el encuentro. Ramón pretendía instalarse en él. Pero no sólo era una cuestión de voluntades, estaba también el deseo que se despertaba. Ella había vivido apagándolo, ya que el recuerdo de los abrazos en el callejón le resultaba desagradable. Él lo vivía en momentos concretos de gozo, sin ninguna transcendencia.

No se habrían atrevido a formularlo con palabras. Eran incapaces de decir lo que deseaban, porque quizá ni ellos mismos eran del todo conscientes. Cuando habla el cuerpo, la mente no abandona sus discursos. A veces, los razonamientos apagan la intensidad del deseo, que es una cuestión de sentidos despiertos. Los sentidos en estado de alerta, a punto de cazar cualquier indicio en el otro. Dispuestos a romper los esquemas de la lógica y de la razón, se vuelcan en un punto indeterminado del cuerpo. Desde allá crecen, toman aire y fuerza, hasta que se convierten en los protagonistas de la función.

Ramón se paró bajo la baranda. Tuvo que reprimir el impulso de subir hasta donde se encontraba ella. Se esforzó por mantener una apariencia respetuosa, pero no demasiado distante. Elisa habría saltado aquel obstáculo de piedra que los separaba, pero se contuvo. Sonrieron. Primero, en silencio, ignorantes de los caminos que podían acercarlos. Si escuchaban la voz de la mente, debían esperar, guardar la compostura. Como mucho, un saludo. Si hacían caso a los sentidos, enarbolados por la lluvia, debían abrazarse fuerte, para que no hubiese la más mínima posibilidad de escapar, porque la vida, que había sido generosa, no tuviera el capricho de alejarlos. En cambio, hablaron. Sustituyeron los gestos por las palabras, que son otra manera de sentirse cerca. Aunque sea a ciegas, con la sensación de que nos vamos acercando a alguien a quien desconocemos, asustados, con todas las ganas de descubrir al otro y sus secretos. Él tomó la iniciativa desde el camino:

–¿No te preocupa que vuelva a llover? El cielo está nublado, y la gente ha ido a refugiarse en las casas.

–Me gusta la lluvia, sobre todo en agosto, cuando cae de prisa. Un chaparrón, y el cielo limpio. Y tú, ¿por qué estás en el jardín? ¿No has terminado tu trabajo por hoy?

–Mientras quede luz, hay trabajo. Yo no tengo horarios. Me gusta que los árboles y las plantas me sientan próximo.

–¿Crees que te pueden notar? No sé si tienes un elevado concepto de tu capacidad o si estás un poco loco.

–Quizá ambas cosas.

–Mi padre dice que eres un buen jardinero. Está convencido de que conoces cada rincón del jardín como si fuera la palma de tu mano. Será verdad, porque no es hombre de halagos fáciles.

–Lo sé. Por eso me gusta saber que tengo su confianza. ¿También tengo la tuya?

–¿Para qué la quieres? La confianza no se gana en un día. Nace de un camino largo y no muy sencillo. Además, tengo la sensación de que no nos conocemos en absoluto.

–Es cierto.

–Nunca habíamos cruzado más de dos palabras seguidas. Hoy, en cambio, nos hemos encontrado.

–Nos hemos encontrado después de la lluvia, que es un buen momento para encontrarse. ¿No crees?

–Dicen que la lluvia limpia el aire. Será que también deja nuestra mirada limpia.

–Yo tengo la sensación de mirar el mundo por primera vez –rió–. Mira, ha sido así de sencillo: abrir los ojos y verte.

–Me has visto desde que era una niña.

–No te veía. Me puedes creer, de verdad: hoy te he contemplado por primera vez.

–No sé si tendría que molestarme lo que dices o si me lo he de tomar como un cumplido –había un punto de coquetería en la voz de Elisa.

–Tendrías que enfadarte mucho –tono serio.

–¿Por qué? –tono de sorpresa.

–Es imperdonable que haya actuado como un ciego. Soy un hombre que tiene ojos, pero he vivido como si no los tuviera.

–Yo tampoco me había dado cuenta de tu presencia en esta casa. Sabía que estabas, pero no me había percatado. Qué curiosa coincidencia.

–¿Qué coincidencia?

–Los dos hemos abierto los ojos de repente.

–Quizá no sea una coincidencia absoluta.

–¿Qué quieres decir?

–Yo he abierto los ojos y he quedado maravillado. Verte me maravilla. Seguro que a ti no te pasa lo mismo.

–No te burles de mí –intentaba bromear con el semblante serio, entre la vergüenza y la risa.

–¿Por qué no saltas por la baranda?

–¿Qué dices? Definitivamente eres un loco.

–Salta y yo te recogeré en el aire. No hay mucha distancia. Si lo haces, te mostraré el jardín.

–¿El jardín? Conozco muy bien este lugar. Podría recorrerlo con los ojos cerrados. No me hacen falta guías.

–Yo te mostraría otro jardín que quizá desconoces. Salta, Elisa.

–Los deseos dichos en voz alta no se suelen cumplir. Se los lleva el viento.

–Hay deseos que tienen tanta fuerza que no hay viento capaz de borrarlos. ¿Lo sabías?

–Siempre he desconfiado de los impulsos repentinos. No son signo de gente prudente ni juiciosa.

–¿Me hablas de la prudencia y la mesura, hoy, justamente? Háblame de los espíritus osados e inquietos. Háblame de las ganas de vivir. Pero no te equivoques de palabras.

–Las palabras que me gusta oír no son siempre las más convenientes. Ahora, por ejemplo, me gusta escucharte.

Había nubes en el cielo que anunciaban el retorno de la lluvia. Elisa se quedó un momento en silencio. Durante un instante, se pueden pensar muchas cosas. El pensamiento tiene la capacidad de extenderse y de multiplicarse. Abre caminos inesperados que antes eran grutas ignoradas, espacios inciertos. Crece con la habilidad de un pulpo que alarga sus tentáculos en las profundidades marinas. Sus pensamientos volaban hacia el hombre que acababa de descubrir, recorrían su figura y su rostro. Descubría en él una expresión firme que le era desconocida. Los ojos, detenidos en su cuerpo, no la sorprendían ni la incomodaban. Querría haber fijado aquella mirada para siempre. Le gustaba sentirlo, de repente, tan cerca. No se hacía preguntas, porque no eran necesarias. ¿Por qué tenía que pararse a pensar que vivía un hecho inusual? Más adelante habría tiempo para los interrogantes, para las dudas. En aquel presente ganaba la intensidad del descubrimiento. Era muy joven y no había aprendido a controlar sus emociones. No sabía graduar su fuerza ni tomar distancia, sino que se sumergía de lleno en ellas como el que se adentra en las aguas de un estanque. Con el corazón acelerado y la sonrisa amplia, se dejaba llevar por la alegría. Aquella alegría que aparentemente no respondía a razones, pero que surgía espontánea. Después de la lluvia había encontrado a un hombre en el camino. Debería haberlo descubierto antes, pero era como si se encontrasen por primera vez. Hubo de esforzarse para no saltar, mientras se mantenía en pie, tenso el cuerpo, callada.

Ramón había perdido la calma. Aquella tranquilidad con la que veía pasar los días, cuando la vida no era nada complicada. Estaban los árboles del jardín, los libros que Miguel le mandaba y que él leía todas las noches, antes de dormirse, los conocidos del pueblo con quienes compartía las tardes de lluvia en el café, los silencios que amaba desde hacía tanto tiempo. Había creído que le bastaba. Una existencia que podría haber parecido monótona, pero que era plena. De golpe, se daba cuenta de que no era suficiente. A pesar de los años, las imágenes de la India no habían perdido nitidez. Conservaban los colores y las formas con una perfección que llegaba a sorprenderlo. Había habido un proceso de superposición de nuevas imágenes, que se mezclaban en un juego que no resultaba nada confuso. La visión de Elisa, sin embargo, lo borró todo en un instante. Se preguntó si había sido la luz del atardecer, que la iluminó para él. Tal vez la luz le jugó una mala pasada. Le permitió observar su silueta rescatada del entorno. No estaba la casa al fondo, ni había una baranda real. Todo se difuminaba para que la mujer adquiriese precisión. Las manos le quemaban. Notaba el cuerpo encendido de deseo. Era una cuestión de impulsos que crecían, que se mezclaban, que lo ganaban por entero. Habría querido continuar la conversación, pero incluso las palabras le fallaban. Se habían encontrado en un jardín. De las miradas que se cruzan, nació una historia llena de fuerza. Aunque en aquel momento lo ignoraban, sus vidas jamás dejarían de ser una sola vida.

XVI

Era recorrer poco a poco los contornos de sus labios. Con la punta de la lengua, primero tímida, después incisiva, recorrió aquellos labios que se entreabrían como los pétalos se ofrecen al sol. Eran carnosos, húmedos. Dibujados con unos pinceles que manejarían demiurgos, tenían la ductilidad de la belleza. Se entretenía como si fuera un juego, esforzándose por modular la prisa. Los humedeció con su propia saliva, deseoso de descubrir sus movimientos. Los mordió un poco, el punto justo para que se encendiesen de un rojo que era casi color de sangre. Los labios de Elisa eran el espacio que había buscado siempre, donde quería quedarse. Era curioso que hubiera tenido que ir tan lejos para comprender que su sitio eran unos labios, la comisura que los rompe en un gesto de sorpresa o de gozo, el rictus pequeño que los libera de la quietud.

Había encontrado un refugio donde esconderse del mal tiempo, donde probar el azúcar o el limón. Le habría resultado difícil explicar qué gusto tenían aquellos labios. A veces, cuando los recorría levemente, casi sin tocarlos, le parecían caramelos de anís. En otras ocasiones, sólo con que identificara el contacto, el sabor se transformaba en menta o en chocolate. Por un momento, notó la sal marina. En un instante, se convirtieron en briznas de hierba que olía a lluvia. ¿Y el tacto? Tampoco era sencillo describir el tacto. Aquella sensación de seda quebradiza, cuando se acercaba lleno de deseo. Aquella que era jugosa, cuando la pulpa temblaba entre sus dientes.

Entendió que besarse puede ser una caricia o un combate. Cuando los labios se encuentran con otros labios, se estremecen. Es el temblor del deseo. Nadie habla de ello, como si fuese un secreto. En cambio, hay quien se refiere al temblor del miedo, cuando algo nos llena de espanto. Hay quien habla del temblor de la inseguridad o de las indecisiones. Es como si temblar sólo implicara escalofrío, pero también significa estremecerse. La sensación de que el corazón se vuelve pequeño y de que, a la vez, se aceleran sus latidos. La lengua se enardece en el encuentro con la lengua que desea. De un contacto casi insignificante, pasa a la aproximación plena. Las dos se tocan, mezclan salivas, que son aguamiel, recorren interioridades, rincones profundos. Se pierden, glotonas.

Nunca había besado de aquella forma. El beso había sido un acto reflejo, el preludio de un encuentro íntimo. Ejercía la función de punto inicial, de comienzo del juego, pero tenía una importancia relativa. Ahora, en cambio, se convertía en el centro del mundo. Un mundo en el que sólo existían aquellos labios a los que habría reconocido sin verlos. Tan sólo por el tacto que lo vuelve todo preciso. Pensó que besar a Elisa era como viajar por los caminos de la India. La sensación resultaba similar. La atracción por lo que descubrimos, las ganas de seguir más allá, hasta que se nos quiebre el aliento y se nos quede el alma contenta. Le parecía volver a oír música de cítaras. Veía brazos al aire, surgidos de los pliegues de un sarí. Contemplaba callejones estrechos, laberínticos. Se detenía en un lago y, desde un minarete, obtenía una visión plácida del mundo.

Besarla era como mezclar la placidez y el afán. El recorrido tranquilo por la piel de unos labios que se abren y la prisa que nos provoca la aventura de explorarlos. Alas de mariposa, lluvia que queda retenida en las hojas de los árboles, dedos que trazan caminos en el aire. Todo eso junto y mucho más. ¿Cómo se puede explicar lo que nos resulta inexplicable? ¿Dónde están las palabras, que sabía poderosas? ¿Cuál es el adjetivo que sirve para definir con precisión la vida? Siempre había encontrado palabras que le resultaban útiles a la hora de definir sensaciones, estados de ánimo, el placer y el dolor. Las palabras, que aprendió a amar cuando se las oía a las mujeres y a los hombres, se diluían. Transformadas en un pálido reflejo de las emociones, tan sólo lo ayudaban a una aproximación remota. Lo acercaban de lejos al deseo, pero no lo explicaban.

Mientras tanto Elisa tenía miedo. La atemorizaba la posibilidad de que fuese un sueño. Los besos de Ramón no tenían nada que ver con los que recordaba: aquel encuentro de bocas que se buscan entre la torpeza y la precipitación. La saliva llenándole la cara como si fuesen las pisadas de un caracol que se paseaba por su rostro. La lengua inoportuna hurgando entre sus labios. De aquella suma de despropósitos, nació una hija que era un sol. Pensarlo la consolaba. Parecía imposible que dos besos pudieran ser tan diferentes. Por una parte, estaba el rechazo o, si quería ser benévola con el pasado, la indiferencia mezclada con una cierta curiosidad. Por otra, la atracción profunda, poderosa. Un sentimiento que lo borraba todo, haciendo desaparecer cualquier duda.

No recordaba cómo había saltado aquella baranda. Tal vez, él alargó sus brazos y la sostuvo. Quizá se lanzó sola, cautivada por sus ojos. Quién sabe si jamás habían existido la barandilla, ni la terraza, ni la lluvia. Todo excusas perfectas para su encuentro, después de tantos años con el decorado a punto. Lo único cierto eran los brazos de él ciñéndola, su aliento en el pelo, los labios muy cerca. Al principio, estaba quieta. Era incapaz de hacer un movimiento, porque tenía la voluntad adormecida. El deseo era como una ave que se revuelve en su jaula. Tenía que esforzarse para abrirle las puertas y ventanas e invitarlo a volar. Llevaba demasiado tiempo con el espíritu inmóvil, sin levantar ruido. Lentamente, empezó a recobrar la vida entre sus brazos. Su boca se transformó en una forma dúctil que se movía al compás de otros labios. Pensó que besarse era como recorrer un lugar desconocido. Había dosis de inquietud, ganas de perderse en un giro, una sensación de alegría difícil de explicar, pero que nacía en el fondo del corazón.

Era verdad: con él, el jardín se volvía diferente. Lo observaba desde el refugio de sus brazos y le parecía un espacio desconocido. Veía las ramas de los árboles pobladas de hojas y pájaros, los senderos que serpenteaban, las avenidas de jazmines esparciendo buen olor. Estaban los eucaliptos, los pinos de copa redonda, las hiedras recorriendo fachadas y paredes. Era una explosión de verdes que nunca antes había descubierto. Los rosales formaban una dispersión de pétalos en el suelo. Le habría gustado recogerlos y comérselos uno tras otro. No había nadie excepto ellos dos, guarecidos entre las columnas, abrazados. El mundo se había ido desvaneciendo poco a poco. Perdió sus formas y colores, hasta que sólo quedaron los labios que ansiaban beberse otros labios.

Transcurrió un rato. Ninguno de los dos habría sido capaz de contabilizar los minutos. El tiempo era su cómplice y se escurría entre sus manos, sin darles oportunidad de capturarlo. Cuando el tiempo se para, la vida se detiene. Para ellos la vida era un inicio y un encuentro. No existía la posibilidad de cronometrarla. Quizá les habría gustado saber el momento exacto en el que quedaron presos el uno del otro. La hora en que se miraron y todo se paró. Lo único que podían hacer era dejarse llevar por aquella hora mágica, aprovechar el amor que nace, cuando la existencia es una gran hoja en blanco, cuando está todo por escribir. Podían esforzarse en retener la hora del atardecer. Corría un poco de aire entre las columnas de piedra, refrescando el ambiente. Se abrazaban con el ansia de no dejarse escapar. Cuesta dominar los impulsos. No es sencillo que la razón dé la orden de tranquilizarnos. Nos aferramos con la desesperación de quien sabe cómo era antes la vida y no quiere volver a ella. Deberá crecer, lenta, la confianza, para que el empuje inicial se calme. Al principio, no obstante, gana el deseo. El deseo, que es la incertidumbre en el abrazo, nos domina el pensamiento. Nos roba la voluntad.

Elisa quiso hablar. Habría querido empezar una conversación que no terminara hasta al cabo de muchas horas. Tenía la necesidad de convertir en palabras, materia volátil, aquellos sentimientos, que eran materia del corazón. Una conversación que no tuviese un principio y un final, sino que fuese continuación de lo que vivían. Le habría gustado que hablar fuera tan sencillo como abrazarse. En la aproximación de los cuerpos, se producía un encaje perfecto. Los brazos de él le enlazaban la cintura; ella escondía la frente en su pecho. Con ambas manos le acariciaba los hombros. Podían sentir la respiración del otro, la suavidad de la piel, la firmeza de la carne. No había espacio para la sorpresa, aunque el encuentro pudiera resultar extraño. Hacía años que se conocían. Nunca se habían dedicado mucha atención. Era como si siempre hubiesen pasado de largo. Tenían la sensación de empezar a vivir en aquel punto. Respiraban al unísono. Elisa dijo:

–Querría contarte muchas cosas y, sin embargo, no digo nada.

–¿De qué me quieres hablar?

–No lo sé. De muchas sensaciones. Estar contigo se me hace raro y, a la vez, me parece lo más natural del mundo. No puedo evitar preguntarme qué he hecho hasta hoy, cuando tengo la certeza de haber vivido para esperarte.

–Yo tengo el mismo sentimiento. De todas formas, no es necesario preguntar. En la India aprendí que el silencio es suficiente. Es bueno saber escuchar lo que dicen los silencios.

–¿Y qué dicen?

–Nuestro silencio habla de plenitud. Yo no era un hombre feliz, hasta que te encontré. Tenía una vida vacía, aunque lo ignorase.

–Tuve una hija. ¿Lo sabes?

–Sí.

–Nació de una noche apresurada y triste. La olvidé hace tiempo.

–No quieras olvidarla, si te dio una hija. Me gustaría explicarte el vacío de todos estos años. Creía que tenía una vida tranquila y que estaba en paz. Ahora entiendo que me faltabas tú.

–Hace mucho que volviste de la India. Habrás conocido a otras mujeres.

–Han sido encuentros sin importancia, que se borraban en seguida de mi mente. No me acuerdo de los rostros ni de sus nombres. Ahora sólo existe tu nombre.

–Mi hija es el resultado de un error. Nunca me habría imaginado que los errores pudiesen dar cosas buenas.

–¿Por qué no? En la India aprendí que lo bello puede nacer de lo feo, que los sabores más distantes se encuentran en una sola comida, que la riqueza y la pobreza están muy próximas.

–Quiero que me abraces fuerte. Abrázame con tanta intensidad que nadie nos pueda separar, que nada se interponga entre nosotros, que ni las palabras encuentren un resquicio para alejarnos.

–Te abrazaré fuerte, Elisa.

Tía Magdalena caminaba de una forma realmente curiosa. Todos los que la conocían se habían acostumbrado a sus saltos minúsculos. En vez de pasos, daba saltitos: juntaba las piernas y las separaba con rapidez como si quisiera darse impulso en una carrera, después alzaba el cuerpo y avanzaba unos pocos centímetros. Lo hacía desde que era una niña, lo que significaba un entreno perfecto. A su edad, lo había incorporado a su vida con una normalidad absoluta. Sus hermanas no perdían el tiempo en corregirla, porque habría resultado un esfuerzo inútil. Aquel día, tía Magdalena había salido a pasear a Carlota por el jardín. Era la más inquieta de las tías. No le gustaba pasar demasiado rato en un mismo sitio, ya que, decía, se le adormecían los músculos y las ideas. Así pues, preparó el cochecito de la niña, que se acababa de despertar, y colocó en él a la criatura con encajes y almohadas. Paseó por uno de los senderos del jardín. Había nubes en el cielo y tía Antonia intentó convencerla para que no saliese. Le advirtió que, si la sorprendía otro chaparrón, no tendría tiempo de refugiarse antes de mojarse. Tía Ricarda estaba distraída escribiendo una carta al cura del pueblo en la que le consultaba ciertas angustias espirituales y no se dio cuenta de nada.

A tía Magdalena le gustaba recorrer el jardín. Todos los días procuraba pasear un rato. El recorrido le mejoraba la circulación de las piernas y le facilitaba el sueño. Siempre había tenido problemas de insomnio. Se dormía tarde, cuando todo el mundo en la casa había perdido de vista el mundo desde hacía rato. Por eso tenía mucho tiempo para pensar. Estaba convencida de que pensar demasiado era un castigo, una mala cosa que le impedía vivir feliz. Lo decidió una mañana, cuando comprendió que Antonia, su hermana, no pensaba mucho. La mujer vivía contenta, concentrada en las pequeñas tareas de cada día. No se hacía preguntas ni reclamaba grandes cosas a la vida. Ella, en cambio, quería averiguar las razones de una situación. Se empecinaba en saberlo todo, aunque hubiese hechos que nunca respondieran a una explicación lógica. La mayoría de los episodios que protagonizaba no seguían el hilo de la razón, circunstancia que la angustiaba.

Caminaba dando pasitos de pájaro mientras Carlota le ofrecía su sonrisa plácida. El sol no había iniciado el descenso hacia el ocaso, aunque no tenía la fuerza de otros días. Iluminaba el jardín con una luz que no hería los ojos ni deslumbraba, porque las nubes apagaban su intensidad. Por eso resultaba grato el camino. Se acercó al estanque de los nenúfares, donde cada flor le recordaba a una barca pequeña, y siguió adelante. Se entretuvo bajo la sombra de los pinos, observando las mejillas regordetas de la niña. Giró alrededor de las plantas trepadoras que esparcían buen olor e inició el camino hacia el refugio que ofrecían las columnas de las terrazas. Era un lugar que le gustaba porque le hacía pensar en la plaza del pueblo. No sabía por qué motivo se la recordaba. El grosor de las columnas, que habría conseguido abrazar con dificultad, le llevaba a pensar en árboles de piedra.

Llegó con la tranquilidad de los otros días. Convencida de que no encontraría a nadie, iba empujando el coche a la vez que daba saltitos. Desde una cierta distancia, le pareció intuir una sombra. Era el perfil de un cuerpo inmóvil. Pensó que debía volver atrás, pero le ganaba la curiosidad. Espació todavía más sus pasos y se dirigió hacia la sombra poco a poco. ¿Quién se escondía tras las columnas? De pronto, se dio cuenta de que eran dos cuerpos en un abrazo. Una pareja había buscado esconderse en aquel sitio. Sintió ternura por la coincidencia de gustos. Ella también se ocultaba ahí a menudo, aunque fuera en soledad. Adivinó la espalda y los hombros de él; entrevió el vuelo de la falda de ella. No se movían, entretenidos en el beso. Buscó la protección de otra columna, situada a una distancia prudencial, para observarlos. Le habría gustado pasar desapercibida, espiar el abrazo sin interferencias. Dio una ojeada a la criatura que, justo en aquel momento, bendición del cielo, acababa de dormirse. Luego avanzó un par de pasos y se situó en una posición perfecta para mirar. Hacían buena pareja: eran Elisa y el jardinero de la casa. A tía Magdalena se le escapó una sonrisa cómplice. Le habría gustado aplaudirlos. Era un atardecer de verano y se abrazaban. Sintió una envidia sana, feliz.

Entonces tía Magdalena recordó. Su pensamiento se elevó por el cielo. Antes de empezar a volar, planeó entre las columnas. Se entretuvo un instante en perseguir latidos de felicidad robada, hasta que decidió elevarse. Los años son hojas de papel que se escurren entre nuestras manos en cuanto pasamos las páginas vividas. Se detuvo en la época remota de sus amores. Tuvo tres. Ninguno le duró mucho. Hubo un espacio de su vida que vivió con cierta intensidad. Vinieron luego años enteros para recordar el tiempo efímero. Manuel fue el primer pretendiente. Recordaba su juventud y su timidez, que llevaba escritas en los ojos. Ambos eran niños que recorrían los mismos caminos por las calles del pueblo. Se miraban de reojo, siempre desde la distancia. Un día, se dio cuenta de que la seguía. Cuatro pasos tras ella hasta el portal de su casa. Lo descubrió porque la sombra de él cubría la suya. A partir de aquel momento, los pasos se fueron acortando, hasta que se acostumbraron a caminar el uno junto al otro. No hablaban mucho e iban de prisa para que los vecinos no murmuraran. Un atardecer en que el aire tenía sabor a limón, le besó los labios tras una esquina. Aprovechó el nacimiento de la noche. Fue un beso corto, que supo a poco y que le hizo cosquillas. Se cubrió los labios con las dos manos, porque no lo quería dejar escapar, y corrió hacia su casa. Entonces se miró en un espejo, porque le parecía que llevaba el amor escrito en la cara.

Antonio era un adolescente alegre que caminaba con aires de rey. Era hijo de una de las casas más ricas del pueblo. Desde muy joven tenía la actitud de un gallito que pretende entrar en todas las bregas. Llevaba la raya del pelo trazada casi con compás, reluciente, y unos pantalones recién planchados por la criada de turno. Cuando cruzaba la calle, pensaba que le pertenecía entera. Se conocían de siempre, pero un día decidió que Magdalena iba a ser su chica. Le gustaban sus ojos y su boca. Le robaba besos, cuando podía. Era un ladrón de besos que la pillaba siempre por sorpresa. Los labios de Antonio se posaban en los de Magdalena por un instante, ya que ella huía. Aunque le gustaban aquellos besos de miel, procuraba escapar de ellos. Le habían contado que los hombres se cansan, si la novia consiente demasiado. Ella quería hacerse un poco la estrecha, aunque fuese contra su voluntad. Siempre tenía la impresión de que no los saboreaba lo suficiente, como si los dejara pasar de largo. Luego pensaba en ello, por la noche, pero al día siguiente volvía a actuar de la misma forma. A tía Magdalena, las precauciones no le sirvieron de nada. Lo recordaba con un punto de rabia, pese a los años pasados. Antonio se cansó igualmente de ella y empezó a perseguir a otras chicas. Nunca olvidó aquellos besos tristes, apagados casi antes de nacer.

Con Aurelio fue otra historia. En este caso, el indeciso era él. No se atrevía ni a mirarla. Le daba miedo que la molestasen sus gestos, si eran demasiado atrevidos. Incluso se esforzaba en hablar bajito, para que las palabras no le hiriesen el oído. Empezaron a salir juntos casi por casualidad. Se conocieron en la estación de tren, cuando ella fue a recibir a unas amigas que llegaban de la ciudad. Él bajó del último vagón. Luego pensó que no había sido una casualidad: era un hombre que siempre llegaba tarde. Iniciaron una conversación tímida que les hizo compañía. Le contó que preparaba oposiciones para notario. Vivía encerrado en un gabinete que fue de su padre, en paz descanse, rodeado de libros de leyes. Había suspendido las pruebas hasta seis veces. Esperaba que la séptima fuese la buena, pero lo decía sin convicción, con un punto de derrota anticipada que le sabía mal. Tardó un año y siete meses en decidirse a besarla. Antes sólo le cogía sus manos que siempre llevaba húmedas de sudor y de dudas. La besó bajo un árbol de copa ancha que le recordaba a un campanario. Estaba situado a las afueras del pueblo, en el camino que llevaba a la estación en donde se conocieron. Fue un beso de lluvia tranquila que le llenó la boca de agua. Fue un beso lento, porque Aurelio todo lo hacía sin prisa ni pasión. Mientras él recorría sus labios, Magdalena tuvo la tentación de morderle la piel fría. Se retuvo a tiempo y al día siguiente le dijo que no quería continuar con aquella relación. Lo vio marcharse con los hombros inclinados, la cabeza baja, incapaz de hacerle reproches o de intentarla convencer.

Tras la columna, recordaba sus besos. Besos escasos, precarios. Le habría gustado poder guardar otros recuerdos, pero la vida no se transforma. Las cosas son como sucedieron, aunque el paso de los años pruebe a dulcificarlas. La visión de Elisa y el jardinero le tenía el corazón robado. La cautivaron el entusiasmo y la lejanía. Los intuía lejos del jardín, aislados de lo que los rodeaba. Sonreía. Suspiraba. Mientras tanto, los labios de Ramón recorrían poco a poco el contorno de los labios de Elisa. Eran unos labios que se entreabrían, húmedos y acogedores. Aquél era el espacio en el que había decidido quedarse para siempre: el rincón de mundo donde quería ser feliz.

XVII

Subía hasta la redondez de los hombros y ascendía al cuello, en donde podía intuir el latido del corazón, justo debajo de los lóbulos. Se detenía con pasión. Luego, un recorrido descendente en vertical hasta los pechos. Cada pezón, una cereza oscura, erecta. Tenían el color de la sangre fijada en un lienzo blanco. Le gustaba morderlos poco a poco, mientras los dedos de ella se perdían entre sus cabellos. Se enamoró del olor de Elisa. Era un conjunto de aromas que descubría en los rincones de su cuerpo: el aroma del pelo, que parecía la hierba en verano, la fragancia del nacimiento del escote, los efluvios que surgían de las palmas y del sexo. Eran olores distintos que acababan acoplándose a un solo aroma. Lo aspiraba en un trago profundo y se saciaba por entero.

Sus cuerpos entre el desorden de las sábanas, ocultos del mundo, habían convertido la habitación de Ramón en un refugio. Las cortinas medio cerradas descubrían un resquicio fino de luz. Tamizada, difuminaba el contorno de los cuerpos. Había una cama ancha, que los acogía. Ellos se exploraban la piel y se buscaban los labios. El tacto del otro, la dureza de las piernas y del vientre, el contacto pleno. Se abrazaban y las manos iniciaban caminos. Seguían rutas inciertas que recorrían sus brazos, se detenían en el interior del codo, en el punto preciso en que la piel tiembla si los labios la tocan. Continuaban hacia el principio del vientre y volvían a sentir que la luna ocupaba un lugar en sus sexos. Tenían el sexo de luna, hambrientos y felices.

Entendieron que el placer tiene un punto de dolor. Es una cuestión de intensidades. Depende de encontrar el grado, la justa medida. Cuando supera ciertos límites, cualquier intento de contención es imposible. Se desbordan los sentidos, como salen los ríos de sus cauces, después de una tempestad. Entonces también desaparecían las distancias. No hay ni un milímetro que separe los cuerpos, porque ambas pieles forman otra piel. Un único tacto, un solo aroma, un mismo sabor marino. Los cuerpos tienen sabor a sal, de aquella que queda depositada en las cuencas de las rocas, cerca del mar. Como las manos recogen la sal y la guardan, así la lengua percibe su sabor y lo hace suyo.

Ramón se volvía para apoyar la espalda sobre la almohada. Estiraba los brazos y abría las piernas. Quieto, con un punto de ansiedad, la esperaba. Ella se ponía encima poco a poco. El cabello en desorden se esparcía por los hombros de él, le acariciaba la barbilla. Durante unos minutos se quedaban inmóviles. Lo único que importaba era sentir las formas del cuerpo, la proximidad amiga. Los pechos en el pecho; los vientres uniéndose. Fuera, el día empezaba a adormecerse. La luz se diluía y comenzaba la noche. Percibían el cambio de tonalidades, porque surgían las sombras. Eran sombras amables, que los acunaban. Recortes de una noche que se les volvía cómplice. Lentamente, Elisa se movía. Trazaba líneas y curvas sobre la piel que la esperaba. Era como si escribiese con su propia piel sobre la del otro. Hacía dibujos geométricos, ondulaciones sinuosas, movimientos anchos o pequeños. Ramón se alzaba en un arco para acoplarse a los gestos de su cuerpo. La sincronía era perfecta.

Él estaba dentro; o ella lo tomaba. No importaba. Olas cálidas se esparcían por todas partes, mientras la habitación se teñía del color de los árboles del jardín. Se movían a la vez, en una combinación de prisas y de ganas de hacer que durase el placer. Las sábanas se oscurecían, como oscurecía el aire. Olía a pieles que se encuentran, que se palpan, que se reconocen. El deseo, convertido en criatura volátil, no se saciaba nunca. Se cogían las manos, entrelazados los dedos que apretaban con fuerza. Murmuraban palabras de amor, palabras que se volvían nuevas porque ellos las pronunciaban. De repente, el estallido de los cuerpos.

Se prolongaba el placer. Habrían querido que durase una eternidad, porque la eternidad existe, precisamente, en el abrazo. Volvían a besarse y los labios tenían un punto amargo. Entrelazados los cuerpos, pensaban que no podía ser, que era imposible. Cuesta reconocer la felicidad, cuando nos ofrece su rostro de lleno. En el primer momento, no lo acabamos de creer. Ellos se miraban a los ojos y se preguntaban dónde estaba la poca fe de antes. Se había fundido en el aire. Entre las sábanas húmedas de efluvios, constataban que todo sucedía de una forma muy elemental. El deseo se imponía a los pensamientos, a las palabras, a las normas. No había nada en el mundo que tuviera aquella fuerza.

Aprendieron a dejarse llevar por los sentidos. Cada uno se agudizaba a medida que duraba el amor. El sentido del sabor, por ejemplo, incorporaba nuevas texturas a aquellas que ya les eran familiares. Había una mezcla de sensaciones. Por un lado, reconocían sabores próximos en la piel del otro. Por otro, encontraban sabores nuevos. Los probaban con una curiosidad que iba ligada a la sorpresa. Era sorprendente aquel gusto a miel o a ola. Les inundaban la boca de sensaciones inesperadas. Elisa se deleitaba en aquel hallazgo. Ramón prefería explorar otro sentido, el del tacto. Nunca se cansaba de tocarla. Se entretenía mientras entrelazaba los dedos en sus cabellos. Jugaba a recorrer el perfil de su cuerpo, desde los hombros hasta los pies. Era un tacto cálido, una caricia de las manos abiertas. Entonces las palmas se llenaban de su olor. Cerraba los puños para que no se escapara su rastro.

Descubrieron que amarse era una forma de existir distinta. Ya no tenían un cuerpo que los delimitaba, con el que se reconocían en un espejo, o en las pupilas de la gente, sino que su cuerpo era el de otro. La sensación era extraña. Les sorprendió la rapidez con que se acostumbraron, sobre todo porque venían de un pasado solitario. Ambos habían vivido siempre solos, aunque estuviesen rodeados de gente. Pasar del singular al plural no fue un ejercicio complicado, porque se les fundía en la boca el nosotros. Ramón miraba a Elisa y tenía la sensación de que podía percibir sus humores. Si ella hacía un gesto de placer o un rictus de dolor, él se convertía en su eco. Lo prolongaba. Elisa contemplaba el rostro de Ramón y captaba cualquier pequeña modulación. Si se dibujaba en él un gesto de alegría o estaba preocupado. Si había una sombra de agotamiento en los párpados o aquel punto de entusiasmo que le cambiaba las facciones, sólo con mirarlo.

La lengua de Ramón recorría la zona interior de sus rodillas.

Ella tenía las piernas dobladas. Se tensaban en forma de dos arcos, apoyados en la espalda y los pies. Él le alzaba una pierna por el tobillo y formaba un camino de agua salada. Lo mismo sucedía con los muslos, que se movían a un ritmo inquieto. Era como si la piel presintiera el beso, instantes antes de que se produjera. Primero venía la intuición del tacto, que la estremecía entera; luego, casi en seguida, la realidad del acto físico, multiplicándole la capacidad de sentir. Las sensaciones surgen de la mente y se esparcen por todos los rincones que la boca explora. Ramón hundía la cabeza entre los muslos de ella. Sus labios buscaban otros labios, que lo esperaban. Elisa alargaba las manos y tomaba las suyas. Había un encuentro de dedos que se entrelazaban.

Amarse era sentir con la propia piel y con la piel del otro. Codiciar los instantes, porque no había tiempo que perder. El tiempo sin abrazos era un paréntesis absurdo, que se perdía en la nada. Las horas que transcurrían entre dos encuentros estaban muertas, minutos que se sucedían casi inmóviles. Por eso debían aprovechar los momentos de amor. No necesitaban esfuerzos de concentración ni afanes. Todo se detenía, cuando se encontraban. Les parecía que el mundo existía sólo para que se amaran. A veces, abrían la ventana de la habitación para que entrara la luz a chorro. Con la única protección de las cortinas, permitían que la vida les saliera al encuentro. Podrían haber alargado una mano y capturado una pizca de luz o detener el instante. No importaba nada más que sus alientos que se confundían.

Todas las tardes, cuando la casa se adormecía, sometida a la servidumbre del calor, ella abandonaba la protección de aquellas paredes y atravesaba el jardín. Lo cruzaba en un vuelo, empujada por todos los vientos. La ilusión por verle vencía la intensidad del sol que le quemaba la nuca. Daba un vistazo a su hija, que dormía vigilada por alguna de las tías, y emprendía la ruta hacia la casita de Ramón. Cruzaba la puerta como si llevara aire en los talones, luego se abrazaban. Sin preámbulos. Las palabras venían después. En un primer momento, la única certeza necesaria eran sus cuerpos. Se besaban poco a poco, reconociéndose con los labios. A ella, a veces, se le escapaba la risa.

Ramón tenía la certeza de estrenar el amor. Aquel amor real, hecho de deseo y de verdades, aparecía en su vida por vez primera. Antes ni siquiera habría osado soñarlo. Siempre se había imaginado que la existencia era una fuente continuada de sorpresas pero, desde que volvió de la India, satisfacer los deleites del cuerpo se había convertido en un ejercicio ocasional, que le permitía aliviar ciertas necesidades físicas y no pensar más en ellas. No se entretenía mucho, porque no había reclamos que le capturasen la atención. Con Elisa, todo era diferente. Cuando parecía triste, le habría gustado detener el universo. Habría hecho que floreciesen todos los jardines del mundo por una sonrisa de ella. Si la veía contenta, también él se alegraba. Había una superposición de estados de ánimo, una suma de emociones que vivía como un hecho natural. Del mismo modo sucedía cuando la abrazaba, era el protagonista y el receptor, el que ofrecía y el que aceptaba.

Ella llamaba tres veces a la puerta para anunciar su llegada. Ramón abría. Llegaba con el aliento quebrado y un hilo de sudor recorriéndole el escote hasta el inicio del vestido. Aunque se hubiese recogido el cabello para liberarse del calor, siempre quedaba algún mechón suelto que le proyectaba sombras en la cara. Los labios expresaban la impaciencia. Las manos le empezaban a temblar como si fuesen pájaros. Era un estremecimiento sutil que sólo él comprendía. Se abrazaban en la misma entrada, mientras la puerta se cerraba tras sí. Podían rodar por el suelo, incapaces de dar tres pasos, vencidos por la prisa. Podían correr hacia la cama, donde caerían entre las sábanas que siempre guardaban el olor de sus cuerpos. Antes de oír los tres golpes, Ramón los presentía. Se inventaba que ya estaba allí y abría la puerta para comprobarlo. A menudo era una percepción engañosa, pues no había nadie. Volvía a cerrar y se revestía de una calma que era mentira. Entretanto, Elisa esperaba el momento propicio para el encuentro. Tenía que asegurarse de que la casa se quedaba tranquila, que nadie la espiaba a través del jardín. En su ánimo, se mezclaban el deseo de volar y la necesidad de mantener la calma. Cuando encontraba un momento oportuno, se convertía en un lebrel que salta las matas tras la presa.

Abrazados, miraban el techo de la habitación. Era un techo blanco en el que destacaban algunas manchas de humedad. Elisa decía que eran nubes, mientras él sonreía. Le recordaban al cielo del primer día en que se encontraron, en la terraza del jardín. Una tarde, Ramón le hizo una pregunta que desde hacía días le daba vueltas por la cabeza. La pronunció en voz baja, con algo de miedo, mientras la abrazaba:

–Elisa, ¿has pensado en tu padre?

–¿Si he pensado en él? No te entiendo. Mi padre es un hombre ocupado, tranquilo. No hay muchas cosas suyas que me preocupen.

–¿No has pensado cómo reaccionaría, si le dijésemos que nos amamos?

–No, no he pensado en ello. No quiero que nada nos estorbe. ¿Por qué debería hacerlo?

–Me siento como un ladrón que abusa de su confianza. Al fin y al cabo, vivo en su casa. Le escribí para pedirle permiso y me permitió volver. Han pasado muchos años. Tú eras aún una niña. Ninguno podíamos imaginar lo que iba a suceder.

–Claro. Nadie puede prever el futuro. Ni él ni nosotros.

–No lo podemos prever, pero ahora quiero imaginarlo. Pienso en ello a menudo.

–¿Y qué piensas?

–Pienso en un futuro a tu lado. Por eso creo que no debemos continuar engañándolo. Esta situación me incomoda.

–No hables de engaños. Tú y yo nunca hemos engañado a nadie. Simplemente, hacemos lo que nos conviene.

–Elisa, las cosas no son tan sencillas. No creo que nos convenga prolongar una situación así. No me gusta que vivamos escondidos. ¿De qué tenemos que escondernos?

–De cualquier cosa que pueda perjudicar a nuestro amor. Lo único que pretendo es protegerlo. Somos felices. Estamos juntos. ¿Para qué vamos a complicarnos la vida?

–¡No querrás vivir siempre de esta forma! Una historia clandestina, vivida como si fuese un secreto. Yo no tengo nada que ocultar.

–Te equivocas. De momento, tienes una cosa importante que esconder: nuestra historia. No seas impaciente, Ramón. El tiempo nos traerá una solución.

–No me gustaría que alguien nos descubriese. Imagínate que se lo cuentan a tu padre. Seguro que nos malinterpretaría. Se sentiría traicionado por mí.

–Somos cautos. Tomamos las precauciones adecuadas. El resto sólo consiste en saber esperar.

–No te entiendo. Quisiera saber qué es lo que esperamos.

–La ocasión oportuna. Cuando el tiempo pase, encontraré la forma de contárselo. Me quiere. Soy la niña de sus ojos.

–Por esta razón debes contarle la verdad.

–Es una simple cuestión de estrategia. No quiero ir demasiado de prisa. Creo que debo dar con las palabras y la forma adecuadas.

–Puedo decírselo yo mismo. De hecho, creo que debería dar la cara. No puedo cruzármelo por el jardín y hacer como si nada. Me siento un miserable.

–Eres un exagerado. Esta rigidez de conciencia nos traerá muchos quebraderos de cabeza –se reía ella.

–Te ríes de mí.

–No. Me río de una preocupación que me parece absurda. Querría que tú también te dieses cuenta. Tranquilízate. No debemos permitir que nada enturbie nuestro amor. Sólo estas cuatro nubes de mentira –señalaba al techo, intentando bromear.

–¿Qué quieres que haga, entonces?

–Quiero que esperes. Confía en mí y entiéndeme. Necesito manejar los hilos de la situación yo misma. Cuando llegue el momento, todo se volverá sencillo.

–De acuerdo. Aunque no me resulte fácil, haré lo que me dices. Pero no lo alargues demasiado.

–Bésame en los ojos, para que te pueda ver mejor.

–¿En los ojos?

–Sí. En los ojos, en los labios, en los pechos.

Fuera quedaban las inquietudes y las preocupaciones. Ramón se olvidaba de ello, cuando Elisa le abrazaba. Dejaba atrás aquella situación de bandoleros en la que vivían. Habría preferido que todos supiesen que se amaban. Habría deseado no tener que vivir un amor a oscuras, apagadas las luces de la habitación, si caía la noche.

Tía Antonia hacía una mueca con los labios, cuando no entendía algo. Se le curvaban del lado izquierdo y se le quedaba la boca descoyuntada por un instante. Sus hermanas se habían cansado de decírselo. Como era un rictus que duraba pocos segundos, nunca había tenido la oportunidad de verse en un espejo. Por más que tía Magdalena había probado a perseguirla con un espejito pequeño, buscando la ocasión de ponérselo enfrente al presentarse el gesto inoportuno, nunca lo había conseguido. No tenía suficiente agilidad para cazarle el movimiento. Siempre llegaba unos segundos demasiado tarde. Llegaba cuando los labios habían recuperado su forma natural y se enfadaba. Estaba convencida de que si su hermana hubiese visto su rostro desencajado, se habría encontrado tan fea que se habría curado para siempre. Estaba segura de ello, pero hacía años que lo había dejado por imposible. Tía Ricarda, que pretendía ser una mujer serena y juiciosa, se lo aconsejó, al ver sus intentos frustrados. Se acostumbraron a base de verla. A veces, ni se daban cuenta del gesto. En otras ocasiones, se preguntaban si lo habían imaginado ellas. Mientras tanto, tía Antonia se olvidó del asunto.

Era una mujer calurosa. Le costaba mucho pasar el verano, entre abanicos y pañuelos. Se ponía blusas de seda, que eran ligeras como el aire, mientras esperaba que llegase la noche, sentada en una mecedora. Había días en que las horas se volvían largas y lentas. No acababan de pasar y era como si les hubieran puesto muelas de molino. Le sudaban las manos y no podía entretenerse con los bordados. La lectura le cansaba en seguida y se le acababa pronto la charla. Era una mujercita silenciosa que suspiraba por el otoño. Aquel verano fue muy pesado, sobre todo porque no se atrevía a tomar a Carlota en sus brazos. La habría dejado húmeda de sudor, pobrecita, y debía conformarse mirándola de lejos. Todas las tardes, cuando empezaban a caer las sombras, salía al jardín. Recorría siempre el mismo sendero, hasta los últimos cipreses. Buscaba una pizca de aire que la salvase de tanto calor. Caminaba poco a poco, porque tenía los pies hinchados a causa de la mala circulación. Iba sola, decidida a moverse un rato, después de un día entero de quietud. Cuando andaba, a menudo se perdía en sus pensamientos. La cabeza le daba vueltas, aunque arrastrase las piernas y el cuerpo. Había días en los que oía el canto de los grillos. Otras veces, sus ojos sólo captaban vuelos de moscardones.

Hubo un atardecer diferente de los otros. Luego pensó que estas cosas no se pueden prever. Nos hemos pasado media vida repitiendo movimientos y gestos, acudiendo a los mismos lugares llevados por la inercia, cuando un elemento inesperado lo desbarata todo. No es que fuese una mujer que se sorprendiera fácilmente. Debía ocurrir un hecho significativo para que se le alterase el ánimo. Dejaba que las situaciones transcurrieran sin interferencias, convencida de que la vida es como el agua de un río, que avanza siempre. No podríamos hablar de un espíritu resignado, aunque sus hermanas se lo dijesen alguna vez, sino de una persona que había comprendido que los acontecimientos no se pueden controlar. Estaba convencida de que no se puede transformar el curso de la existencia y no se empeñaba en esfuerzos inútiles. Lo aprendió años atrás, cuando le dijeron que su prometido había muerto en la guerra. En aquel momento se le rompió un trocito de alma y no supo recomponerla jamás. Había continuado viviendo, porque los días pasan aunque no lo acabemos de creer, pero ella se convirtió en una mujer que aceptaba el presente sin preguntas.

La oscuridad avanzaba por el jardín. Había tendidas sábanas de sombra, como si alguien las fuera colgando en unos hilos imaginarios que cruzaban el cielo de extremo a extremo. Le gustaba aquella hora, cuando aún no habían encendido las farolas, mientras el espacio se convertía en un contraste de luz mortecina y oscuridad incipiente. Sin pensarlo en exceso, decidió prolongar la caminata. El culpable fue el calor. Aquel bochorno que la había acompañado durante todo el día. No quería regresar a la casa en donde aún perdurarían los rastros del bochorno del día. Por esta razón alteró la ruta habitual. Giró por el caminillo que recorre los últimos rosales, pasó de largo cerca de los lirios, hasta que llegó a la casa del jardinero, situada en el otro extremo del jardín.

Había una ventana entreabierta. Se adivinaba el perfil de dos siluetas tras la cortina. Probablemente nadie habría sido capaz de reconocer quién era la mujer que abrazaba al jardinero. Ni siquiera ella misma se habría dado cuenta. La visión duró un momento. Fue aquel gesto: una figura femenina que alza los brazos para recogerse el pelo. Lo lleva a cabo con una cierta gracia, los codos apuntando al aire, los dedos enroscando los rizos. Adivinó un movimiento que había visto cientos de veces. Lo sabía de memoria: era Elisa. No dijo nada. Ninguna exclamación escapó de sus labios. Al principio tampoco pensó muchas cosas. Más tarde se dijo que debería haberse sorprendido, aunque nada la sorprendiera. Siguió sus pasos con el mismo ritmo que el hallazgo había interrumpido. Era el ritmo lento de quien se esfuerza en mover un cuerpo poco ágil. Anduvo algunos metros y pensó en aquel hombre al que había amado. No pudo evitarlo. La imagen del enamorado retornó a sus ojos con una nitidez que creía perdida. Había imaginado que los años diluyen los rostros y los cuerpos, que los cubren de una niebla fina. Ahora comprendía que no siempre era verdad. Se imaginó una cama como aquella que acababa de intuir tras las cortinas. Una cama vacía durante años. Por un instante, sintió un poco de lástima por ella misma. Procuró que no durara mucho, ya que no le gustaba sentirse demasiado vulnerable. Antes de cerrar los ojos, retornó a la imagen de los amantes que se abrazan. Cuerpo contra cuerpo. Pensó en Elisa y sonrió en la oscuridad.

XVIII

Tía Ricarda era una mujer suspicaz. No es que la vida le hubiese dado demasiados motivos para desconfiar de los demás. En realidad, tenía sobradas razones para fiarse de la gente. De las tres hermanas, era la que más se imponía ante cualquiera. Nadie la ganaba en respeto y consideración. Tía Magdalena y tía Antonia acataban su voluntad sin hacerle preguntas. Ambas estaban seguras de que las ganaba en juicio y en razones. Para tía Ricarda, lo de las razones era un tema muy relativo. Había descubierto que dos puntos de vista contrapuestos se podían argumentar de una manera parecida. Sólo se trataba de emplear las dosis adecuadas de palabras y de poner el énfasis suficiente. Si se lo proponía, era capaz de defender una posición, hoy desde el blanco, la semana que viene desde el negro. En ambas situaciones, conseguía convencer a las hermanas, que eran su auditorio más fiel. Nunca lo consideró un hecho muy meritorio. En primer lugar, era consciente de que la pericia de ellas para contraponer argumentaciones distintas no iba muy lejos. No contaba, pues, con un público excesivamente hábil para la retórica. Por otra parte, creía que su habilidad no era un don de Dios, sino una manifestación de buen aprendizaje. Durante años, un día sí y al otro también, había acudido a los oficios religiosos del cura del pueblo. Sus sermones estaban considerados una prueba de rigor y de artificio. El hombre se los preparaba con auténtica pasión. Ella había descubierto que eran la única cosa de la vida en la que ponía entusiasmo. Todo el resto era una consecuencia de aquellos sermones. Ante la congregación de fieles, que se reunían todos los domingos en la iglesia del pueblo, se transformaba. Crecía un palmo, ganaba en volumen, en expresividad, mientras todo su cuerpo adoptaba una actitud mayestática. La voz era grandilocuente. Entonces les hablaba del bien y del mal.

A base de escuchar los sermones, descubrió las técnicas de la oratoria. Ponía en ello los cinco sentidos, convencida de que no tenía que dejar escapar ni un solo detalle de lo que decía. No sólo le gustaban las palabras, sino que se interesaba por la forma con que sabía combinarlas, por los silencios que intercalaba y que mantenían expectante la atención de la gente, por la modulación de la voz, por el tono rotundo de cada frase. Pensaba que era una forma de demostrarle su amor. Aquel amor prohibido que él no habría aceptado nunca. Si no podía amar su cuerpo, amaba las palabras que pronunciaba. Sería su discípula, hasta que consiguiese dominar el arte del discurso. Con los años, fue perfeccionando aquella habilidad. A pesar de que no tenía muchas oportunidades de practicarla, se aficionó a probarlo poco a poco con sus hermanas. Nunca manifestaban signos de aburrimiento. Creían que Ricarda tenía un don que ellas no poseían, y les gustaba escucharla. Lo hacían con una expresión respetuosa, casi devota, que la llenaba de satisfacción.

Se dio cuenta de que las palabras podían ser un instrumento muy eficaz. Dominarlas no era una simple destreza ingeniosa, sino que otorgaba un poder. La sensación le resultaba grata. Saber convencer a los que la rodeaban, darles razones para que asintiesen a sus argumentos, dejarlos sin respuesta posible, se convirtió en un placer. El único placer que le alegraba la vida. Ante el hombre que había sido su maestro, sin embargo, tenía una reacción curiosa. Una reacción que ella misma no acababa de comprender: todas las habilidades adquiridas se volvían nada. Cuando él la miraba, se quedaba muda. Si le dirigía la palabra, le respondía con una serie de frases entrecortadas, balbuceantes. Si, en alguna rara ocasión, le preguntaba qué pensaba sobre una cuestión mínima, las explicaciones devenían inconexas, sin mucho sentido. ¿Dónde estaba la brillantez de las frases? ¿Dónde se escondía aquella facilidad para confeccionar discursos convincentes? No lo sabía. La persona que le había enseñado a dominar las palabras también se las robaba. Le habría gustado decírselo, pero nunca fue capaz de ello. Había muchas otras cosas que también ignoraba. No sabía, por ejemplo, de dónde había heredado la suspicacia. Sus hermanas eran confiadas, nunca pensaban mal de la gente. Ella, aunque no se lo propusiera, lo cuestionaba todo. Llegó a pensar que era una reacción propiciada por las palabras. Como sabía que hay miles de argumentaciones posibles, no podía fiarse de lo que le decían. Lo ponía en duda. Pensaba en ello una y otra vez, incrédula.

La causa fue aquel carácter. Estaba segura de ello. Aunque podría haber parecido un juego de azar o del destino, fue simplemente una consecuencia de la desconfianza. Estaba orgullosa de ir por la vida con los ojos bien abiertos. Intuía que los rostros de los demás pueden convertirse en máscaras. Son disfraces que esconden cosas. Pueden ser actitudes ante la vida, reacciones propiciadas por un hecho determinado, o secretos no descubiertos. A ella, la entusiasmaba adivinar secretos de los otros. Lo consideraba un ejercicio de inteligencia, una prueba de su viveza natural. El único problema era que, habitualmente, sus hermanas no tenían secretos. Eran criaturas transparentes que reflejaban en el rostro el estado de ánimo que vivían. Si estaban contentas o preocupadas, si habían tenido un disgusto o un momento de alegría, todo lo llevaban escrito en los ojos. Le habría gustado que fuesen menos claras. Habría querido que descifrar lo que vivían fuese complicado.

En aquella ocasión, sus actitudes distraídas la pusieron en estado de alerta. No las descubrió haciendo comentarios alejados de ella, como si conspirasen. Ni tampoco oyó que se les escapara una frase inconveniente. No había una sola pista real que la llevara a intuir secretos, pero los respiraba en el aire ausente de las hermanas. Ambas habían retornado al pasado y añoraban el tiempo en que eran jóvenes. Podía ver cómo evocaban a los enamorados que habían perdido. Pensaban en ellos como si aún fuesen reales, cuando no eran ni sombras, ni polvo, ni recuerdos vivos fuera de sus mentes. Pensó que aquellos ataques de melancolía estarían ocasionados por algún cambio que se había producido a su alrededor. Una alteración que no había sabido percibir, circunstancia que le extrañaba profundamente.

Lo descubrió mirándolas. Después de algunos días de observación silenciosa, comprendió que algo importante había sucedido. Se rehuían entre sí. Pasaban largo rato con la mirada fija en el techo, sonreían sin motivo, se distraían. Se dio cuenta de que miraban a Elisa de reojo, que suspiraban cuando ella entraba en su habitación o salía; que, a veces, estaban a punto de decir algo, pero que se mordían los labios en el último momento. Se decidió a interrogarlas. Era una tarde de aquel verano que fue muy largo. Estaban sentadas bajo los porches, con Carlota cerca de ellas. No hablaban mucho, demasiado ocupadas quejándose por el calor que, según ellas, las dejaba sin palabras ni fuerza. No corría una pizca de aire. El ambiente invitaba a la quietud, a dejarse estar hasta que las horas trajeran el fresco de la noche. Se dirigió a Magdalena:

–Es curioso que Elisa salga todos los días con este calor. No sé cómo tiene fuerzas.

Se dio cuenta de que aquel comentario las despertaba de golpe de su estado de letargo. Enrojecieron a la vez y ella pensó que iba por buen camino. Esperó la respuesta como si nada.

–Mujer, ella es joven –murmuró tía Magdalena.

–Es natural que le guste salir. Tiene edad –añadió redundante tía Antonia.

–Me extraña que pase tantas horas fuera de casa. Ya sabéis que, en seguida, la gente habla.

Esta vez fue tía Antonia quien tomó la iniciativa:

–¿Y qué va a decir la gente? Nosotras nos hemos pasado la vida pendientes de los demás. Ya era hora de que alguien de esta familia fuera a su aire. Me parece muy bien.

–A mí también –corroboró tía Magdalena–. ¿De qué nos ha servido? Ya lo veis: tres viejas que se hacen compañía. Ella es joven y le toca amar.

–¿Ah, sí? –tía Ricarda improvisó un gesto de sorpresa–. ¿Y sabéis a quién ama?

–Tenemos ojos en la cara, mujer –por primera vez en su vida, Magdalena tenía la oportunidad de manifestar una cierta superioridad ante tía Ricarda y no pudo resistir la tentación.

–Yo también tengo ojos, querida. –Tía Ricarda no estaba dispuesta a dejarse vencer, así que se lanzó a la deriva–: Lo que pasa es que él... No lo sé. No me acaba de gustar.

–Lo suponía. No te gusta porque es el jardinero de la casa. Pues es un hombre muy bien plantado.

Se hizo el silencio. Las tres agacharon la cabeza y se imaginaron los brazos de Ramón. Tía Ricarda comprendió que había descubierto su secreto. Había sido demasiado fácil. Encogió la nariz, porque no le hacía gracia que Elisa se hubiese enamorado del jardinero.

Todas las mañanas, Ramón se levantaba temprano. Aprovechaba el primer claro del día para regar el jardín, antes de que el sol calentase con fuerza y el agua se evaporara al cabo de un instante, bebida por el aire. Se levantaba contento, con el ánimo alegre de los que viven un tiempo feliz. Se daba cuenta de que tenía que aprovecharlo intensamente, porque era la época más grata de su vida. No podía imaginarse un momento mejor. En las sábanas, aún perduraba el rastro de Elisa. Quedaba su olor. Encontraba un cabello rizado que recorría con la punta del dedo, y lo sujetaba en la palma de la mano hasta que de un soplo lo hacía volar. En alguna ocasión, descubría una pieza de ropa que ella se había olvidado. La guardaba como si fuese un tesoro. Cuando se despertaba, no saltaba de la cama en seguida. Le gustaba revolcarse entre las sábanas, abrir los brazos en cruz, abrazándola, aunque no estuviese, imaginar su cuerpo.

Se duchaba y desayunaba con la mirada fija en los cristales de la ventana. En aquellos momentos, el sol aún no quemaba con la intensidad de la mañana. Soplaba una brisa amable que las horas se encargaban de apagar, hasta la vuelta de la noche. A través de los árboles, intentaba verla. Se acercaba a la casa y, desde un trecho, se imaginaba que estaba en las terrazas, o en el patio, o cerca del almez. Tenía la impresión de que la vida había adquirido un significado nuevo, después de encontrarla. La vida, que era una sucesión de hechos idénticos, se transformaba en una sorpresa continua a su lado. Reconocía que le había robado el pensamiento, porque no podía borrarla de la memoria ni un instante. Se había convertido en una obsesión, en una imagen que no se nos escapa. Dejaba que la mañana pasara, entretenido en el trabajo, pero se movía distraído. Se dieron cuenta. No se concentraba ni en lo que hacía ni en lo que decían. Los comentarios de la gente de la finca lo dejaban indiferente. El hombre amable de antes se transformó en un hombre ausente. Acentuó el punto de distancia respecto al mundo que siempre lo había caracterizado y volvió a encerrarse en sí mismo. Sólo abría las puertas de par en par para Elisa. Las de su corazón y las de su casa.

Si ella se retrasaba por alguna razón, Ramón se imaginaba que aquella ausencia era definitiva. Aparecían los fantasmas del miedo a perderla, los temores de no poderla ver ni tocar. Entonces, en un instante, el mundo se convertía en un sitio hostil, un lugar imposible de habitar, donde todo sucedía en su contra. Nunca habría creído que fuese tan difícil controlar las emociones. Mientras se repetía que tenía que calmarse –una musiquilla inútil–, deseaba que el tiempo volara. ¿Por qué eran tan traidores los minutos, eternos cuando ella no llegaba, pero cortos si la tenía cerca? Abría la puerta una y diez veces, porque los sentidos lo engañaban y se la imaginaba incluso cuando estaba ausente. Falseaba su presencia tras el portillo de la entrada, convencido de que ya había llegado. Sólo encontraba el aire y el vacío, cuando se decidía a abrir. Le gustaba imaginarse su risa. Una risa ágil, que tenía sonidos de flauta y olía bien. ¿De qué tonalidad era? Se lo preguntaba, deseoso de capturarla entre sus dedos.

Antes era un hombre tranquilo. No tenía prisa para que sucediesen las cosas, ya que en la India había aprendido que no hay que forzar el tiempo, que todo llega. El tiempo de la vida y de la muerte. El de la calma y el del afán. Le dijeron que había un tiempo para amar y no lo acababa de creer. Él había amado a una mujer que vivía en una ventana. Ésta era la impresión que tenía del amor. Luego vino una época de sequía para el corazón. Sus prioridades no pasaban en absoluto por el amor. Tenía que andar un largo camino, viajar por los rincones del mundo, perderse por lugares que no conocía. Comprendió que la vida se escribe en un paisaje o en un libro. Aún no había aprendido que también se puede escribir en un rostro, en la piel que nos gusta. Lo entendió con Elisa. Entonces ya no hubo posibilidad de volver atrás: nada podría borrar el descubrimiento. Se hizo lector de su cuerpo. Recorría sus líneas con la punta de los dedos, con las palmas abiertas, con los ojos. Iba aprendiéndoselas de memoria. Se acostumbró a esperar tras la puerta. El tiempo jugaba con su espera, pero ella siempre llegaba.

Cruzaba el portal y le miraba. Llevaba el pelo recogido en la nuca, las manos húmedas. Eran los signos del calor y de un cierto nerviosismo que le acompañaban durante el camino. Acababa de salir de casa, de atravesar senderos. Tardó un tiempo en darse cuenta de que tía Magdalena y tía Antonia le facilitaban la huida. Desaparecían en el momento oportuno, alejaban las presencias inconvenientes, distraían a su padre. Sin su ayuda, la habría descubierto mucho antes. Lo comprendió cuando adivinó sonrisas cómplices a su espalda. La certeza de saberlo la hacía vivir más tranquila, pero no podía evitar un punto de inquietud. Caminaba de prisa, casi corría.

Cuando llegaba se reía. Era una forma de celebrar el encuentro y de liberarse de la tensión vivida. Con aquella risa volvía a robarle el corazón. Un día y otro. Se abrazaban y él le desabrochaba los botones de la blusa. Saltaba cada botón como si fuese las cuentas de un collar. Las manos se perdían en el escote, en la fina cintura, se clavaban en las caderas. Rodaban por el suelo, muertos de hambre y de dolor. Era el dolor del deseo insatisfecho que se clava en el estómago. Ella le abría la camisa. Volaba la falda del traje. Las piezas de ropa se mezclaban en el suelo, en una confusión de colores. Ramón tenía la piel muy morena; la de Elisa era más clara. Parecían el sol y la luna al encontrarse, tras buscarse durante días y noches. Respiraban de prisa.

La abrazaba hasta dejarla sin aliento. Entonces la volvía a recorrer entera. Se entretenía en el rincón del vientre, en la curva de la cintura. Iniciaban un movimiento acompasado, de gestos que se acoplan. ¿Quién tomaba al otro? No habrían sabido responder. En un giro del cuerpo, él la cubría. Ella se volvía y le tapaba el pecho. A veces, se miraban cara a cara. Se arrodillaban con los ojos perdidos en otros ojos. Les parecía que no tendrían tiempo suficiente para saborear el amor. Por eso se daban prisa. Creían que tenían que devorar el tiempo que la existencia les concedía.

Eran unos ignorantes felices. No sabían que la vida les daría muy poco.

Pasó aquel verano que parecía que nunca terminaría. Casi imperceptiblemente, los días se acortaron. Primero un paso de gallo, que casi no se percibe. Después a pasos agigantados. Se fueron los días cálidos, las tardes de calor pesado, las noches con las ventanas y los balcones abiertos. Como había sido un verano de descubrimientos, las tres tías miraban a Elisa de reojo. Le espiaban la expresión y los gestos. Habrían querido preguntarle cómo estaba, si era feliz, pero no se atrevían. Tía Magdalena y tía Antonia no habrían desvelado el secreto por nada del mundo. Respetaban su silencio y se hacían cómplices, mientras espiaban sus movimientos. Tía Ricarda la censuraba, indignada.

Elisa y Ramón sintieron que se acabara el verano. Era un sentimiento absurdo que no se detenían en comentar. Ocultaba el deseo de que no cambiase nada. Habrían pretendido detener el tiempo, sólo para que todo fuese siempre idéntico. Las transformaciones no les apetecían, ya que ningún nuevo elemento tenía que interferir en el paraíso en el que vivían. Si hubiesen podido detener la luz en medio del cielo, evitar los días breves, se habrían sentido contentos. Se habían encontrado en días calurosos y les habría gustado prolongarlos: borrar de los calendarios otoños e inviernos. A él, le gustaba abrir la puerta y encontrar a Elisa rodeada de luz. Estaba convencido de que la luminosidad del día se sumaba a la felicidad de encontrarse. Ella se había acostumbrado a recorrer un camino que le mostraba el sol cuando iba a su casa.

Los días menguaron. La rueda de las estaciones siguió con su ciclo. Un ciclo que se había entretenido demasiado en el buen tiempo. Fue un verano largo. El otoño invadió los senderos de una coloración nueva. Aparecieron los verdes que se apagan como cerillas, los amarillos que se vuelven ocre, los ocres que tienen reflejos dorados. Empezaron las lluvias. Había goteos de agua recorriendo los canalones de las casas. Dejaban en las fachadas un rastro de humedad, una capa que el sol de la mañana no acababa de secar del todo. Vino el invierno y con él se desnudaron las ramas en el jardín. En seguida oscurecía. Elisa se acostumbró a las sombras. Tenía que recorrerlas para encontrar a Ramón. El paisaje había cambiado: los árboles, las piedras, las plantas, cosas concretas que podía ver y alcanzar, se convirtieron en presencias intuidas. Además, hacía frío. El viento volvía a convertirse en una fuerza que la empujaba. Llegó a acostumbrarse. Se habituó a aquel paréntesis de intemperie, antes de encontrar el mejor refugio del mundo.

Una tarde de invierno, justo después de cruzar el portal de la casa de Ramón, intuyó que sucedía algo. Se conocían lo suficiente para poder leerle la mirada. Le sonrió, como hacía siempre, y él le devolvió la sonrisa. Le dijo:

–Elisa, hay novedades.

–Lo imaginaba. Sólo con mirarte, me ha parecido verte diferente. ¿Qué ocurre?

–No sé si te he hablado demasiado de mi estancia en la India. Tengo la impresión de que no sabes mucho sobre ello.

–Me has explicado pequeñas historias, pero siempre como fragmentos aislados. Quizá más sensaciones que hechos concretos. Esto es muy propio de ti, amor.

–¿Qué quieres decir?

–Prefieres explicar un olor a entretenerte en cualquier anécdota.

–Tendrás razón. Te he hablado, supongo, de Miguel.

–Sí, claro: tu amigo. No conozco muchos detalles, pero recuerdo que te has referido a él a menudo. Te escribe y te manda libros.

–Sí. No ha perdido la costumbre, a pesar de los años. Es un personaje peculiar. Ya te darás cuenta.

–¿Me daré cuenta?

–Acabo de recibir carta suya. Llegará dentro de un par de semanas. Quiere pasar una temporada conmigo.

–¿Una temporada en esta casa? –Elisa no pudo evitar el gesto de disgusto–. ¿Y qué haremos nosotros?

–Exactamente lo mismo que ahora. Es mi amigo, Elisa. Estará encantado de conocerte.

No hicieron más comentarios. A ella no le hizo ninguna gracia la perspectiva de compartir aquel espacio con otro hombre. Tenía un sentimiento de exclusividad que no le gustaba demostrar. Las paredes, el techo, el portal de la entrada, las habitaciones eran suyas. Les pertenecían, porque eran el único refugio de que disponían. En aquel lugar ella se sentía protegida de las interferencias, de los elementos exteriores. ¿Cómo iba a aceptar que un personaje desconocido apareciese de pronto? Aunque fuese la discreción personificada, ocuparía un espacio. Se adivinaría su presencia. Ramón se sentía confuso. Llevaba muchos años sin ver a Miguel. Durante aquel tiempo habían tenido una relación epistolar densa y grata. Había llegado a imaginarse que seguiría siendo así, que no necesitaban verse. Las palabras escritas eran un buen instrumento para comunicarse. Les permitían una distancia y a la vez una proximidad. Podían vaciar su alma y salvarse de la paradoja de sentirse demasiado expuestos uno ante el otro. Cuando leyó la carta que anunciaba su visita, no supo qué pensar. Lamentaba reconocerlo: en aquel momento, cualquier distracción le molestaba. Vivía concentrado en Elisa, y Miguel no tenía un lugar en su vida. Sin decírselo, ambos estaban inquietos. Temían que alguien viniera a interrumpir su amor.

XIX

Los años le habían secado la piel, que era sólo una capa que le cubría los huesos. Entre la piel y los huesos, casi nada más. Ni una gota de carne que dulcificase la fisonomía de rictus duros, acentuados por la expresión perpleja con la que observaba la vida. También había oscurecido. Su tonalidad un punto amarillenta se había vuelto más morena, expuesta al sol. La figura, que ya le había parecido delgada cuando se conocieron, ahora tenía algo de estrafalaria, porque se le marcaban las articulaciones como si fuese un esqueleto que ha de romperse. En cambio, conservaba una agilidad sorprendente. Aquel saco de huesos, como lo llamaban los conocidos de Ramón, se movía con la gracia de los pájaros. Se encaramaba a los árboles y a las paredes, saltaba por doquier, era capaz de mantener el equilibrio, cuando se subía a una barandilla o pisaba las tejas de un tejado. Era la misma mirada profunda, insinuante, que recorría los objetos y las personas con una curiosidad aguda.

Miguel llegó, como había dicho en la carta, sin más avisos. Su concepto del tiempo era muy relativo. Si había hablado de un par de semanas, podía tardar un par de meses. Pero no sucedió así. Sólo se retrasó tres días: dieciocho días después de haberse anunciado, se presentó en la casa. Llevaba un hatillo en la espalda, el único signo de que pensara instalarse, y una sonrisa ancha en los labios. Estaba contento de reencontrar a su viejo amigo. Lo manifestaba con una calidez y una naturalidad que sorprendían a Ramón. Era como si no se hubiese producido un paréntesis. Los años transcurridos, desde que se despidieron, habían ido sumando pequeñas transformaciones en sus caracteres. Era la impresión de Ramón, que no encontraba el tono adecuado para el encuentro. Por más que se esforzase, no experimentaba la confianza de antes, aquel relajamiento absoluto del ánimo cuando estaban juntos. Se daba cuenta de que era un encuentro basado en el desequilibrio. El que llegaba estaba receptivo, abierto; el que daba la bienvenida, con la mejor voluntad del mundo, tenía la cabeza en otro lado.

Durante las primeras horas, todo fue confuso. Miguel lo abrazó en el portal de casa, justo al abrirle la puerta. Él se quedó quieto, con un esbozo de sonrisa, sin saber responder a su alegría. No encontraba palabras para decirle adelante, es tu casa, estoy contento de verte. Tuvo que decirlo todo Miguel, que acababa de hacer un trayecto muy largo y estaba cansado. A pesar del agotamiento del viaje, le manifestó la alegría de encontrarlo, le dijo que tenían una conversación pendiente, que le parecía mentira que hubiesen pasado todos aquellos años. Ramón no lo veía imposible. Más bien al contrario: cada detalle servía para recordarle la distancia y la lejanía entre ambos. Habían sido amigos, pero se preguntaba si era justo que un hecho del pasado reclamara de repente un lugar en su vida. Aunque las cartas habían servido para que no perdiesen el contacto, habría asegurado que no fueron un puente lo bastante firme. Lo miraba con atención, y el hombre de pergamino no era la persona que había conocido años atrás.

A la vez, le corroía la mala conciencia. ¿Hasta qué punto era Elisa el obstáculo entre ellos? Estaba seguro de que si hubiese venido antes, cuando esta historia no existía, el recibimiento habría sido otro. Habría reconocido a su compañero, al amigo del alma. Fue él –se repetía en un intento de cambiar de actitud– el hombre que lo acogió en tierra extraña, quien le descubrió mundos que no había imaginado. Conocerlo fue una suerte en su vida, siempre lo había dicho. Volverlo a encontrar debía de ser, a la fuerza, un don de los dioses. Al verlo en la entrada, se mezclaron sentimientos contrapuestos. Sintió la ternura de volverlo a ver, como si recuperase un fragmento de su propia existencia. Percibía una mano amable en el corazón y en la frente. Lo miraba y se sentía tentado de abrazarlo de verdad, de corresponder a su gentileza. Habría querido que su mente le permitiera volver atrás, hasta cuando lo que sentía hacia aquel hombre era profundo, verdadero. También experimentó un rechazo instintivo. Era complicado de explicar y tenía que esforzarse para que Miguel, que tenía la mirada de los sabios, no adivinara lo que sucedía. Habría deseado poder hacer que desapareciese. Así de sencillo. ¿Cómo podía darle a entender que, en aquel momento de su vida, era un estorbo? No habría querido herirlo por nada del mundo, pero era así. Tenía la sensación de que su tiempo era para Elisa. Dormía con el pensamiento puesto en ella, se despertaba y su rostro ocupaba todo el espacio. Su amigo pertenecía a un momento diferente, a unas circunstancias distintas. Lo había conocido cuando él era otro hombre. Valoraba su afecto. Se sabía afortunado porque era el depositario de una amistad generosa, pero renegaba de la circunstancia que había hecho que tuviera lugar este nuevo encuentro.

Miguel movía las manos al hablar. Desde el primer momento reconoció aquellos gestos que explicaban tantas cosas como los ojos o los labios. Se adecuaban a las palabras, mientras marcaban su ritmo. Era una cadencia mesurada, que demostraba que nunca perdía el control de lo que decía. Recordaba que, a su lado, había aprendido la fuerza de la contención, la importancia de moderar los impulsos. No se trataba de un hombre rígido, sino muy sensible. Pero había entendido que hay que controlar la expresión de los sentimientos, para que no se derramen y se pierdan en la arena como las olas del mar. Dosificaba sus manifestaciones, convencido de que ello las hacía más valiosas. Ésta era la causa. En aquel momento, la vida de Ramón era un torrente. No conocía los límites de los gestos ni de las palabras. La actitud del otro le incomodaba.

Se abrazaron en la puerta. El uno, cálido; el otro, tenso. Las tensiones se pueden acumular sin que seamos capaces de evitarlo. Había tantas pequeñas tensiones en el ánimo de Ramón que él mismo tenía dificultades para identificarlas. Era la incredulidad de ver a un amigo a quien no esperaba volver a encontrar; la crispación de no saber estar a la altura de las circunstancias; el nerviosismo de darse cuenta de que estaba dividido entre el blanco y el negro, que habría querido, a la vez, abrazarlo y echarlo. Tenía la inquietud de desear hablarle de Elisa y, por otra parte, no quererlo porque no encontraba las palabras. Se acumulaban el desánimo y la sorpresa, el desconcierto y la satisfacción. Miguel llegaba con la piel ennegrecida por los vientos lejanos. Tenía aquellas manos que continuaban subrayando las palabras, que las llenaban de fuerza. Dibujaba signos en el aire, cuando le contaba que había realizado un largo camino. Ramón pensó que la vida los había alejado. El otro seguía siendo un gran viajero; él vivía en un jardín. Llevaba tiempo habitando el cuerpo de una mujer. Renegaba de las rutas amplias del sol, porque sólo existía el sol de los ojos de Elisa.

Colocó sus cuatro pertenencias en la habitación del fondo del pasillo, donde había una cama de madera, una mesa baja con una silla de cuerda trenzada. Poca cosa más. Cogió con una sonrisa de gratitud las mantas que Ramón le daba y él mismo se preparó un lecho donde poder descansar, cuando llegara la noche. Actuaba con desenvoltura, como si ocupar un lugar en aquella casa fuese un hecho natural. Quizá lo era, aunque Ramón no estuviera de acuerdo. Miguel se movía en los límites que habían establecido en el pasado, sin cuestionarlos. En su refugio de la India, había compartido su espacio con el amigo. Había habido un intercambio generoso de las pocas posesiones de las que disponían. Cuando no se tienen muchas propiedades, suele aumentar su valor subjetivo. Habían conocido a los que se abrazaban con furia a la cosas, porque eran la prueba de su paso por la tierra. Los objetos pueden adquirir la función de representarnos. Pueden convertirse en la prueba de que existimos. También habían dado con gente que sabía prescindir de ellos sin dificultad. Personas con una vida lo suficientemente llena para no tener que rellenarla de bultos. Hay existencias que transcurren despojadas de ornamentación, en una desnudez pura. Ellos eran así. Lo fueron durante los años de estancia en la India.

Algo había cambiado. Se trataba de un cambio casi imperceptible, que no resultaba sencillo de explicar. No sabían bien en qué consistía. No era una transformación en el grado de generosidad de cada uno. A pesar de la reticencia inicial, Ramón estaba dispuesto a ofrecerle el techo y las paredes a su amigo. No era tacaño con las cosas, sino con los sentimientos. Le costaba encontrar aquella confianza antigua que los había hecho sentir muy próximos. Habían nacido suspicacias que tenían el origen en un exceso de celos por parte de Ramón. Estaba celoso del tiempo que el otro había venido a ocupar en su vida. Lamentaba tener que dedicarle mucha atención, cuando su pensamiento volaba hacia lugares muy diferentes. Se esforzaba en disimularlo, pero no se salía del todo con la suya. Saltaban chispas por la inquietud que lo acompañaba desde que recibió la carta. Miguel era receptivo. Se daba cuenta de que alguna pieza no llegaba a encajar, pero no quería hablar de ello. Esperaba que los días pusieran las cosas en su sitio. Tras el encuentro inicial, tenían que recuperar espacios en blanco, conversaciones, hábitos perdidos.

Al día siguiente de llegar conoció a Elisa. Como ella estaba decidida a no retrasar el encuentro, se presentó temprano. Había alterado sus costumbres para tener un rato libre. No fue difícil aprovechar la confusión de la casa, que por las mañanas era un movimiento constante de gente que iba y venía, para escaparse. Hacía un frío húmedo que calaba los huesos. El aire era como un estilete que se clavaba en la piel cuando abrían la ventana. Había nubes compactas en el cielo. No eran esponjosas como la niebla, sino que parecían hechas de piedra dura. No dejaban ni un resquicio por donde se pudiera ver el cielo. El azul había sido sustituido por un gris opaco que entristecía los ojos.

Llevaba un vestido color granada oscurecida por el tiempo. Era un granate oscuro, que se volvía casi negro. Llevaba una hilera de botones desde el cuello hasta la cintura. Eran pequeños y costaba abrocharlos. Se cubría con una capa que la protegía del frío. Gruesa, de tejido suave, la envolvía por completo: desde la cabeza a los pies. Entre la tela asomaban unos ojos que miraban llenos de curiosidad. Siguió la ruta que conocía con cierta impaciencia. La situación, por primera vez distinta, la inquietaba un poco. Después de la reacción inicial, aquel rechazo por la presencia de un extraño en la casa del hombre a quien amaba, surgieron los interrogantes. ¿Quién sería aquel que llegaba de tan lejos? Ramón había hablado de él alguna vez, cuando se refería a su estancia en la India. De alguna manera, se había formado una imagen mental. Había ido creando una figura que se perfilaba entre el humo. Quería saber si coincidía con la realidad. Ignoraba si las piezas imaginadas encajaban con las piezas que formaban el individuo exacto. Tenía que construir un rompecabezas. Antes de verlo, ya había imaginado partes. Las palabras de Ramón fueron a menudo bastante explícitas. Otras veces consistían en frases sueltas que quedaban perdidas en el aire como si alguien tuviera que terminarlas. Eran expresiones llenas de puntos suspensivos. Recuerdos que llegaban fragmentados y que él recogía para explicárselos.

El encuentro entre Miguel y Elisa fue diferente del que todos habrían imaginado. Cuando ella entró, Ramón estaba en la sala. Estaba solo, porque su amigo descansaba en la habitación del final del pasillo. Se habían ido a dormir tarde, inmersos en una conversación que los trasladó a los lejanos años de la India compartida. El agotamiento del viaje se unió a las pocas horas de sueño. Aquella mañana descansó en el dormitorio. La impaciencia de Elisa, en cambio, la hizo madrugar. Se levantó cuando el día no era más que una luz recién estrenada. Era el mejor momento para irse con discreción de la casa. Las tías aún no habían aparecido por los pasillos, llenándolos de alboroto. Su padre estaba encerrado en el despacho, concentrado en los primeros pacientes de la jornada. Su hija dormía.

Ramón la recibió con una sonrisa que contenía una pregunta. ¿Cómo había conseguido zafarse a aquellas horas? Le gustaba verla, pero se le hacía extraña la presencia de un tercero bajo el mismo techo. Se abrazaron con el entusiasmo de siempre, tal vez algo reprimido. Cerca de él, su pelo olía a jardín. Tenía la sensación de que lo llevaba con ella. A pesar de la dureza del invierno, que adormecía las plantas y los aromas, sentía que su cuerpo hacía revivir la intensidad de cada olor. Se quitó la capa y la tendió delante de la chimenea, para que el fuego secase la humedad. Se calentó las manos junto a las llamas y preguntó por su amigo. Quería conocer los detalles de la llegada, que le contara qué impresión le había producido. No tuvo tiempo. En aquel momento, Miguel entró en la sala.

Tenía el aspecto de alguien que ha dormido poco. Dos círculos oscuros le rodeaban los ojos, acentuando su cuenca. El cuerpo delgado se intuía en unos pantalones y una camisa de hilo, que le iban anchos. Caminaba despacio, sin manifestar prisa. Tampoco habló en seguida. Ni siquiera hizo un gesto de sorpresa. A pesar del cansancio, parecía relajado. Daba la impresión de haber aprovechado el sueño. No su cuerpo, que manifestaba signos de fatiga, pero sí su mente, que parecía despierta.

Elisa creyó que su rostro estaba hecho de la corteza de los árboles. Había una fuerza en la expresión que contrastaba con la dulzura de los ojos. Lo miró con curiosidad y ella a la vez se sintió observada. No le importó. No resultaba desagradable la expresión de sus ojos. Se dio cuenta de que no la sometía a ningún juicio, de que no había voluntad de escudriñar lo que pensaba. Simplemente era una mirada limpia. Miguel se detuvo en el rostro de ella y recorrió sus facciones: aquellos ojos enormes, la nariz pronunciada, la forma de los labios. Lo hizo con toda la tranquilidad del mundo, sin inmutarse aunque Ramón empezara a mostrar un cierto nerviosismo. No lo molestaba el silencio que se había formado en la sala. No era una situación incómoda. Los gestos precedían a las palabras. Las miradas se habían cruzado, antes de empezar a hablar.

Tras la ventana, el invierno mostraba su rostro. Los árboles ofrecían un panorama de desnudez que se adecuaba a la situación que vivían. No había una sola hoja, verde o dorada. Se las llevaron el otoño y el viento. Por fin, exclamó Elisa:

–Tú eres Miguel. Te había imaginado diferente.

–Es difícil imaginar a alguien a quien nunca hemos visto.

–Es verdad. Pero Ramón me había hablado de ti. Dice que eres su mejor amigo.

–A mí también me habló de ti.

–¿En sus cartas?

–No, en las cartas poco. Se diría que mide las palabras que te dedica sobre un papel. Tendrá miedo de que algún desconocido pueda leerlas y robarte.

–¿Robarme? ¿A qué te refieres?

–Hay quien cree que se puede tomar el alma de otro, si la describimos en donde no se pueda borrar.

–¡Qué extrañas creencias! Así pues, ¿cuándo te habló de mí?

–Anoche.

–¿Y no me describió bien?

–Tengo la impresión de que no. Es como si te viera sin que nunca antes hubiera oído hablar de ti.

Las historias se complican inevitablemente. Si la vida fuese sencilla como un día claro, todo nos resultaría quizá demasiado fácil. Sería mejor comprender que no existe un hilo dorado que nos indique el camino de retorno a casa, a la vida normal, sin muchas complicaciones, cuando nos atrevemos a andar. Nos resultaría más cómodo. Ramón y Elisa habían vivido una vida sólo para dos, durante meses. Estaban acostumbrados a relacionarse al margen de cualquier interferencia. De repente, Miguel aparecía como un elemento distorsionador. Ramón lo comprendió en seguida, al verlo junto a Elisa. Los tres sonreían, esforzándose en mantener un semblante amable. Procuraban favorecer la serenidad del ambiente, pero se respiraba una cierta tensión. Había demasiados sentimientos que se mezclaban. En primer lugar, los celos de Ramón. Nunca habría pensado que fuese posible, ya que se reconocía como un hombre tranquilo, pero no lo podía evitar: estaba celoso de su amigo. Antes de que se encontrasen, lo único que le preocupaba era tener que compartir su tiempo. No se había planteado nada más. Al observarlos juntos, sin embargo, la situación cambiaba. No le agradaba la facilidad con la que fluía la conversación, las sonrisas, el inicio de una complicidad que adivinaba antes de que realmente existiera. Entonces tenía que hacer un esfuerzo para no pedirle que se alejara. Habría querido borrarlo de sus vidas y volver atrás, a los días en que sólo estaban los dos. A la vez, la rabia se unía al reproche. Se culpaba de tener el espíritu débil y el pensamiento retorcido. Se decía que no tenía motivos, que había creado una fábula absurda que sólo él alimentaba. Los observaba atento; volvía a fijarse en cada detalle: la posición de los cuerpos cuando hablaban, los gestos de uno y otro, la sonrisa cómplice. Estaba dispuesto a captar cualquier indicio extraño, pero no los encontraba. Sólo una evidente simpatía mutua que no se esforzaban en disimular.

Miguel no era un hombre complicado. Llamaba a las cosas por su nombre y desconocía las mentiras, circunstancia que no significaba que fuese transparente. Años atrás, había aprendido la conveniencia del silencio. A menudo valía la pena callar. Las palabras que se han dicho no se pueden borrar. Siempre queda un rastro: puede que en el recuerdo o en el ánimo de la gente. Aunque actuemos como si no hubieran sido pronunciadas, aunque nunca hablemos de ellas, su presencia perdura. Quizá en un rincón del corazón. Estaba seguro de que tenía que ir con cuidado. Su uso se tenía que dosificar, como el de las plantas medicinales del bosque.

Miguel se sentía fascinado por Elisa. Cuando la vio, le pareció que hacía mucho tiempo que se conocían. Le gustaban sus ojos, que le recordaban noches profundas. Se sentía seducido por aquella risa que ella hacía tintinear entre las paredes de la casa y que le robaba el corazón. A pesar de todo, nunca habría hecho nada por manifestarlo. Desde el primer momento, fue consciente de que debía silenciar sus sentimientos. No le resultaba muy difícil, ya que dominaba los mecanismos de la contención. Reprimir un afecto que había nacido al margen de su propia voluntad significaba mesurar los gestos y las miradas. No necesitaba decir que era un amigo fiel a los viejos amigos, porque era cierto. Sabía que nunca se interpondría entre los dos amantes. Era una ave de paso, que detiene un tiempo su vuelo, pero que pronto lo retoma y se aleja hacia otros lugares. Habría querido que Ramón lo comprendiese. Hacerle entender que no tenía que desconfiar de su lealtad, que nunca le defraudaría. Pero no hablaban del tema. Su relación se tornó cada vez más silenciosa. Él guardaba las palabras para Elisa. Cuando los visitaba, le contaba viejas historias. Le contaba relatos de vida y de muerte, lejanas hazañas de pueblos perdidos.

Elisa escuchaba con los ojos bien abiertos y la atención alerta. Le encantaba oírlo. Aquella capacidad para hilvanar historias le hacía volar el pensamiento. Con sus manos entre las manos de Ramón, la cabeza apoyada en su espalda, seguía recorridos magníficos tras la voz de Miguel. Visitaba parajes que nunca había imaginado, regiones que la voz del amigo describía entreteniéndose en cada detalle. Se había dado cuenta de que le había seducido. Aunque no tuviese mucha experiencia con los hombres, no le fue difícil adivinarlo. Al mismo tiempo, sabía que nunca se lo diría. Había un acuerdo entre ambos: no debían hablar de ello y podían seguir contando historias. No debían permitir que ninguna interferencia interrumpiera de repente aquella relación. Elisa amaba sus palabras. Cuando él hilvanaba historias, lo escuchaba con una sonrisa que le transformaba el rostro. No se esforzaba en disimularlo. Para Ramón era el desconcierto. Tenía la sensación de que ella aún lo amaba. A la vez, comprobaba que había incorporado sin problemas un elemento nuevo a su vida. Era Miguel, el amigo de siempre, e intentaba tranquilizarse. Los cuentos se sucedían y parecían las hojas de un árbol que caen lentas, una tras otra, mientras nuestra mirada recorre su vuelo.

XX

Era una mañana fría de invierno. El cielo estaba cubierto por una fina neblina. La humedad atravesaba los abrigos y les calaba los huesos. El aire les endurecía las facciones, dotándolas de una rigidez inusual que las transformaba. Les costaba abrir las manos y mover los dedos, porque tenían las articulaciones heladas. Elisa confiaba en que el sol se decidiese a caldear el día. A primera hora, perduraban todavía los rastros de la helada nocturna. Pronto aparecerían las calmas de enero. Aquella quietud que todo lo serenaba. Quizá deberían haber escogido otra ocasión para el paseo, pero aprovecharon que su padre tenía que estar fuera. No volvería hasta bien avanzada la noche, lo que les daba un margen de movimiento. No necesitaban dar explicaciones a nadie. A lo sumo, Elisa tenía que zafarse de tía Ricarda, que la perseguía recordándole que iba por mal camino. Pero nada más. Podían coger del garaje el seiscientos, que ella conducía, y emprender la ruta de la costa.

Estaban contentos. Salir de casa e iniciar la excursión significaba abrir un paréntesis, alejarse de las cuatro paredes donde tenían lugar sus encuentros y respirar aire puro. Ramón lo necesitaba desde hacía tiempo. Había llegado a recluirse en exceso en sus propios pensamientos, que se convirtieron en una espiral poco agradable. Ensimismado, tenía la impresión de que exageraba lo que estaban viviendo. No le gustaba descubrirse espiando las palabras de los demás, intentando encontrar significados secretos a cada sonrisa, pensativo e inquieto. Se sintió mezquino, sobre todo cuando los ojos de Miguel le recordaban, sin palabras, que no tenía de qué preocuparse. Podía leer en aquellos ojos signos tranquilizadores, pero no hacía mucho caso, porque desconfiaba. Eran unos momentos que habría querido borrar del mapa de las sensaciones, pero que no conseguía superar.

Miguel estaba satisfecho. Sentado en el asiento de atrás, miraba el paisaje que le ofrecía la ventanilla. Veía pasar árboles de tronco grueso, campos, montañas que se recortaban en un fondo azul. Cada imagen era como la secuencia de una película que le ofreciese fragmentos de la isla. Se fijaba en el color de la tierra, en un sitio rojiza, en otro grisácea, más allá, arenosa. Le habría gustado llenarse el puño de cada una de aquellas tonalidades y guardarlas, sin que se mezclasen, en bolsas de cuero. Descubría un espacio pequeño, pero lleno de contrastes. Tuvo la impresión de que, en una distancia corta, se transformaba el entorno. Entre las montañas que hacían de fondo a La Casa de Albarca, hasta el mar abierto, había grandes diferencias. Él, que llegaba de una tierra de extensiones enormes, se sentía sorprendido por la diversidad que había en la isla. Durante los primeros kilómetros se quedó en silencio, concentrado en el descubrimiento. No hacía comentarios, pero estaba contento.

En el interior del vehículo, se vivía un ambiente de satisfacción generalizada. Elisa conducía con destreza, mientras respiraba el aire de la mañana. Aquel olor a tierra la invitaba a vivir a fondo. Habría querido sentirla mucho tiempo, prolongar su percepción. Pensó que había cosas que la hacían feliz. Curiosamente no se trataba de grandes proezas, de hechos inusuales. Era feliz porque tenía a Ramón a su lado, su mano cerca, porque Miguel, que ahora callaba, más tarde contaría una historia, y ella quedaría impregnada de bellas palabras. Era feliz porque su hija, aquella mañana, había corrido hacia sus brazos, cuando ella la llamó. Todavía le parecía sentir el peso de su cuerpo, cuando se refugió en el abrazo. También porque había descubierto que, desde su habitación, si miraba por la ventana, podía ver el humo de la chimenea de Ramón. Era una columna gris, destacándose en el cielo. Era feliz porque el sol avanzaba entre las nubes, porque verían el mar, que siempre se va, pero en seguida vuelve.

Recorrieron el Pla de Mallorca. Pasaron por pueblos casi idénticos, que tenían las persianas cerradas. Había una plaza con una iglesia y un campanario, unos bancos de madera. Había gente paseando por las aceras con actitud tranquila, sin prisa alguna. Los pocos coches que circulaban se adaptaban al ritmo de los peatones. Se paraban un instante en una esquina donde dos mujeres comentaban los precios del mercado. Continuaban la ruta, mientras el mundo adquiría un aspecto sereno. Por cada uno de los lugares que atravesaban se adivinaban latidos de vida. La vida recién estrenada de los niños, aquella otra que nos anuncia que se va a acabar quizá mañana. El sol había conseguido, por fin, imponerse en el cielo. Era un sol enfermizo, que aclaraba el mundo a medias. Quedaba todo bajo una luz matizada que perfilaba los objetos, sin quemarlos por un exceso de intensidad. A veces, el sol hace desaparecer lo que ilumina. Aquella mañana, sin embargo, el camino y las casas tenían el trazo firme. Incluso las personas aparecían dibujadas con rotundidad. Desde el coche, Miguel las observaba sin decir nada.

Se dirigían a Formentor, donde el agua es de un azul intenso y la arena se abre como un gran abanico. La carretera es muy estrecha, con curvas y giros. A aquella hora, no había apenas tráfico. Como mucho, algún camión que hacía sonar su bocina antes de adelantarlos. Lo dejaban pasar, poniéndose a un lado. No existía la urgencia por llegar, sino que disfrutaban el camino. Los acompañaba un silencio que no era nada incómodo, que permitía la calma más absoluta. Los tres compartían la visión del paisaje, el olor de los árboles y de la hierba. Desde lejos, los invadió el olor a pinos. Los ecos del mar les llegaban y abrieron las ventanas, un momento, para escucharlos. Elisa volvió a pensar que era un buen día. Estaba contenta de haber aprovechado la oportunidad para cambiar de escenario. Los otros dos estaban relajados, libres de las tensiones que, a veces, le parecía intuir. En invierno, no hay mucha gente que vaya a Formentor. Aquel sitio tenía un encanto especial. A la belleza del paisaje se añadía la ausencia de personas. Todo el espacio les pertenecía. Ésta era la sensación que les ganaba a medida que se aproximaban. Llegaron al mediodía, cuando el sol repartía una calidez amable entre los roquedales y la arena. Era engañosa, porque cada rincón mantenía una humedad difícil de eliminar, pero les daba la bienvenida.

Mientras conducía, absorta en pensamientos plácidos, Ramón la miraba de reojo. No podía evitar recorrerle el perfil. La miraba sólo por el placer de entretenerse en ella, mientras pensaba que era la mujer más bella del mundo. Aquel día, sobre todo, le parecía espléndida. Sería la luz que le iluminaba el rostro que tantas veces había tenido que ver entre cuatro paredes. Tal vez se trataba de una cuestión distinta. Se percató de que la presencia de Miguel debería haberle incomodado, pero estaba tranquilo. Desde aquella calma recién recobrada, podía percibir mejor las facciones de ella. Estaba relajada y la intuyó contenta. Su silencio no resultaba incómodo. Los comentarios que hacían les recordaban que el mundo era suyo. De los tres. Era un mundo pequeño y sencillo, hecho de gestos y de palabras. ¿Por qué no iban a compartirlo? Compartir aquellos instantes de serenidad, cuando podían oír el mar y oler la sal.

Le miraba el perfil y habría querido volverse a perder en su boca. Entreabiertos los labios, se mordía el inferior con los dientes. La marca en los labios acentuaba su plenitud. Le recordaron, una vez más, la fruta en el punto exacto de madurez. Cuando nos invita a comérnosla, adquiere una tonalidad rojiza. Algunos mechones se escapaban del pelo que llevaba recogido en la nuca: sólo unos cuantos para recordar que era una mujer rebelde. Si desviaba el ángulo de visión un grado, también podía ver a Miguel en el asiento de atrás. No le molestaba que fuese testigo de la contemplación muda, porque se sentía comprendido. También a él le habría gustado mirarla. Estaba seguro de ello. Actuaban como un triángulo bien avenido. Por un momento, pensó que tenían que hacer una distribución de bienes: él tendría los gestos y los abrazos; Miguel tendría que conformarse con las historias que contaba para Elisa. ¿Tendría que haberse sentido satisfecho? No lo sabía. Por una parte, se sentía molesto por la complicidad de ambos. Le ponía un poco celoso. Habría preferido dominar el arte de contar historias, para que nadie le robara ni una parcela de su atención. Por otra parte, intuía que Miguel no se conformaría con las palabras. Constatarlo alteraba la calma que habían conseguido crear, aquel equilibrio de fuerzas.

La volvió a mirar y le pareció despreocupada, lejos del mundo. Miguel estaba en una actitud que se le hacía difícil interpretar. Él se esforzaba por favorecer la sensación de tranquilidad. Todo está bien, pensó mientras decía:

–Deberíamos ir al faro.

–¿Hay un faro? –Miguel hizo un gesto de sorpresa grata.

–Sí –intervino Elisa–. Yo también creo que lo deberíamos visitar. Es un lugar mágico. Si nos quedamos ahí un rato, nos podrías contar una de tus historias.

–Claro. –Miguel parecía alegre–. Los cuentos se cuentan mejor en un buen escenario.

–No necesitas escenarios –Ramón no pudo evitar el tono irónico–. Tienes suficiente con un buen público.

–¿Nosotros somos un buen público para ti? –En la voz de Elisa había un rastro de coquetería.

–Tú eres la mejor espectadora del mundo, querida –había ternura en la voz de Miguel–. Ramón es un hombre distraído. Cuando cuento una historia, puedo advertir que su pensamiento vuela. Huye de la historia. La abandona hacia otros lugares.

–Me interesa más la realidad. Prefiero lo que es cierto a las mentiras. Me cansan tus fábulas.

–¿Y qué es lo cierto, amigo mío? ¿Dónde están tus verdades y las mías? ¿Crees que tienen que coincidir necesariamente?

–No –le costaba darle la razón–. Pienso que hay certezas y verdades.

–¿Como las diferencias? –Miguel hablaba despacio.

–Elisa es una certeza. Es real, incuestionable. Siempre está presente –la voz de Ramón temblaba de una forma casi imperceptible.

–Gracias, amor –murmuró ella.

–No estoy de acuerdo –Miguel hablaba con seguridad–. Elisa no puede ser tu certeza. Las certezas son rotundas. Ella es una mujer. Las personas son cambiantes, afortunadamente. A lo sumo, podríamos decir que ella es tu certeza.

–¿Y cuál es tu verdad, Miguel? –había un tono de agresividad contenida en su voz.

–Mi verdad sois vosotros y los cuentos que os narro.

Elisa sonrió, satisfecha por las palabras de Miguel. Se encontraba cómoda y tenía ganas de pasar por alto cualquier síntoma de acritud. Tampoco habría querido propiciar el más mínimo enfrentamiento entre los dos amigos. Aunque era consciente de que, a veces, Miguel habría mandado al otro a hacer puñetas, también sospechaba que los unía un afecto profundo. Esperaba que la intensidad de los vínculos compartidos sirviera para atenuar los malentendidos. Pensó que quizá habría tenido que explicar a Ramón que no debía preocuparse, porque le seguía amando. Lo había considerado innecesario, una obviedad que no necesita explicarse. En el fondo, la situación le hacía cierta gracia. Le servía para constatar que era la fuerte. A Elisa, le enorgullecía saber que ambos dependían de las palabras que ella pronunciaba, que estaban pendientes de sus gestos, que la habrían seguido a pies juntillas. Era una sensación de poder que no había descubierto antes. No pretendía jugar con ello. Al menos no tenía la intención de forzar los límites. Tan sólo habría querido combinar equilibrios de forma acertada. Nada iba a interferir en su relación con Ramón, pero había un espacio para Miguel. Mientras estuviera en Mallorca, podría continuar escuchando aquellas historias que le robaban el corazón. ¿Quién había dicho que las palabras no enamoran?

Llevaba un vestido color cereza. Se marcaba en la cintura y tomaba la forma de las caderas. En el cuello, un pañuelo de seda para protegerse del frío. Sobre los hombros, una gruesa chaqueta. Condujo hasta el faro. Era una ruta de curvas sin fin. La dureza del camino endurecía también la expresión de Ramón. Habría preferido regresar, pero no osaba decirlo. Le parecía que el paisaje era demasiado solitario. Era prudente, quería evitar riesgos. Los árboles formaban un fondo verde que, aquí y allá, se volvía grisáceo. El cielo estaba nublado. Le recordaba a los ojos de Miguel cuando le miraban. Aquella mirada que no tenía nada que ver con la de antes, cuando eran dos jóvenes impacientes por unas calles laberínticas. Dijo:

–No deberíamos entretenernos demasiado. Puede empezar a llover en cualquier momento.

–No lloverá –aseguró, convencida, Elisa–. Como mucho, cuatro gotas. Además, tú y yo estamos acostumbrados a la lluvia –era un intento de complicidad momentánea, mientras le recordaba el día en que se conocieron.

–¿Pretendes comparar la lluvia de donde venimos con la de estos parajes? Aquí puede ser torrencial. Creo que sería mucho más sensato volver atrás. Miguel ya ve los acantilados, el mar. No hace falta acercarse más.

–Eres demasiado sensato, Ramón. Te convendría un punto de locura de vez en cuando. Si ya estamos aquí, es absurdo no llegar hasta el final. Me gustaría asomarme a los acantilados, acercarme hasta el precipicio. ¿Estás de acuerdo, Miguel?

–No sé qué decirte. Yo no conozco este lugar. Sois vosotros los que tenéis que decidirlo. De todas formas, creo que no debemos exponernos a riesgos inútiles.

Se sintió molesta porque ambos le llevaran la contraria. Uno con determinación, el otro tranquilo pero firme. Sin quererlo, le despertaban el deseo de enfrentarse a ellos. ¿Cómo podían proponerle regresar? No faltaba tanto: un tramo de camino que descendía en espiral. Tenía la sensación de que el paisaje la acompañaba en su trayecto. El mar actuaba con una atracción poderosa. Adivinaba vuelos de gaviotas; el olor a sal. La impaciencia le humedecía las palmas de las manos. Se le soltaron un par de mechones que fueron a caerle en la frente. Los retiró con un gesto nervioso. Empezó a caer una lluvia fina. Las gotas eran casi imperceptibles. Costaba verlas entre las hojas de los árboles. Ramón insistió en ello.

–Ha empezado a llover. Deberías ser lo bastante prudente para dar media vuelta. No se nos ha perdido nada en este sitio –hablaba con dureza.

–Tiene razón –intervino Miguel–. La lluvia puede caer con más fuerza. Vámonos.

–Será muy poco tiempo. ¿No podéis concederme un deseo? Sólo necesito un instante. Quiero ver el acantilado del faro. Nada más.

Callaron los tres. Ella siguió con las manos en el volante, un gesto de determinación en los labios. Sólo se oía el ruido de la lluvia al caer. Las gotas golpeaban los cristales del coche. Entonces

Ramón pensó que habría querido estrangularla. ¿Cómo podía ser tan terca? Estaba seguro de que no conseguiría convencerla para volver atrás. Se dio cuenta de que el ambiente en el interior del vehículo se había vuelto tenso. Su rostro estaba rígido como una máscara. Miguel tampoco parecía tranquilo. A pesar de su carácter mesurado, podía leerle cierta inquietud en la opacidad de las pupilas.

Ramón pensó que era una mujer de carácter difícil. Siempre tenía que salirse con la suya en lo que deseaba. Acababa imponiendo su voluntad. Si era posible, con una sonrisa. Si no, con una actitud de súplica. Le dio rabia comprobar que tenía muchos recursos y que los utilizaba según le resultara conveniente. En aquella ocasión, se obsesionaba por un absurdo. Habría sido sencillo hacerles caso. También él notaba la influencia del paisaje. La densidad de aquellos parajes le inquietaba. Le volvían al pensamiento imágenes que creía olvidadas. Pensaba, por ejemplo, en la insistencia con que le había rogado que hablara con su padre. Habría deseado que le permitiera no tener que vivir en secreto. Se lo pidió muchas veces, hasta que optó por no insistir. Lo mismo había sucedido con Miguel. Elisa tenía que saber por fuerza que él sufría, cuando el otro le contaba historias. Sufría por sus ojos inmensos, fijados en el rostro de Miguel. Le dolía cada una de las sonrisas que le dirigía.

Hay situaciones que se producen sin que podamos evitarlas. ¿Quién sabe detener la lluvia? ¿Quién es capaz de convertir los acantilados en un jardín? ¿Quién puede cambiar la determinación de otra persona, cuando es firme como las rocas del mar? En aquellos momentos, Ramón estaba cegado por la ira. Miguel, que lo intuía, permanecía callado. Intentaba pasar desapercibido para no enrarecer aún más el ambiente. Tampoco Elisa parecía contenta. Estaban nerviosos, a punto de saltar por cualquier comentario. Cuando llegaron al faro, Elisa aparcó el coche al borde del camino. No se entretuvo en esperarlos, sino que saltó del vehículo hacia los parajes abiertos.

Ella caminaba delante, a una cierta distancia de los otros. Se diría que corría, temerosa de que intentasen pararla. No podía avanzar con mucha rapidez porque soplaba un fuerte viento. Rachas de viento que golpeaban los árboles y sus cuerpos. Desde donde estaban ellos, podían ver un vestido color cereza que se pegaba a sus piernas, empujado por el aire. Ramón intentó seguirla. No es que tuviese muchas ganas de hacerlo, pero le daba miedo verla correr sola. Miguel se quedó atrás, sacando el abrigo del coche. Actuaba con una lentitud intencionada, deseoso de no interferir en aquel momento de tensión. Si hubiese sido posible, habría querido desaparecer. Le parecía que no había sido buena idea haber subido por aquella carretera estrecha, llena de curvas. Elisa había forzado la situación. Se preguntaba por qué. Quizá sólo había querido imponer una decisión que creía acertada. Tal vez había cierto desafío en su actitud. Quién sabe si era la consecuencia de un simple capricho o el resultado de una voluntad firme. Se preguntó qué connotaciones tenía aquel lugar para ella. Había insistido mucho en ir. Era una paisaje que tenía una fuerza indudable. Atraía como un imán. También por eso le parecía peligroso: el mar abierto hasta el infinito, el abismo. La vida humana parecía perdida entre el paisaje, como si no tuviera valor alguno.

Elisa miró atrás y vio a Ramón a pocos metros de distancia. Vio su rostro crispado. El viento la obligaba a tensar los músculos. Levantó un brazo hacia él, en señal de complicidad, pero no detuvo el paso. Se acercó a las profundidades. Asomó su cuerpo y se dio cuenta de que el mar era inmenso y terrible. Le gustaba aquella sensación. Por un instante, sintió un cierto respeto por aquel lugar imponente. No era exactamente miedo, sino la percepción de la propia pequeñez. Estuvo a punto de gritar, para que los otros se diesen prisa en ir. Volvió a dirigir un gesto a Ramón. Él parecía avanzar a cámara lenta. Vio cómo le devolvía el gesto, y se tranquilizó. En seguida lo tendría a su lado. Se dio cuenta de que Miguel también caminaba hacia donde ella estaba. Su paso era deliberadamente lento. Quería que se encontraran ellos dos primero, junto a las rocas y el mar.

Cuando Ramón estuvo al lado de Elisa, notó su pelo en el rostro. El viento lo había soltado, y volaba libre. También percibió su olor. Un aroma conocido que llevaba grabado en el cerebro. Ambas cosas le dieron cierta paz. Quería decirle que tenía razón, que era un lugar de una belleza extraordinaria, pero el viento y las olas le impedían hablar. Los elementos enmudecían las palabras. Vio cómo Elisa hacía esfuerzos por hacerse oír, pero las frases le llegaban confusas, incomprensibles. Unas pocas palabras que se perdieron y que nunca más pudo recuperar. Elisa volvió a asomarse al precipicio. En pie, el cuerpo en tensión contra el viento, parecía una criatura débil. Quiso decírselo. El pañuelo se desprendió de su cuello y voló por los acantilados, hasta el mar. Era una visión insignificante que se perdía entre las olas. Ramón le dijo: «Tenemos que marcharnos», pero cada palabra no era más que un sonido minúsculo. En aquel momento, Miguel llegó a su lado. Puso una mano en el hombro de Ramón. Éste le miró un segundo. Una ráfaga de viento hizo perder el equilibrio a Elisa. Instintivamente, extendió la mano hacia Ramón, pero él no se dio cuenta. En un segundo: visto y no visto. Se la llevaba el viento. Ramón gritó, y su grito, que parecía el de una gaviota, fue apagado por el aire. Miguel saltó, ágil, e intentó detener el cuerpo. En el impulso, sólo pudo abrazar la nada. Elisa estaba entre los roquedales. Tenía la cabeza abierta. El color de su vestido se confundía con el de la sangre.

CARLOTA

XXI

Me llamo Carlota y vivo en una casa grande, con ventanas y balcones. De mi padre apenas sé nada. Tan sólo que tenía el pelo rojizo y que apareció brevemente en la vida de mi madre. De ella sí tengo un retrato. Un cuadro que me acompaña en noches insomnes y que me recuerda que nos parecemos. Soy heredera de sus ojos y de sus labios. Ahora puedo decir, cuando han pasado años desde su muerte, que fue una mujer extrañamente bella. Poseía una rara belleza, lejos de los estereotipos que establecen los cánones. Me gusta mirar el rostro del lienzo, observarla en silencio, sin que nadie interfiera. Ya he dicho antes que mi abuela también era una mujer atractiva, de rasgos poco mesurados. Ambas recuerdan el esbozo de un pintor que hubiese querido pintar a una dama. Son pruebas un punto exageradas, intentos de recrearse en unos ojos, en los pómulos marcadamente altos, en el perfil que es una mezcla de características judías y rasgos árabes. Tiempo atrás, llegué a la conclusión de que soy una suma de ellas. Saberlo me inquieta y me agrada. Es el afán por saber si el destino me reservará también una suerte trágica. Es la satisfacción de cerrar un triángulo. ¿Hemos sido mujeres tristes? No lo diría. Un final duro no significa necesariamente una vida difícil. La mía fue plácida hasta hace unos meses. La de ellas puedo intuir que osciló entre una aparente calma y épocas de emociones secretas. No tengo pruebas de ello, pero me resulta suficiente espiar sus ojos en los retratos. Tendremos más cosas en común, más allá de los retratos. Me gustaría adivinar cuáles son.

He aprendido a observar a la gente. Cuando voy por la calle o cuando estoy en los pasillos de la facultad, me concentro en los rostros de los que pasan. Cada uno lleva escrita su propia historia, grabada la vida en la frente y en los ojos. Muchas veces, me he entretenido en imaginar vidas. A partir de un fragmento de conversación, que me llega con el aire, de la mesa de al lado en una cafetería, o del banco que está junto al mío en el jardín adonde voy a repasar los apuntes, o desde la sombra de los árboles en una plaza cualquiera, puedo crear relatos. Me invento las causas de los pasos apresurados de una mujer que vuela en vez de andar. Me imagino las razones que dejan un rastro de tristeza en los ojos de un adolescente. Me invento por qué sonríe el hombre que fuma un cigarrillo y no habla con nadie. Es sencillo cerrar los ojos, en los que queda impresa una imagen recién retenida, mientras dejamos volar el pensamiento. Entonces construyo un mundo de palabras y de gestos. Resulta un ejercicio magnífico buscar razones que nos expliquen un rictus nervioso en el rostro de otra persona. Atreverse a buscar motivos que justifiquen una actitud determinada o unas palabras que se escapan en un suspiro.

Los que me conocen dicen que soy una mujer distraída. No estoy muy de acuerdo. Lo justifican aludiendo al aire de ausencia que me caracteriza, a este aspecto de no estar nunca del todo ahí. Mi mirada pasa de largo por aquello que no me resulta ni sugestivo ni curioso. Pero no debemos confundir la distracción con una mente ocupada. Yo la tengo siempre, sobre todo, desde que era una niña que descubría los rincones de la casa donde vivo. Me he tenido que acostumbrar a las sonrisas cómplices de la gente, cuando se dan cuenta de que no estoy siguiendo el hilo de una conversación. Sucede que probablemente me he quedado concentrada en un punto de la historia, donde las palabras han conseguido conmoverme. Prisionera como un pájaro en la red, no consigo escaparme. Tengo que darle vueltas y más vueltas, hasta que puedo comprender el sentido de las palabras que me han emocionado. No es fácil provocar la emoción. Cuando se despierta, vale la pena recrearse.

No discutiré con nadie sobre el grado de atención de que soy capaz. Tampoco creo que haya mucha gente que conozca los rincones de mi alma, aquella parte que me gusta ocultar a ciertas miradas. Es extraño: me interesan los demás, pero no me gusta ser el centro de su interés. Sólo hay tres personas a las que haya permitido escrutarme a fondo. El abuelo Mateo, que me esperaba siempre sentado en un banco del jardín de la casa, bajo el almez; la abuela Margarita, que se ha vuelto una estratega de las complicidades; y él, el hombre que conocí y de quien hablaré más adelante. Los tres han mirado mi alma desde perspectivas muy diferentes. El abuelo, con la mirada borrosa por las telarañas del pasado; la abuela Margarita, llena de paciencia; él, sin prejuicios.

Cuando el abuelo enfermó era invierno. Caía la lluvia un día tras otro, soplaban vientos del norte y los malos aires se filtraban por los resquicios de la casa. Si una ventana cerraba mal, aprovechaban el punto en el que la madera no ajustaba y se adentraban por ahí. El resultado eran corrientes de aire que nos hacían andar medio encogidos. El único refugio era la chimenea de la sala principal, donde todos buscábamos resguardo. La enfermedad no se presentó de repente, sino que fue un largo proceso. Una mañana, al despertarse, tosía un poco. Pensó que tenía la garganta irritada y no le dio más importancia. La tos se volvió persistente y apareció de nuevo al día siguiente. Llegó a formar parte de su existencia. Nos acostumbramos a oír aquella tos quebrada que le anunciaba, antes de que llegara. Por la noche, aumentaba de intensidad. Desde mi habitación podía oír su eco que se esparcía por toda la casa. Más adelante, no puedo calcular con precisión el tiempo que pasó, empezó a tener unas décimas de fiebre. Tenía el aspecto de un hombre cansado, con ojeras oscuras dibujándole la cuenca de los ojos. Adelgazó. Él, que tenía los hombros anchos y el cuerpo que me recordaba a los troncos de los árboles, se convirtió en la sombra de lo que había sido. Claro que la abuela Margarita y yo nos preocupamos. Le insistíamos para que nos permitiera avisar a un médico, mientras nos contestaba con expresión tensa que, en casa, ya había un médico, que era él.

El día en que no se pudo levantar de la cama, vencido por una subida de fiebre, tuvo que claudicar. Un colega suyo, conocido de toda la vida, vino a visitarle. Me dijo que habíamos dejado pasar demasiado tiempo, que lo que debió de ser un simple resfriado había derivado en una neumonía, que era una situación delicada, que debíamos prepararnos para lo peor. La verdad es que no llegué a creer lo que me decía. No me podía imaginar la vida sin el abuelo.

Ni tampoco aquella casa en la que vivíamos los tres. La primera reacción fue pensar que el médico había exagerado. Me decía que probablemente había querido asustarnos, para que no fuéramos tan inconscientes a la hora de pedir ayuda médica. Habíamos tardado demasiado en recurrir a sus servicios. Yo misma sabía que el abuelo padecía del corazón desde hacía años. Un corazón débil no podía ayudarlo mucho a salir del estado en el que se hallaba. Parecía que tenía todos los elementos en su contra, pero yo continuaba convencida de que no nos podía dejar. ¿Cómo podía abandonar a la abuela Margarita, que le amaba en silencio? ¿Cómo podía dejarme a mí, cuando aún teníamos tantas conversaciones pendientes?

Hay un momento en la vida en el que te dicen que alguien a quien amas se va a marchar. Te lo comunican cuando aún ves su rostro lleno de vida, cuando puedes tomar su mano y sentir que el otro se da cuenta de tu contacto. Son hechos que se producen en momentos inesperados, justo antes de que podamos empezar a imaginárnoslos. Nuestra capacidad para imaginar situaciones, en estos casos, siempre va unos pasos atrás de la realidad. La realidad impone sus normas; el pensamiento debe adaptarse a ellas. Pasaron las horas. Después de comprobar cuál era la reacción del médico, y de observar que el abuelo parecía una vela que se va apagando, abandoné mi actitud incrédula. La sustituí por una sensación de perplejidad, que me aproximaba a los abismos. El ánimo perplejo oscila entre la sorpresa y la duda. Esto es lo que me sucedía. Mientras tanto, la abuela Margarita, sentada a mi lado, hacía pasar entre los dedos de su mano las cuentas de un rosario. No hablábamos mucho, pero su compañía me resultaba grata. En aquellas horas críticas, cuando le velábamos esperando una leve mejoría, la sentí muy próxima.

Observaba, durante horas, su rostro dormido. Tenía los ojos cerrados, las mejillas enjutas, los labios delgados, transformados en dos líneas finas que no hacían ningún gesto. Aquel perfil se alejaba poco a poco de lo que había sido y adoptaba una apariencia nueva, irreconocible. Yo me esforzaba por rescatar sus rasgos conocidos. No quería permitir que se le fuera afilando la nariz, que tomara la forma de la muerte. Le miraba fijamente y le decía, sin palabras, que tenía que volver a ser mi abuelo. La sensación de recorrer aquel proceso que avanzaba hacia la muerte era extraña. Por una parte, me incitaba a concentrarme en el deseo. Retornaba a las creencias infantiles: si deseaba intensamente una cosa, por fuerza iba a cumplirse. Yo no quería que muriese. No lo quería. La solución, pues, era repetirlo mil veces, hasta que los labios me dolieran de tanto murmurar lo mismo. Por otra parte, me parecía que yo tenía que poder hacer algo. No era capaz de resignarme a la inmovilidad. No me refiero a la quietud física, aquel sentarme en una silla, junto a la cabecera de la cama, sino a la actitud de espera. Me negaba a esperar la muerte. Habría hecho cualquier cosa por conjurarla. Me habría sometido a las ceremonias más absurdas: todo antes de esperarla pasivamente. De vez en cuando, me acercaba al abuelo y le murmuraba palabras de consuelo. Le apretaba el hombro con una mano, mientras le suplicaba que fuese valiente, que superase aquel mal trago.

A veces, retornaba de la ausencia, del sueño, y hablaba. Eran palabras ininteligibles, que sólo comprendíamos de vez en cuando. Teníamos que concentrarnos en los sonidos que emitía. Eran frases entrecortadas, balbuceantes, que pronunciaba inquieto. Con el cuerpo empapado de sudor, el movimiento tembloroso bajo las sábanas, repetía una letanía de palabras. Me impacienté:

–¿Qué dice? –se me ocurrió preguntarle a la abuela Margarita.

–No dice nada en concreto. Sólo repite algunos nombres de mujer. ¿No lo oyes?

–Me cuesta comprenderlo. Pero me gustaría saber qué dice.

–Sofía, Elisa, Carlota.

–Nuestros nombres.

–Sí, vuestros nombres.

–¿Y no dice...? –callé, sin saber cómo debía formular la pregunta, pero ella se me adelantó.

–No, no dice el mío –hablaba tranquila, sin rastros de tristeza.

–No me parece justo. ¿Por qué?

–No es una cuestión de justicia, hija, sino de seguridades. A ellas, las perdió. Tú eres su gran incógnita. Yo soy la seguridad. No necesita preocuparse por mí.

Recordé las semanas anteriores a la enfermedad del abuelo. Habíamos tenido un otoño plácido, de hojas que caen y mañanas suaves. Ellos dos habían escogido las horas luminosas para salir al jardín. Aprovechaban las temperaturas benignas para sentarse bajo el almez. Después de desayunar, se instalaban en un mismo banco, justo a la sombra de las ramas. El abuelo leía el periódico, la abuela Margarita bordaba: unos manteles que yo le había pedido y que ella elaboraba con paciencia. Se pasaban un par de horas, tranquilos, sin apenas decirse nada. Nunca me extrañó, porque también conocía aquellos silencios junto a ella. Silencios en calma, llenos de la confianza de saberse acompañado. De vez en cuando, él expresaba algún comentario sobre una noticia que acababa de leer. No levantaba los ojos del papel escrito, como si no fuese necesario. Se limitaba a decir un par de frases, a esperar la respuesta de su mujer, siempre breve, y a seguir la lectura. En alguna ocasión, sin embargo, los sorprendí mirándose. Es curioso, porque no se miraban a la vez, como suelen hacer los que se aman. Ahora el uno, después el otro, no podían evitar espiarse mutuamente sus gestos. Había ternura en el abuelo, cuando la contemplaba de reojo con una sonrisa leve en los labios. Ella no se daba cuenta, absorta en el trabajo, de la mirada protectora. Había confianza, en los ojos de ella, cuando se detenía en su rostro. Se miraban como si quisieran comprobar que el otro estaba ahí. Sentían la necesidad de verse.

Pocos días antes de que llegara el invierno, con el viento y la lluvia, con el frío húmedo y la enfermedad del abuelo, los sorprendí una vez más, bajo el almez. Me voy a acordar siempre. Hay imágenes que se graban en el pensamiento y quedan retenidas. Son como fotografías que no existen, pero que guardamos en el álbum de la memoria. Estaban sentados el uno junto al otro. Él llevaba un jersey de cuadros; ella, una chaqueta de punto. Ambos tenían los cabellos grises: gris ceniza, el abuelo; gris plata, la abuela. Las manos rugosas. A la abuela Margarita le había caído una hoja de almez en el pelo. Sería una de las últimas, porque las ramas ya estaban casi desnudas. Era color ocre y se perdió entre sus cabellos grises. El abuelo intentaba quitársela. Con la cabeza inclinada y una sonrisa juguetona en los labios, ella esperaba, paciente. El abuelo tenía los movimientos torpes de quien padece artrosis. Le costó coger aquella hoja entre los dedos. Parecía una mariposa amarilla. Por fin, se la mostró en la palma de la mano con una sonrisa de triunfo. La abuela sopló y la hoja se fue volando. Rieron y me recordaron a dos niños contentos. Desde lejos, les envidié aquella alegría feliz, un punto inocente, que los devolvía a los mejores tiempos de su vida. No les dije nada, porque no les habría gustado saber que había sido testigo de la escena, pero pensé que eran afortunados. Yo también era dichosa por tenerlos. Habría querido explicárselo, pero llegué tarde.

El abuelo se murió de noche. Fue una muerte que se parecía al sueño. La abuela Margarita y yo le velábamos. Sentadas junto a la cama, contemplamos su partida. Se nos iba y no podíamos hacer nada. Respiraba con dificultad. Conté los últimos latidos de aquella existencia que se iba, los últimos suspiros. No lloré. No es que me resignara a verlo morir, la pena quedó dentro de mí. La llevaba conmigo y me oprimía el cuerpo y el pensamiento, pero ningún signo la exteriorizaba. Me sentía rígida, incapaz de moverme de la silla. En la mente, perduraba la imagen de la metamorfosis. Había visto cómo su rostro pasaba de la vida a la muerte. La expresión se convirtió en un rictus, su piel cambió de color, se endurecieron sus facciones. Aquella máscara había sido mi abuelo. No lo podía creer. La abuela Margarita no perdió la serenidad, se levantó para acercase a él. Puso una mano en los ojos que nos habían contemplado tantas veces, y los cerró. Después, se inclinó y le besó la frente. Temblaba, cuando se volvió hacia mí. Me hizo un gesto, para que me acercase. No era un movimiento imperioso, ni urgente. No me pedía nada. Tan sólo me invitaba a ocupar mi sitio a su lado. La miré con gratitud, pero fui incapaz de moverme.

Unas semanas atrás, habían caído las últimas hojas del almez. Poblaron el suelo de una lluvia ocre y tiñeron el jardín. Una se había perdido entre los cabellos de la abuela. Encontró refugio. Los dedos del abuelo buscaron la hoja. Ambos se reían y era como un juego. Los vi relajados, felices. Me comunicaron una sensación de paz. Al poco tiempo, él estaba muerto. Se había marchado con nuestros nombres en sus labios. Los de Sofía, Elisa, y el mío. Los había ido repitiendo una y otra vez, mezclados con palabras inconexas de significados oscuros. No las supimos entender. Cuando pronunciaba los nombres, parecía querer comerlos.

Los días siguientes transcurrieron con lentitud. Tuvieron lugar las ceremonias de despedida, celebradas en el cementerio y en la iglesia del pueblo, donde mucha gente quiso decir adiós a un hombre bueno. Puedo recordar los rostros que desfilaron ante nosotras, las palabras que siempre se dicen, cuando se quiere acompañar a los vivos que han perdido a alguien, la sensación de fatiga, las ganas de recluirnos en casa. Queríamos refugiarnos en la tranquilidad del recuerdo, lo que quedaba de su presencia. Me dediqué a buscar su rastro. Me encerraba en su despacho y lo hallaba en los libros de medicina, alineados en las estanterías, en la pluma con la que escribía, en los papeles donde hacía anotaciones. Me gustaba fijarme en su letra. Era una letra pulcra que se inclinaba un poco en el papel. Sentada en la silla que él ocupaba, y que con los años se fue amoldando a su cuerpo, me sentía muy cerca de él. Entonces me dedicaba a abrir cajones, a revisar carpetas, a repasar la vieja correspondencia. No pretendía escudriñar su pasado, que adivinaba claro como un cielo sin niebla. Sabía que había sido un hombre de vida metódica. Una persona amiga de hacer favores, generosa con los demás. Los disgustos que tuvo no fueron causados por él, sino por las mujeres que amó. Pasó por el mundo sin dejar una sombra de sufrimiento. Sólo nos había dado momentos buenos. Cuando lo pensaba, me temblaba el corazón y me preguntaba si había sido feliz.

Mientras mi mirada recorría los papeles, los libros, las carpetas, tenía una impresión difícil de explicar. Mi abuelo se había ido y nos quedaban sus cosas. Eran objetos que sólo tenían valor porque habían formado parte de su vida. Su reloj servía para recordarme aquel brazo que ya no volvería a posarse en mis hombros, protector. Su cartera de piel me llevaba a pensar en la sonrisa que me ofrecía, cuando yo era una adolescente y le pedía dinero para salir de fiesta. Con un gesto pausado, se sacaba la cartera del bolsillo, la abría, y buscaba algún billete. Era una escena que se había repetido muchas veces. El escritorio me recordaba su figura inclinada, que se concentraba en la lectura. Veía la curva que dibujaban sus hombros, el gesto de concentración. El banco del almez me hacía pensar que me esperaba.

Pocas semanas más tarde, la abuela Margarita llamó a los pintores. Les ordenó que pintaran toda la casa de blanco, que le devolvieran el aire limpio. Durante días, la casa olió a pintura. Era un olor intenso que alejaba los malos pensamientos. Hizo limpiar los muebles, encerar las puertas, sacar brillo a la plata. Parecía que lo preparaba todo para una gran fiesta. Se lo dije y su respuesta fue contundente:

–Lo hago por él.

–¿Qué quieres decir, abuela? No te entiendo.

–Quiero que la casa que ama esté a punto para recibirlo, si desea volver.

–¿Volver? ¿Has perdido el juicio?

–No sé por qué te extrañan tanto mis palabras, Carlota. Precisamente tú deberías saberlo.

–¿Qué debo saber?

–Hemos vivido siempre rodeados de fantasmas. Tú misma lo reconocías.

–Los fantasmas de mis madres. Claro.

–Él también estará siempre presente en esta casa. A mí, si debo ser sincera, me costó acostumbrarme a la presencia de dos desconocidas.

–Retiramos los retratos por ti.

–¿Qué importa? Ellas estaban en su corazón. Lo que significa que la casa estaba llena de ellas. Ahora va a ocurrir lo mismo: él está en nuestro corazón. Por lo tanto, quiero la casa lista para recibirlo.

Le sonreí. Me inspiraba una ternura profunda verla ir de aquí para allá, ocupándose de cada detalle. Ponía flores frescas sobre las cómodas, quitaba las colchas de ganchillo y cubría las camas con colgaduras, limpiaba las piezas de cobre. La miré, menuda, casi transparente. Su actividad me devolvía poco a poco a la vida. Ella parecía cansada. Había sumado las noches de vela al enfermo a aquel movimiento constante, que la entretenía mañana y noche.

Recuerdo especialmente aquella noche. Pensaré siempre en lo que sucedió con una mezcla de sorpresa y gratitud por su generosidad. Aunque no me extrañó –hacía tiempo que conocía su gran corazón–, no me habría pasado por la cabeza que pensara en ello. Yo volvía de la facultad y estaba cansada. Era una tarde de invierno, cuando los días son tan cortos. No había conseguido liberarme del sentimiento de pérdida. Pensaba a menudo en mi abuelo y no conseguía concentrarme en el ritmo de las clases. La tristeza no era una buena compañía. Cuando llegué, estaban las luces encendidas. Desde fuera, las ventanas parecían luciérnagas. Estaba la puerta principal abierta de par en par. Me gustaba aquella sensación de refugio, de volver a casa. La abuela Margarita me esperaba en la entrada. Llevaba un vestido color gris perla que hacía juego con su pelo. Se había peinado con cuidado y tenía el aire irreal de los personajes de los cuentos. Menuda y nerviosa, parecía impaciente por verme. Le dije que no estaba de muy buen humor, que las clases habían sido largas, que no tenía ganas de cenar. Me interrumpió con un gesto y me cogió de la mano. Noté la calidez de su palma. Me llevó a la sala y no supe qué debía decirle. Había perdido las palabras. Los cuadros volvían a estar en su sitio. Después de tantos años, ocupaban la pared principal. La sonrisa de mis madres me acogía de nuevo desde la pieza más importante de la casa. Pensé en el abuelo. Me dije que le habría gustado verlo. La abuela Margarita sonreía a mi lado. Parecía un pájaro.

XXII

Desde que descubrí aquella carta en el desván, mi vida cambió. Hay transformaciones que tardan en manifestarse. Al principio son casi imperceptibles: mutaciones minúsculas de algo que no sabríamos explicar. Lentamente vamos tomando conciencia de ellas. En mi caso el primer síntoma fue la curiosidad. Los papeles que hablaban de tierras lejanas me despertaban las ganas de saber. Debo reconocer que soy de naturaleza viajera. Lo sé, aunque no haya tenido la oportunidad de moverme mucho por el mundo. No he perdido la esperanza y creo que, algún día, haré un largo viaje. Tengo el espíritu inquieto y el deseo de perderme por calles y plazas. A pesar de que me siento muy vinculada a la casa en la que siempre he vivido, quiero salir a recorrer mundo para regresar después, con la mirada abierta a nuevos parajes.

La carta me llenó de curiosidad. La releí muchas veces y habría formulado muchas preguntas al hombre que la había escrito. Le habría pedido que me contara historias sobre la India, que me hablase de la gente que había conocido, del olor de la tierra y del aire. Cuando yo la encontré, habían pasado muchos años desde que fue enviada a Mallorca. El papel estaba amarillento y había polvo entre las hojas. En alguna hoja, el tiempo y la humedad causaron estragos. Aparecían círculos oscuros que dificultaban su lectura. El papel se rompía por los bordes, lo que aumentaba la impresión de fragilidad. Hacía muchos años que el jardinero había retornado de su viaje y vivía en una casa de piedra en el fondo del jardín. No le veía mucho. Estaba demasiado concentrada en los amigos, las clases, mi mundo. Además, era un hombre solitario. No se relacionaba con la gente. Hacía su trabajo con una pulcritud y una dedicación absolutas, ofreciendo lo mejor que poseía, la sabiduría y la experiencia de los años, pero no tenía un carácter abierto.

No fue sólo la carta. También él empezó a inspirarme curiosidad. Sin darme cuenta, le convertí en el centro de mi atención. Primero le observé durante mucho tiempo. Esto sucedió cuando el abuelo aún vivía y podía hacerle preguntas. Me decía que trabajaba en la casa desde que era un adolescente y que, a pesar de la proximidad que dan los años, apenas le conocía. Lo definía como un hombre correcto y respetuoso, eficiente en el trabajo, que dedicaba muchas horas a la lectura y que había ido reuniendo una buena biblioteca. Lo sabía porque era la única cosa que explicaba con orgullo. Incluso un día había tenido el gesto, impensable en otras circunstancias, de mostrarle su tesoro de libros. El abuelo me contó que, a pesar de su carácter arisco, siempre le había parecido de una peculiar sensibilidad. Nunca había tenido problemas con las personas que le rodeaban. Sabía rehuirlos con suficiente habilidad para no ofender a nadie. Si le pedían un favor, respondía de una manera afable. Si podía resolver un problema, lo hacía generosamente. Desde la distancia que él mismo imponía, la gente le respetaba.

Le observé. Había activado la capacidad de imaginar vidas, de recomponer historias. Durante años había dispuesto de un material de primera mano al que apenas dediqué atención. No lo podía dejar pasar de largo. Ramón se acercaría a los sesenta. Era alto y tenía el cuerpo musculoso de los que han realizado un trabajo físico. El pelo le blanqueaba y se le marcaban las facciones. En las manos llevaba dibujado el jardín. Eran las manos rudas de quien había vivido en contacto con la tierra, trabajando las semillas y haciéndolas crecer. A la vez, tenía los dedos delgados y largos, acostumbrados a volver las páginas de un libro. Llevaba ropa amplia, camisas de cuadros pequeños, pantalones de pana, zapatos de suela gruesa. No andaba muy de prisa. Me imaginé que aquella lentitud la había aprendido de sus años en la India. Cuando hablaba con alguien, movía las manos. Los gestos mesurados acompañaban la oscilación de las palabras. Me di cuenta de ello, mientras le observaba de lejos. A veces, sus manos dibujaban pequeños gestos. Era como si quisieran explicar la pequeñez del mundo. En otras ocasiones, trazaban movimientos amplios. Entonces yo pensaba que intentaban medir la inmensidad. Me acostumbré a seguir sus pasos, sin que él se diera cuenta. No quería interponerme en su vida, sólo contemplarla desde fuera.

Me habría gustado que me contase la historia de la casa. Él tenía que conocerla muy bien, después de haber vivido en ella tantos años. Habría conocido a mi abuela y a mi madre. Quizá no tuvo mucha relación con ellas, teniendo en cuenta que era un hombre poco comunicativo. Tal vez aún se acordaba, y me podría hablar de ellas. Me conformaba con bien poco. Me bastaban los recuerdos que los demás quisieran compartir conmigo. Como no las había conocido, descubrir un matiz nuevo me parecía un gran hallazgo. No me atreví a pedirle que hablase de ellas. Durante meses no tuvimos conversación alguna. Él iba a su aire; yo le observaba de lejos. Era una relación extraña, porque sólo existía en mí, pero no me molestaba que fuese así. Me acostumbré a parcelar mi vida: tenía mi mundo fuera de la casa, los compañeros de clase, las horas en la biblioteca o en un bar, las amigas de siempre. Tenía también aquella existencia recluida en una casa y un jardín, con aquel hombre que actuaba como si yo no estuviese. Cada una de las dos partes en las que se dividía mi existencia era atractiva. Poco a poco, sin embargo, la segunda fue ganando terreno a la primera. No lo podía evitar, ya que no se trataba de una cuestión de voluntad. La curiosidad iba creciendo, a medida que pasaban las semanas. No tenía nada que ver con el cotilleo, ni había sombra de mala fe, sino muchas ganas de conocerle. La carta había constituido un revulsivo que él mismo hizo crecer, sin darse cuenta.

Me fijé en que, cuando andaba, inclinaba un poco los hombros. Agachaba mucho la cabeza, pero con el gesto de mirar al suelo. No era una actitud de modestia ni de falsa humildad. Lo interpreté como un cierto desinterés por las cosas que sucedían a su alrededor. Iba a su aire, concentrado en lo que tenía que hacer, alejado del mundo. Su actitud ausente me fascinaba. No veía en ello simplemente el reflejo de un carácter distraído, sino una historia que se escondía detrás. La gente a la que había conocido no se abstraía del exterior de una forma tan absoluta. Era necesario el contacto con la realidad, la percepción de lo que sucedía cerca. Él prescindía del entorno con una aparente indiferencia. No había grietas en su coraza. Estaba forjada de una sola pieza, sin puntos débiles por donde aproximarse. Un día hablé de ello con la abuela Margarita. Pensé que tenía que medir bien mis palabras, para que no se sorprendiese si me refería a él. Pero aquella mujer no se sorprendía de nada. Le dije:

–¿Qué te parece nuestro jardinero? Es un personaje muy curioso.

–Tiene toda mi confianza y ya tenía la de tu abuelo. Es un hombre como Dios manda.

–Apenas sabemos algo de él. A veces, me da un poco de miedo su aspecto.

–¿Su aspecto? No sé por qué.

–No es, que digamos, un jardinero convencional...

–Eso no –se rió–. Si vieras la biblioteca que ha ido reuniendo con los años, te quedarías boquiabierta. Me lo contó tu abuelo, que la conocía. Sé que vivió algunos años en la India y que después decidió volver.

–Pues no sabes mucho. El abuelo ya me lo contó. ¿Sabes si conoció a mi madre?

–Naturalmente. Es lo suficiente mayor para haberla conocido. Creo que eran amigos. Además, también debió de conocer a tu abuela. Él sería un jovencito, cuando ella vino a vivir a esta casa.

–¿Amigo de mi madre? ¿A qué te refieres?

–A nada en concreto. No sé los detalles, ya que tu abuelo nunca quiso hablar de ello. Creo que se conocían. En todo caso, debían de tener una buena relación.

–¿Cómo puedes estar tan segura?

–Él estaba a su lado, cuando murió.

–¿En el faro de Formentor?

–Sí.

Me quedé muda. Aquella conversación sólo sirvió para avivar mi curiosidad. Había oído hablar de la muerte de mi madre. Era un relato duro y terrible, que me había llegado en versiones diferentes, según el narrador que lo contara. Sabía que había ido a Formentor con un grupo de amigos. Me dijeron que había una gran tormenta y que se la llevó el viento. Cayó por los acantilados.

Ignoraba que Ramón estuviera allí. Nunca conseguí saber sus identidades. Tampoco me había interesado en exceso. Consideraba que era un detalle anecdótico. Ahora ya no me lo parecía. Cuando conseguí rehacerme de la sorpresa, insistí:

–¿Cómo podía estar presente Ramón?, no lo entiendo.

–Han pasado muchos años, hija. Seguro que él debía de ser otro hombre. Un hombre que formaba parte de la casa, un hombre de confianza de la familia. Los años lo han vuelto arisco y lejano. Entonces todo sería diferente. Además, tu madre era una muchacha encantadora. Tenía un carácter abierto y decidido. Muy parecido al tuyo, por cierto.

–No le veo ningún sentido. ¿Irse de excursión con el jardinero de la casa? Sinceramente, no lo comprendo.

–Ni falta que hace. Ya te he dicho que iban un grupo de gente. Ahora no me acuerdo del nombre de los demás. De todas formas, hay cosas que es mejor no obsesionarse en descifrar. El tiempo o la vida misma se encargan de ello. Lo aprendí hace mucho.

–Creo que, a veces, debemos poner algo de nuestra parte. Tenemos que ayudar al tiempo y a la vida. No nos podemos quedar quietos y esperando.

–Tienes la impaciencia de la juventud. Es inevitable. Todos hemos tenido esta curiosidad que no nos deja seguir el curso natural de lo que sucede.

–No es simple curiosidad. Te recuerdo que estamos hablando de la muerte de mi madre. Me gustaría saber los detalles. Nunca conseguí que el abuelo me los contara.

–Es natural. Para él fue muy doloroso. Ya había perdido a tu abuela en plena juventud. A la misma edad, muere su hija. Se le cayó el mundo encima.

–Sí, vivía con añoranza.

–Tuve que acostumbrarme. En el fondo, no me resultaba nada difícil entenderle. Sólo tenía que imaginarme lo que habría supuesto para mí perderlo a él. Antes sólo lo imaginaba. Ahora ya lo sé.

–Yo no tuve la oportunidad de añorar a mi madre. Al menos, a una madre real. Tenía que inventarla.

–Fue difícil para los dos: para él y para ti.

–No podía entender que nunca me hablase de ella. Como si fuese su secreto. Siempre me he hecho preguntas.

A partir de aquella conversación mi grado de curiosidad aumentó. El interés se había convertido en una quimera obsesiva, enfermiza, que no me abandonaba. Es difícil explicar cómo te sientes cuando un único pensamiento se fija en tu cerebro. Tienes la sensación de que lo ocupa por entero y que no queda espacio para otras ideas. Todo lo que antes me llenaba de curiosidad o de preocupación fue perdiendo importancia. Me costaba seguir el hilo de las clases de la facultad. En un instante, mi cabeza volaba y perdía el ritmo de la lección. Había enormes espacios en blanco en mi cuaderno de apuntes. Tampoco obtenía mejores resultados en las conversaciones con mis amigos. Pronto se dieron cuenta de que, a pesar de que me esforzaba en aparentar que escuchaba, estaba muy lejos de lo que me contaban. No había ningún interés por mi parte. Constantemente pensaba en Ramón. No sólo me preocupaba el pasado, cuestiones como qué papel había tenido en la vida de mi madre, sino el presente. A media mañana, me preguntaba qué estaría haciendo. Miraba a través de la ventana, en el aula, mientras me imaginaba el jardín. Entonces habría querido saber si se había percatado de mi existencia. Intuía que la respuesta sería negativa. Él vivía a su aire, sin preocuparse mucho de lo que sucedía a su alrededor.

En aquella época nos comunicaron que la tía del pueblo estaba enferma. Tía Ricarda llevaba tiempo delicada de salud. Era muy mayor y ya no nos visitaba. Vivía retirada del mundo, con sus manías, como un pajarillo que no se atreve a abandonar su nido. No había superado todavía la muerte de tía Antonia, acaecida inesperadamente el último invierno. Ni aun la de tía Magdalena, que se fue después de una larga enfermedad que duró dos primaveras. De pequeña, había tenido mucha relación con ellas. Mecieron mis juegos infantiles, acompañaron mis primeros años de vida, cuando la ausencia de mi madre era un vacío demasiado grande. La mala salud y los avatares de la existencia fueron espaciando sus visitas, hasta que no pudieron volver. Sufrían un cúmulo de enfermedades. Se repartían, según el humor y la temporada, los ataques de migraña y de reuma, las taquicardias y las cataratas. Cuando era una adolescente, me gustaba ir al pueblo a visitarlas. Aunque casi no pudieran moverse, se alegraban mucho cuando me veían llegar. Cada una me había contado los sufrimientos de su vida como si fueran un secreto inconfesado. Con el rostro colorado –parecían jovencitas confesando males de amor–, me hablaban del novio muerto en la guerra, de los tres pretendientes que desaparecieron por arte de magia, del cura del pueblo, que vivía retirado en la aldea donde nació. Narraron para mí las historias que habían llegado a emocionarlas, que les llenaron las horas, que les regalaron ratos felices.

Las tías también me hablaron de Sofía y de Elisa. Lo hacían a menudo y, aunque me gustaba escucharlas, intuía que sus relatos mezclaban la realidad con la ficción. A veces, era como si aún estuvieran vivas. Se referían a ellas en un tono de proximidad cotidiana, que me desconcertaba. Me preguntaban, por ejemplo, si a Sofía, la confitura le había salido buena. Se interesaban por el menú que había programado para las fiestas de Navidad. Querían saber detalles sobre el vestido que llevaba Elisa en determinada celebración. Se extrañaban de que yo llegara sola y me preguntaban si mis madres tenían problemas de salud. Nunca intenté contradecirlas. ¿De qué habría servido que me hubiera esforzado en que recordaran las muertes de ambas? ¿Qué sentido tenía devolverlas a una realidad que ellas mismas habían aprendido a negar? Curiosamente, no me costó acostumbrarme. Hallaba un placer cada vez mayor, cuando mantenía la ficción. Representaban mi paréntesis de mentira grata y consoladora. Se referían a situaciones que eran falsas, pero que me confortaban. Yo también habría querido eludir la evidencia, pero no me era posible. A su lado, jugaba a convertir el deseo en realidad. Con una sonrisa en los labios, les seguía la conversación. Me inventaba detalles sobre comidas que no habían existido, confituras espléndidas, músicas de piano y vestidos nuevos. Durante un rato, me imaginaba en la piel de Sofía o de Elisa. Ellas estaban contentas y yo también.

Cuando nos avisaron de que tía Ricarda estaba muy grave, yo llevaba tiempo sin haberla visitado. Los años me habían alejado de aquel paraíso infantil. De vez en cuando, las llamaba. Durante los últimos años, sus voces me llegaban debilitadas a través del hilo telefónico. Aun así, podía distinguirlas sin dificultad. Siempre me decían lo mismo. Me preguntaban cuándo iría al pueblo, cómo estaban mis madres, si me había comprometido. Les respondía con evasivas y ni se daban cuenta. El tiempo prácticamente había anulado su capacidad de discernimiento. Aquel día, la abuela Margarita esperaba que volviese de clase para darme la noticia. Reaccioné con sorpresa:

–¿Muy enferma?

–Sí, parece que es grave.

–Pero aún no se ha muerto.

–Tendríamos que ir.

–Cuéntame qué le ocurre.

–Ya sabes que apenas sale de casa. Tiene dificultades para andar, pero se empeñó en ir hasta la ermita del pueblo.

–¿A la ermita? Llevaría años sin ir.

–Le invadió la añoranza de repente. No hablaba de otra cosa.

–¿Quién la acompañó?

–Una vecina que la conoce de toda la vida. Debió de insistir tanto que la mujer quiso cumplir su deseo. Cuenta que fue un calvario bajarla del coche. Cuando consiguió sentarla en un banco, cerca de la iglesia, empezó a llover.

–¿A llover?

–Nada, cuatro gotas. Una llovizna que la asustó de veras.

–La lluvia la puso enferma.

–El médico ha diagnosticado pulmonía. Dice que no vivirá mucho.

–Lo siento mucho, de verdad. Últimamente se sentiría abandonada. No la he llamado apenas.

–Perdía la cabeza. ¿Cómo iba a imaginárselo?

–Sí, claro.

–Tendríamos que ir.

Cuando llegamos al pueblo, ya había muerto. No pude decirle adiós. Tampoco pude decirle que Sofía, mi abuela, le mandaba un tarro de confitura de ciruela que, aquel año, había salido deliciosa.

No tuve tiempo de explicarle que Elisa, mi madre, acababa una colcha que se la enviaría para el invierno. Era una colcha de lana con unos dibujos de flores muy pequeñas. Me habría gustado que supiese que le mandaban muchos abrazos, que la añoraban, que me habían asegurado que harían lo posible para visitarla muy pronto.

Había sido mi tiempo de pérdidas. Debe haber un tiempo para encontrar y un tiempo para perder. Lo comprendí con un cierto pesar, mientras pensaba que, con la desaparición del abuelo y de las tías, los nexos con el pasado ya no eran reales. No se podían concretar en unos rostros que estuviesen cerca para recordármelo. Las raíces se convertían en una sensación que no era posible precisar. Un sentimiento que sólo permanecía en mí, que no tenía otros referentes que estas cuatro cosas: una casa y un jardín, la abuela Margarita, los recuerdos. Había acumulado las imágenes que me acompañarían siempre. No sabía si el tiempo se ocuparía de distorsionarlas, si les cambiaría la forma. Lo único importante era que había aprendido a guardarlas como si fuesen un tesoro. Los fantasmas de todos mis muertos tenían espacio suficiente para moverse, un caserón de paredes gruesas y el pensamiento de una mujer que era yo. Me agradaba saberlo. Era grato ser consciente de que las pérdidas eran tan sólo aparentes. Mis madres se alegrarían. No volverían a estar solas entre salas y habitaciones. La presencia del abuelo se volvía a notar en la casa. La podía captar en el aire, notarla en el ambiente. Las tres tías, seguramente más discretas, todavía no habían hecho su aparición. Estaba segura de que también conseguiría dar con ellas. Me saldrían al encuentro desde el desván, encogiendo la nariz porque les molestaba el polvo. Estarían bajo los porches del jardín, sofocadas a causa del calor. Me sonreirían desde la cocina, mientras vigilaban los fogones. Sólo había de tener paciencia y esperarlas. Dejar que el tiempo las devolviera por otros caminos. Entretanto, no se lo contaría a nadie. Guardaría el secreto, porque hay sentimientos que es mejor no compartir. Nos ayudan a vivir, y a los demás, ¿qué les importan nuestras quimeras?

Recorrimos el camino de vuelta en silencio. Yo conducía y era de noche. Los faros del coche iluminaban una distancia corta de carretera. La abuela Margarita, sentada a mi lado, no decía nada. Se limitaba a hacerme aquella compañía callada que tan bien conocía. Habría querido agradecérselo, pero no encontré las palabras. Quizá no eran necesarias. Tenía bastante con la sensación cálida que sentía cuando estaba cerca. Conduje sin prisas, hacia casa. De noche, apenas había tráfico. La circulación era fluida. Cuando entramos en la autopista, me relajé. El pensamiento se perdió y voló muy alto, más allá del cemento y de las nubes. Pensé que no debía perder el tiempo que se había escapado entre las manos de los que amaba, porque aún era mi cómplice. Me sabía joven y me sentía fuerte, pero no sabía hasta cuándo podría durar la vida. Mis madres murieron en plena juventud, cuando nadie lo esperaba. Una persona no puede predecir el espacio de existencia que aún le queda por saborear. Es una cuestión de los hados, que son caprichosos. Nos sorprenden cuando menos lo imaginamos. Nos reservan épocas felices, días de dudas, las angustias y los miedos. Decidí no continuar planteándome preguntas. Tenía que buscar las respuestas a mis inquietudes por otros lugares. No estaban en mí. Ni siquiera en la gente que me rodeaba. Debía buscarlas en una casa de piedra que estaba al fondo del jardín. Tenía un farol en la puerta que se encendía por las noches y formaba un círculo de luz. En ella vivía un jardinero.

XXIII

Fui a verle aquella misma noche. Cuando llegamos del pueblo, la abuela Margarita parecía cansada. Le dije que fuera a reposar. Tenía el rostro algo trastornado. Era la alteración que sufre la gente mayor cuando se encuentra con la muerte de otros y se huele la suya. Aunque nunca me había hablado de ello, sabía que le impresionaban los entierros y las ceremonias fúnebres: había hecho un esfuerzo acompañándome a Llubí en mi último encuentro con el pasado. Como era la discreción personificada, no me hizo comentario alguno. No me dijo hasta qué punto le había resultado difícil. Yo le agradecía aquella ayuda sin reproches que le caracterizaba. Era una mujer generosa, que me acompañaba en los momentos duros. Ahora, sin embargo, no la necesitaba. Habría sido un obstáculo en el camino, si se hubiese empeñado en seguir a mi lado. No tuve que insistir, ya que tenía un sentido de la discreción que me asombraba. Sería la reina de las intuiciones, porque adivinaba cuándo tenía que retirarse y cuándo era imprescindible su presencia. Creo que nunca he llegado a valorar eso como merece.

Con el rostro pálido por la proximidad de la muerte, se fue a su habitación. Me deseó buenas noches, y no había dudas ni sospechas en la voz que me hablaba. Desprendía el afecto de siempre, una ternura que no resultaba nada incómoda, porque se manifestaba con la dosis exacta de prudencia, y una tranquilidad de espíritu que le envidié. Me habría gustado compartir aquella paz interior, ser partícipe de ella. Llevaba semanas alterada y nerviosa. Concentrado el pensamiento en la figura del jardinero de la casa, llena de preguntas e interrogantes, notaba que se había producido en mí una transformación. La Carlota de antes, que estaba distraída en mil pequeñeces, vivía con una única obsesión.

Sin los cuadros de mis madres en la pared, mi dormitorio parecía más amplio. Ellas habían llenado la habitación. Su presencia ocupaba todo el espacio. Desde que no estaban, tenía momentos de añoranza, momentos en los que miraba la pared vacía y pensaba en ellas. Pero la mayoría de los días me sentía cómoda. Era agradable la sensación de haber recuperado por completo mis propios dominios, lejos de interferencias y de distracciones. Aquella noche abrí las puertas del armario. Tenía que adentrarme en él y explorar sus profundidades. Quería una ropa diferente para mi encuentro con Ramón, para la visita que no seguiría aplazando. La ropa que colgaba no era de una gran diversidad: pantalones vaqueros, camisetas y jerséis, alguna falda larga. Ninguna de aquellas piezas era lo que yo buscaba. Encontré un vestido de color verde que me hizo dudar. Tenía la falda demasiado ancha y el escote pronunciado. Lo descarté. Había otro de una tonalidad violeta, poco favorecedora para mi piel. Lo había llevado en una sola ocasión, para la boda de una amiga, y no me lo volví a poner más. Lo retiré sin dudarlo apenas. Por último, vi aquel vestido negro, de líneas simples, que me marcaba la cintura. El escote dejaba descubierto el cuello y el inicio de los hombros. Era muy sencillo, pero la tela conservaba la suavidad del primer día. Me lo probé. Se adaptó perfectamente a mis movimientos y a mi figura. Me pareció, además, una mezcla de sobriedad y provocación.

Decidida, di dos pasos hacia la puerta. Antes de salir, dudé. ¿Adónde iba? ¿Qué sentido tenía presentarme en casa de un desconocido casi a medianoche? Probablemente pensaría que estaba loca. Una pobre mujer que ha perdido el juicio y aparece para reclamar antiguas historias. Historias que el tiempo ha convertido en nada, en un poco de ceniza. Hice un intento de construir un discurso lógico o, al menos, un inicio de discurso. Pensaba decirle que no pretendía molestarle ni hacer revivir viejos fantasmas. Sólo buscaba que me explicase qué había sucedido. ¿Cómo conoció a mi madre? ¿Por qué extraños caminos le había tocado acompañarla en la hora de la muerte? ¿Por qué en el faro de Formentor? ¿Por qué fueron allí?

Salí al jardín y me pareció que había realizado una proeza. No había nadie, a aquella hora. Cerré despacio la puerta tras de mí. Hacía frío y pensé que tendría que haberme abrigado, pero mi percepción del frío no me parecía real. Mi realidad era la prisa, una inquietud en el estómago, un cierto miedo. Anduve por el sendero que cruza el jardín de un extremo a otro. Los árboles eran sombras gigantescas delante de mí. No había apenas luz que guiase mis pasos. A una distancia cada vez más corta, el farol de la casa de Ramón. Era un círculo de luz que se esparcía por un trozo de jardín. No recuerdo bien cómo llegué. Me dominaba la sensación de vivir una mentira. Nada de aquello podía ser realidad. A la vez, tenía los sentidos a punto, agudizada mi capacidad para percibirlo todo. No me hice más preguntas. Los interrogantes habían quedado en un rincón de mi mente. No dormían, sólo esperaban la ocasión de volver a aparecer. De momento, me dejaban proseguir. No interceptaban el curso de los acontecimientos. Sabía que no debía culpar a las circunstancias. Era una voluntad libre que me empujaba por las sendas de la memoria. Pensé que Elisa, mi madre, quizá también había seguido aquella misma ruta. De una casa a la otra, amparada por la oscuridad. Quién sabía cuándo o cómo. Los muertos no dejan pistas; los vivos debemos buscarlas.

Llamé tres veces. El timbre resonó en el silencio y me recordó al silbido de un tren que llega. Era una incongruencia, porque yo no tenía la sensación de llegar a ninguna parte. Si acaso, mi visita era un punto de partida hacia no sabía dónde. A través de la ventana, vi luz en el interior de la casa. Era una luz débil, que aumentó al llamar yo a la puerta. Después, el eco de unos pasos que se acercaban. Ramón me abrió. En sus ojos no había rastro de sueño. Daba la impresión de que había interrumpido algo, como si le hubieran obligado a retornar de repente. Me lo imaginé leyendo en una butaca, echado, el libro entre las manos, la atención concentrada. Tenía un aire de ausencia que me enterneció, aunque no habría sabido adivinar la causa.

Llevaba una camisa de hilo, deshilachada en las mangas por el uso, unos pantalones anchos. En las manos, el volumen que estaba leyendo. No había sabido dónde dejarlo, quizá demasiado sorprendido por mi presencia a destiempo. Cuando me vio en el dintel, realizó un esfuerzo por situarme en el mapa de los vivos y no lo consiguió. Se quedó quieto, con la mirada fija en mis ojos, sin decir palabra. Lo miré como si recuperase a alguien, después de mucho tiempo. Era la impresión que tenía: aquel hombre y yo teníamos muchas palabras pendientes. La vida no nos había dado ocasión de pronunciarlas, pero yo me había avanzado a la vida misma. A pesar de mi carácter decidido, era la primera vez que me atrevía a dar un paso así. Aun con el nerviosismo, una idea me pasó por la cabeza. Pensé que no podía ser un error. Había dedicado demasiados esfuerzos a ello para que el resultado fuese un desacierto. Estaba delante de mí, con sus piernas y sus brazos largos, los hombros con la inclinación que le conocía, el pelo con canas. Suponía un misterio por descubrir, muchos interrogantes por resolver. No podía reflexionar. Me dejaba llevar por la sensación de tenerlo muy cerca. Permanecimos en silencio un buen rato, uno frente al otro. Era una situación inusual, pero no resultaba incómoda. En ningún momento sentí que mi presencia le estorbase. Se había quedado mudo, de pie ante la puerta. Sabía que yo tenía que decir algo, explicar por qué había ido, pero también callaba. La actitud de Ramón no me invitaba a decir nada. No hizo un solo gesto de interrogación o de sorpresa. Como no era lo que yo había esperado, aquella actitud me dejaba aún más confusa. Sentí que se me nublaba el cerebro y se me anudaba el estómago. Ambas sensaciones me dejaban sin capacidad de reacción. Anulaban mis defensas, mi energía.

Pasó un tiempo que no habría sabido calcular. Había perdido la noción, aunque se me hizo muy largo. Nos iluminaban el farol y la luna. No obstante, éramos dos figuras indecisas frente a la puerta. Dos perfiles desdibujados; también dos voluntades desdibujadas. Casi sin darme cuenta, fueron surgiendo las primeras palabras. En un titubeo vacilante, dije:

–Buenas noches, Ramón.

Me respondió brevemente, pero le oí muy bien. No se trataba de que la imaginación me jugara una mala pasada, sino de la realidad de unas palabras que me impresionaron. Me dijo:

–Buenas noches, Elisa.

Habría querido corregirlo. Explicarle que Elisa no lo podía visitar de noche, porque estaba muerta, pero no llegué a tiempo.

Noté sus brazos alrededor de mi cintura. Me abrazaba y yo no podía oponerme. Quizá tampoco quería oponerme. Sólo deseaba esconderme en el espacio que me ofrecía aquel cuerpo, buscar refugio en él. Me levantó del suelo y yo era una figura sin voluntad ni fuerzas. Entramos en la casa de piedra. Entonces todo sucedió como en un sueño.

Había una alfombra que cubría el suelo de la sala. Sus colores estaban desteñidos, pero transmitía una sensación de calidez. Nos tumbamos. El uno junto al otro, quietos, permanecimos inmóviles. Poco a poco, Ramón me besó. Tuve la impresión de que sus labios iban a romperse. Temblaban cuando se posaban en los míos. Era un estremecimiento suave, que no duraba mucho. Me fundí en aquel beso. Percibía todo el cuerpo concentrado en mi boca, como si yo no existiese más allá. Mi capacidad de percibir sensaciones se había intensificado en un punto concreto. Notaba el gusto de su boca. Era una mezcla de sabores diferentes que me entretenía en distinguir: sabor a limón y a sal, sabor a olor de hierba. La hierba del jardín, cuando caía la lluvia, se parecería al rastro de saliva que se mezclaba con la mía. Nunca había besado con todo el tacto en los labios. Los besos que no me habían robado el corazón desfilaron en un momento por mi mente. Los había habido insípidos, aburridos, tristes. Sólo había saboreado chispas de deseo, que se diluían al tocar fondo. La lengua de Ramón recorría mis labios y se adentraba en mi boca convirtiéndola en una gruta mágica, donde reposaban los mejores recuerdos.

Le desabroché los botones de la camisa. Él me quitó el vestido, que voló lejos. Fue a parar a la alfombra, como un charco negro. Nos abrazamos y deseé fundirme con él. Era una sensación de urgencia que aceleraba mis movimientos. Había falta de sincronía entre los dos. Ramón se movía con una lentitud que no admitía prisas. Yo no sabía contener mis ganas. Lentamente me adapté a un ritmo que prolongaba el placer. Mi cuerpo lo acogía con sencillez. Tenía la impresión de que lo había esperado desde siempre. Concertados los ritmos, no era difícil acoplar los gestos. Me abrí entera para que entrase dentro de mí. Entonces le retuve en un instante de quietud. Formábamos una materia única, un solo cuerpo. Se esfumaron las prisas y quise detener aquel momento. Tenía que percibirlo con toda su intensidad, para que me acompañara luego.

Me besó el cuello y se perdió por los huesos que marcan el comienzo de los hombros. Tenía la piel de las manos áspera, pero era una dureza grata. Notaba sus aristas en el nacimiento de los pechos, en los pezones, en los muslos. Cuando nos acoplamos, todo mi cuerpo se curvó. Me recordaba al arco de un violín. Me había olvidado de la impaciencia. Yo era de fuego y las llamas esparcían un ardor amigo. Recorrían mi espalda, se instalaban en mi vientre, en mi entrepierna. Los movimientos de Ramón me invitaban a seguirlo por caminos desconocidos. Volvió a murmurar el nombre que no habría querido oír:

–Elisa.

No decía nada más. Tan sólo aquel nombre cual un conjuro. Se le escapaba de los labios poco a poco y me sonaba distinto. Era como si nunca lo hubiese oído pronunciar a nadie, como si yo misma lo descubriera por primera vez. Me desconcertaba y me daba miedo. Era incapaz de reaccionar para corregirlo. En el fondo, qué importaba. Todo lo que me había obsesionado se convertía en los restos de agua que quedan en la ventana, tras la madrugada. El agua que se evapora con el sol, que todo lo calienta. Él era el sol; las inquietudes eran las gotas que desaparecen. Sabía que vivía un paréntesis: un espacio de tiempo en el que las dudas se adormecían. No me pregunté si volverían a abrir los ojos, a perseguirme.

Una ola de calidez y de vértigo me invadió. Sentía el cuerpo despierto, a punto de capturar la explosión de gozo. Me concentré en ello, como me había concentrado antes en los labios. Círculos de aquel pequeño fuego se dibujaban en mi piel. Ramón se movía dentro de mí con la habilidad del buzo que nada en el mar. Eran movimientos rítmicos, acompasados. El placer me invadió de pronto y fue creciendo, hasta que toda yo era placer. Él también vino conmigo: fuimos la espuma y la ola que rompen en el arrecife. Volvió a besarme. Había una ternura extraña, en aquel beso. Yo me sentía como si hubiera tocado el cielo con un dedo; él parecía haber recuperado un paraíso perdido.

A partir de aquella noche, le seguí visitando durante muchas otras noches. No se convirtió en una costumbre, sino en una necesidad. Me urgía recorrer la distancia de jardín que nos separaba. Esperaba con afán que pasasen las horas, que llegara la noche. A la hora de cenar, la abuela Margarita me notaba distraída. Se daba cuenta de que tenía el pensamiento en otra parte. Veía el aire de ausencia que había en mi rostro, cada vez que me hacía una pregunta o un comentario. Me costaba centrarme en lo que decía, escucharla. Advertiría un cambio en mi actitud. Se extrañaba cuando me veía llegar cargada de bolsas, porque había decidido renovar el vestuario. Yo nunca había sido una persona muy preocupada por la ropa. De repente, empecé a comprarme vestidos seductores. Llenaba la habitación de faldas vaporosas, de blusas de tejidos delicados, de zapatos de tacón. En una visita a la peluquería, me ricé el pelo. Lo llevaba recogido bajo la nuca, con unos mechones sueltos, rizos que se escapaban a su aire. Me maquillaba poco, pero me gustaba perfilarme la línea de los ojos, el contorno de los labios. No abandoné los estudios, aunque los llevaba con una desidia que no era propia de mi carácter. A medida que Ramón tomaba protagonismo, todo el resto quedaba reducido a casi nada.

Pasaron las semanas. Eran tiempos de impaciencia. No había espacios para otras historias: sólo aquel hombre abrazándome, al caer la tarde. Los compañeros de la facultad, los amigos de siempre, se convirtieron en presencias diminutas que no me alteraban en absoluto. Era como si no existiesen. Podía pasar muchos días sin apenas hablar con ellos. Fui espaciando, sin darme cuenta, las llamadas, los encuentros. Una enorme pereza me ganaba por entero, cada vez que debía encontrarme con alguien. Me inventaba excusas en el último segundo. Les decía que tenía trabajo, que tenía que hacer un encargo, que me sentía mal. Insistieron en muchas ocasiones, pero yo siempre tenía alguna justificación a punto. Aprendí a modular la voz para hacer más creíbles mis palabras. Dejaron de llamarme. Ya no me invitaban a las juergas que montaban, lo que para mí suponía un descanso. Por fin, no debía continuar inventando mentiras. Podía respirar tranquila, refugiarme en mi casa, y esperar a que oscureciera.

Una noche, mientras cenábamos, la abuela me habló de aquellos cambios:

–Te veo la mirada perdida, Carlota. Tengo la sensación de que estás ausente.

–Mi vida ha cambiado. Será una cuestión de prioridades, pero las cosas que antes me importaban ahora son insignificantes.

–Cuando esto sucede es porque otra cosa ocupa su lugar.

–Será lo que tú dices. –Me costaba dar explicaciones sobre el estado de confusión mental en el que vivía.

–Anoche te vi salir al jardín.

–A veces, no me puedo dormir y salgo a dar una vuelta. El jardín es un buen lugar.

–Ibas vestida de fiesta. Caminabas de prisa, inquieta.

–No lo recuerdo, abuela.

–Me pareció que ibas a una cita.

–¿A una cita? No seas ridícula. ¿Con quién iba a encontrarme, de noche?

–He pensado en ello. Llevo muchas noches pensando en ello.

–No me alegra estorbarte el sueño con manías extrañas. Ya te he dicho que me gusta dar una vuelta, antes de ir a la cama.

–Vas a ver a Ramón, el jardinero –lo dijo sin alzar mucho la voz, con su misma actitud de siempre.

–¿Cómo lo sabes?

–Tú me lo has dicho. Es sencillo leer en tus ojos, Carlota.

–Somos amigos. Me invita a tomar café, hablamos de libros y de música. Tú misma me dijiste que era una persona que merecía la pena.

–Te he visto volver de madrugada.

–¿Me espías?

–No. Ya sé que no tengo ningún derecho. Quizá no debería haberte hablado de ello.

–Seguramente. Me extraña de ti, que eres la discreción personificada.

–Estoy preocupada.

–No hay motivos de preocupación. Tranquilízate.

–Sigues el camino de tu madre. Elisa hacía lo mismo que tú.

–¿Cómo lo sabes? –salté–. ¿Por qué no me lo quisiste contar?

–No quería crearte preocupaciones inútiles sobre el pasado. Pienso que no vale la pena removerlo. Pero ahora…

–Ahora pretendes avisarme. No hace falta.

No sé si era necesario. La verdad es que aparqué aquella información en un rincón de mi cerebro. Procuraba actuar como si no la tuviese, como si me hubiera olvidado por completo, convencida de que el tiempo la iría pulverizando. Creía que los días la empequeñecerían, hasta que no quedase ni una sombra. Pero no sucedió como lo había previsto: todo se complicó aún más. Sin quererlo, pensaba en ello. Volvía a preguntarme qué relación había tenido mi madre con Ramón. Me asaltaban las dudas antes de verlo y después de estar con él. Los encuentros eran paréntesis que conseguían alejar las incógnitas. Su personalidad adquiría fuerza suficiente para hacer desaparecer cualquier pensamiento. Cuando él estaba, no me importaba nada.

Era un hombre callado, que imponía el silencio como una consigna. A su lado, las palabras sobraban. Cuando se iba, todo volvía a ocupar su sitio. Entonces surgían los interrogantes. Durante semanas, fui incapaz de formularle preguntas relacionadas con el pasado. Él aprendió a llamarme Carlota y me gustaba oír mi nombre en sus labios. Sin embargo, descubrí que procuraba no pronunciarlo. Lo eludía de la misma manera que se evita una realidad molesta. Intuía que habría preferido llamarme Elisa, pero nunca lo acepté. Conscientemente, quería liberarme de una confusión de identidades. Le conté que la noche de nuestro encuentro vivió un espejismo, que debíamos olvidarlo y poner las cosas en su sitio. En otro nivel, que me costaba dominar y admitir, inicié un proceso de aproximación a mi madre. Me sorprendía ante el espejo, insistiendo en acentuar nuestro parecido. Además de peinarme como ella, procuraba vestirme imitando su estilo. Buscaba los colores que ella habría escogido, las telas que le gustaron. Nunca lo habría reconocido, pero vivía dividida entre la realidad y una extraña ficción.

La realidad eran sus brazos, recorriéndome entera. Era el beso que me hacía creer que el mundo gira y da vueltas. Era el movimiento de Ramón al abrirme la puerta de su casa. Su mirada tranquila, su sonrisa, sus pasos, que intuía antes de verlo. Era contar las horas que duraba la ausencia, imaginarlo en el jardín, entre los árboles y las flores. La ficción era el silencio que nos tocaba protagonizar, las suposiciones que se ocultan, las dudas que no se dicen. Era simular que las cosas habían sucedido de otra forma, que nadie se interponía entre nosotros, que los fantasmas dormían. Los fantasmas tienen horas de reposo y horas de vida. Saben invadir los espacios que fueron suyos, los cuerpos que aprendieron a amar, las existencias que vivieron.

XXIV

Se puede vivir entre el cielo y el infierno. Yo malvivía en una marea de dudas. Fueron tiempos extraños, que recuerdo con el corazón encogido, ya que toda mi vida giraba en torno a una persona. De la concentración en una historia única, pasaba a dudar de todo. De la felicidad que dura un instante, iba a la tristeza. Había descubierto que Ramón me hacía feliz. Momentáneamente feliz. Era feliz cuando tocaba su piel, cuando me abrazaba, cuando escuchaba su voz. Las primeras noches, habría querido imaginar que se puede recortar el tiempo: el tiempo como un rompecabezas enorme que está formado por muchas piezas. Cada una de las piezas encaja con las otras. Se produce una sincronía absoluta. Tenemos que procurar que no se pierda alguna, porque podría desaparecer un trozo de cielo o la forma de las nubes. No existen figuras extrañas, que estorben al conjunto de un paisaje perfecto. Me esforzaba por creerlo, pero sabía que no era cierto. Mi historia estaba incompleta. El pasado de aquella casa tenía demasiadas sombras.

Los primeros encuentros fueron una explosión de descubrimientos. Me entregaba a ellos con la sensación de no llegar a tiempo, quizá porque no me podía refugiar plenamente, ya que una parte de mí estaba siempre en alerta. Las sospechas no surgen de repente. No confiamos del todo en alguien y, en un instante, dejamos de tener fe en esa persona. La realidad es muy complicada. Hay quien dice que la confianza se gana o se pierde, como si fuese un juego de dados. Ganarla es un proceso gradual, lento. Perderla puede depender de muy poco. En realidad, nunca había confiado en él. Había existido una curiosidad que me llevó a acercarme al personaje, una fascinación difícil de explicar, que tomó fuerza con la proximidad física. ¿Es posible desear beberse el aliento de alguien y, a la vez, temer sus ojos? Esto es lo que sucedía. Me besaba y yo pensaba que el mundo entero debía ser un jardín. Nos mirábamos y el recuerdo de mi madre aparecía entre los dos.

Elisa, la mujer que me dejó cuando era una cría. La figura del retrato, audaz y sonriente. No había tenido tiempo de amarla. La vida no me dio ocasión. En cambio, la eché mucho de menos. Me lo enseñó el abuelo, me contagió la añoranza. También me contó que hay vidas que duran un instante. Pueden ser breves y contener la intensidad de muchos vientos y muchos mares. Los que las conocieron se sienten afortunados. Agradecen la gracia de haber podido acompañarlas. El espacio de vida que pudieron compartir. Él vivió con la certeza de ser capaz de construir su presencia. Cerraba los ojos y tenía un aire ausente, de hombre que se nos escapa. Huía para acercarse. Se zafaba de la realidad –una conversación, alguien más, él mismo– y se escurría para recuperar a las mujeres que había perdido: Sofía y Elisa, dos misterios. Aprendí a compartir su desasosiego. Vivimos juntos la seducción de los retratos, el sentirnos indefensos porque no estaban. Fuimos cómplices de una ausencia que nos dejaba muy solos. Nos hicimos compañía, mientras las recordábamos.

El abuelo se había ido y no le podía contar lo que me sucedía. Tampoco era capaz de hablar de ello con Ramón. ¿Cómo iba a decirle que sabía que estaba junto a Elisa cuando ella murió? ¿Con qué palabras tenía que confesarle que no me fiaba de él, que ignoraba qué papel había tenido en la vida de mi madre? Él no era un hombre nada expresivo. Aquel silencio, que me había parecido seductor, se me antojaba ahora peligroso. ¿Por qué callaba? Habría sido lógico que me contara algo de los años pasados, que hiciera alguna referencia, pero nunca lo hizo. Tuvieron que transcurrir los días, que pueden volverse lentos e inexplicables. Tuvieron que pasar semanas enteras hasta que los hechos se encadenaron para interrumpir el silencio. Mientras tanto, yo vivía dividida en dos mitades que no podían reconciliarse. Por una parte, la atracción que me inspiraba Ramón. Las ganas de fundirme en él y desaparecer de la tierra. Habría prolongado cada abrazo. Me habría instalado en su cuerpo, como quien halla una casa y se recluye en ella, porque adivina que es su mejor refugio. Un refugio con el tejado inclinado que dibujaban los brazos, con la pared firme que era el pecho donde apoyaba mi cabeza, lleno de ventanales por donde entraba la luz del sol. Por otra parte, las dudas. No tardaron mucho, aparecieron para complicarme la existencia. Me asaltaban de noche y hacían volar el sueño. Con los ojos abiertos, inquieta, sentía que surgían los interrogantes.

Un día, oí una conversación desde la azotea. Una criada vieja, que llevaba trabajando en la casa mucho tiempo, hablaba con el hombre que, durante años y años, nos traía la leña. Ambos tendrían, más o menos, la misma edad. Los conocía desde pequeña y sus voces me resultaban familiares. Al principio, no les dediqué mi atención. El murmullo de las palabras no me alteraba. Estaba en la azotea, aprovechando el sol escaso de la mañana. Ausente, no me entretenía en seguir las conversaciones. Me dejaba columpiar por la quietud de aquella hora. Miraba hacia afuera y, a lo lejos, veía a Ramón trabajando en el jardín. El mes de enero era una buena época para trasplantar árboles. Distinguía su perfil junto al tronco de un granado. Se protegía del vientecillo con una chaqueta ancha de cuello alto. Mi corazón se iba tras sus pasos.

La mujer tendía las sábanas. Este hecho atrajo mi atención. Es curioso, pero no fueron las palabras sino las telas blancas que levantaban el vuelo. El viento les daba formas diversas. Las colocaba una junto a otra, en una simetría que descubría años de práctica en aquella tarea sencilla cuya observación me resultaba placentera. Me habría gustado que mi vida fuese simple: una mano que alisa la arruga de la ropa mojada. No preguntarse por qué, tan sólo dejarse llevar. Aquello debía de ser la placidez. El hombre se había ido encogiendo, a medida que pasaban los años. La vida le robaba centímetros. Sin embargo, le regalaba una inteligencia natural que los años se encargaron de cultivar. Era más listo que el hambre, despierto y conversador. Tenía fama de malpensado y sincero.

No fueron las palabras, sino las sábanas. A veces, los objetos nos arrastran de vuelta al mundo. Nos concentramos en ellos sin quererlo y de pronto llegan las palabras. Los oí. Ella dijo:

–No sé qué vamos a hacer, en esta casa. Siempre había oído que las historias se repiten, pero no lo acababa de creer.

–Claro que se repiten, mujer. ¿No sabes que el mundo es una rueda? Todo vuelve.

–Todo el mundo habla de ello. Dicen que parece el fantasma de su madre que ha tomado forma de mujer, otra vez.

–¿La has visto alguna noche?

–No. Reconozco que tengo el sueño pesado. Son los años; me dejan abatida al llegar la noche. Me han contado que recorre el jardín como la otra. Sigue el mismo camino, hasta la casa de piedra.

–Lo siento. Menos mal que don Mateo, que en paz descanse, no lo puede ver.

–El señor se volvería a morir del disgusto. Ya tuvo bastante con su hija.

–La verdad es que las dos tienen un aire parecido: el pelo, la boca. Aquel sinvergüenza se habrá zampado el pastel dos veces.

–Calla; te van a oír. Yo no sé qué les da. Antes, aún, que era un hombre joven y bien plantado. Pero los años no pasan en balde para nadie.

–No. Ninguno nos libramos.

–¿Tú crees que la señorita Carlota lo sabe? ¿Crees que alguien se habrá atrevido a contárselo?

–¿Contarle el qué?

–Cómo murió su madre. Sabes que él estaba a su lado. Fueron al faro de Formentor. Se dice que…

–Se dice que no fue el viento, que fueron las manos de un hombre. Cayó por el acantilado.

–Nos la trajeron muerta. Parecía de seda. Él también.

–Había alguien más con ellos. Se dice que Ramón era un hombre celoso, posesivo.

–Se dicen tantas cosas…

–La señorita Carlota es muy joven. Me recuerda a su madre. No me gustaría que corriese la misma suerte.

–Es cierto: todo se repite.

Al día siguiente encontré la fotografía. Es curioso cómo se encadenan los acontecimientos para impedirnos vivir tranquilos. Aquella noche no acudí a la cita con Ramón. Pasé la noche inquieta. Las palabras quc mc llcgaron a la azotea, hasta la baranda en la que me apoyaba para mirar a lo lejos, no me dejaron conciliar el sueño hasta muy tarde. Entonces aparecieron los viejos fantasmas. Rondaban mi cama y me impedían la calma. Elisa salía a mi encuentro como una sombra. Adquiría una consistencia poco sólida, como si fuese una mentira. Se esforzaba por hablarme. Notaba sus dificultades, los intentos que llevaba a cabo para que entendiese lo que me iba a decir. Las palabras se escapaban cuando aún no había acabado de pronunciarlas. Tomaban la forma de pequeñas espirales de humo, hasta que desaparecían. Yo me volvía agua. Era un río pequeño que se esparcía por las sábanas, que formaba charcos. El humo anunciaba el fuego. ¿Dónde estaba el incendio que tenía que apagar? ¿De dónde provenían las llamas? Estaban en los ojos de Elisa, en las palabras que había oído y que me quemaban por dentro.

Me levanté de madrugada. Empapada de sudor, el pelo en desorden, la mirada triste. Me vestí de prisa, de cualquier manera. Me había levantado rápidamente y no tenía tiempo que perder. A través de la ventana, veía las primeras luces de la mañana. Eran claros que vacilaban, como yo misma. Luces indecisas que me recordaban mis propios temores. Transcurrirían los minutos y el cielo adquiriría una tonalidad uniforme, sin resquicios. Mi vida, en cambio, era confusa. No tenía la nitidez del cielo. Anduve hasta la casa de piedra con pasos ateridos. Nadie estaba despierto, a aquella hora. Incluso los más madrugadores todavía calentaban las sábanas. Los árboles salían a mi encuentro y eran criaturas sólidas, llenas de vida. Yo les pasaba de largo y tenía la sensación de que llevaba la muerte dentro de mí. El farol de la puerta irradiaba una luz que era devorada por el sol. Pensé que así son las cosas: el tiempo nos cambia la perspectiva. El día puede empequeñecer lo que de noche nos parece grande. También podía suceder al revés. Deseaba que hubiera ocurrido lo mismo con la muerte de Elisa. La gente podía repetir versiones falseadas, haberse inventado historias.

Cuando Ramón me abrió la puerta, me tomó entre los brazos sin decir palabra. Le vi la expresión de inquietud. Me había esperado despierto desde la noche anterior, sorprendido de que no fuera, pero no me hizo preguntas. Nos abrazamos en la entrada. Había una urgencia difícil de explicar entre ambos. Una prisa que nos empujaba a buscarnos los cuerpos, que aceleraba los latidos de nuestros corazones, que hacía desaparecer todo lo que nos rodeaba. Era un proceso que tenía lugar sin esfuerzos, de una forma natural. Mi reacción inicial era reprimirlo, pero en seguida me dejaba llevar. Aquella madrugada nos amamos de una forma algo brusca. No con la ternura de antes, sino con un deseo primitivo. El deseo en estado puro, sin disfraces ni artificios. Sólo las ansias del otro, que no se terminan nunca, la voluntad de recorrer los pliegues de su piel, las formas que vuelven a descubrirse. Nos quisimos sin saber que sería la última vez, pero actuamos como si alguien nos lo hubiese dicho. Con la misma desesperación, inmersos en el esfuerzo imposible de parar el tiempo, de retenerlo entre las manos.

Me desperté bien avanzada la mañana. Había perdido la noción de las cosas. Tenía un poco de frío y me abrigué con una manta, antes de mirar a mi alrededor. Ramón dormía. Observé que tenía la cabeza inclinada hacia atrás, los labios entreabiertos. Respiraba confiado, como quien nada tiene que temer. Me levanté con una sensación de incomodidad. Su actitud tranquila tenía poco que ver con el estado de alerta constante en que vivía yo. Miré la sala: había pocos muebles, pero daban una impresión de solidez. No había muchos cajones y pensé que no sería complicado registrar su contenido. La idea se me ocurrió de repente, sin premeditarla, pero me pareció buena. Tenía que encontrar algo que me devolviese la paz. Era un hombre ordenado. Los libros se alineaban en las estanterías, los papeles reposaban en el fondo de los cajones. Eché un vistazo. Eran recibos, listas de material para el jardín, recortes de diarios. Estaba todo clasificado por temas y resultaba sencillo descubrirlos. No había nada que me interesase mucho. Nada delataba secretos ni descubría historias. Pasé un rato, mientras temía que él se despertara. Cuando estaba a punto de dejarlo, convencida de la inutilidad del esfuerzo, encontré aquella fotografía.

En la imagen había tres figuras. Una mujer y dos hombres. Formaban un conjunto alegre, que miraba el objetivo de la cámara con los ojos empequeñecidos por la sonrisa. Ella era Elisa, mi madre. Me sorprendió verla en aquel trozo de papel en blanco y negro. La percibí muy joven y muy vulnerable. La seguridad del retrato que conocía era sustituida por un aire débil, de persona a quien se la puede llevar el viento. ¿Fue en verdad el viento, lo que se la llevó por las rocas? En la fotografía estaba acompañada por dos hombres. A un lado, un Ramón rejuvenecido que la contemplaba con ternura. No pude evitar pensar que nunca le había descubierto aquellos ojos, cuando me miraba. Me dije que quizá era un efecto de la fotografía o de mi imaginación. Al otro lado, un hombre también joven. Estaba delgado y tenía las facciones marcadas en el rostro. La miraba con una intensidad que iba más lejos que el afecto. La vi en medio de ellos dos, perfectamente consciente de la influencia que ejercía sobre ellos. Parecía orgullosa de tener ese poder. Ignoraba los límites de mi intuición, pero me pregunté si acababa de descubrir la causa de su muerte. El amor es difícil de dosificar. Nadie acepta repartirlo.

Levanté los ojos de la foto, desconcertada. Entonces vi a Ramón. Haría poco que estaba despierto, porque conservaba un aire de ausencia que iba concretándose poco a poco. En aquel proceso de retorno, me miraba. Miraba también el papel que yo tenía en las manos. Intenté que las palabras surgieran sin crispaciones, que las preguntas no fuesen reproches.

–Es mi madre –le dije, con la sensación de contarle una obviedad.

–Sí.

–¿Y el otro?

–Un amigo que conocí en la India.

–¿Amabas a mi madre? –tuve que tomar impulso, respirar hondo.

–Mucho.

–¿Cómo la amabas? –Habría querido preguntarle si la quiso más que a mí o, mejor dicho, si me quiso sólo por ella.

–La amaba de la misma forma que respiro. Era mi única razón para vivir.

–Se murió.

–Sí.

–Por Dios, Ramón, cuéntamelo. No me contestes sólo con monosílabos. Ponte en mi piel. ¿Cómo quieres que viva todo esto? ¿Cómo quieres que lo comprenda, si siempre callas?

–No sé hablar de ello. Durante todos estos años, no se lo he contado a nadie.

–Cuéntamelo a mí. No es necesario que me expliques los detalles. Sé que habíais ido a Formentor.

–Fuimos los tres. Ella se empeñó en ir hasta el faro, a pesar del mal tiempo. Estábamos tensos.

–¿Habíais discutido?

–No exactamente. Miguel y ella hacía días que se habían hecho buenos amigos. Desde el principio hubo una complicidad que no me gustaba. Tal vez hubo alguna discusión absurda, sin valor.

–¿Estabas celoso?

–Seguramente. Ahora no tiene ninguna importancia.

–Para mí sí la tiene. Fuisteis juntos al acantilado. ¿Os asomasteis al abismo?

–Ella iba delante. Yo me adelanté casi hasta su lado. Miguel se quedó un poco atrás.

–Se la llevó el viento. Esto es lo que dicen. ¿Tú también lo dices?

–Sí, el viento.

–¿No podrías haberla salvado?

–No. Quizá sí… No lo sé.

–¿No lo sabes? Vacilas. ¿No has tenido tiempo suficiente para pensarlo?

–Lo he pensado mil veces. Me lo he preguntado de día y de noche, pero no conozco la respuesta. Sé que todo sucedió de prisa. Yo tendí un brazo hacia ella, pero ya no estaba.

–¿Para qué tendiste el brazo? ¿Por qué? ¿Querías salvarla o quizá…?

–No lo sé. Ya te he dicho que todo pasó muy rápido. Sólo puedo retener su imagen en el fondo, sobre las rocas. Sé que la amaba y que no quería su muerte. No recuerdo nada más.

Llamaron a la puerta. El sonido del timbre me asustó, porque no lo esperaba. Estaba demasiado desconcertada por las palabras de Ramón. Él se puso una camisa y unos pantalones. Fue a abrir. Me pareció que alguien lo reclamaba fuera. Le vi de espaldas, alejándose. Me alivió que se fuese. Me imaginé que también él agradecía la oportunidad de salir de casa. Estaba tensa. Me había confesado que quizá podría haber salvado a mi madre. ¿Cómo podía no estar seguro? ¿Por qué titubeaba al hablar de ello? Me pregunté qué hacía allí, junto a aquel hombre. Una distancia inmensa nos alejaba de repente: eran las dudas, el miedo, la desconfianza. Nunca más podría fiarme de él. Me pregunté cuál era mi papel en aquella historia. Había sido una torpe copia de mi madre. La ocasión de recuperar un bien perdido, que nosotros mismos desperdiciamos. El mismo viento que se la arrebató había querido devolverle a otra mujer. Una mujer joven, llena de interrogantes, que cometió el error de enamorarse. Si no tenemos la cabeza fría, no podemos juzgar un hecho, decía mi abuelo. Yo no había tenido la serenidad suficiente para darme cuenta antes de lo que sucedía. Me dejé llevar por una fascinación extraña, que me resultaba difícil de explicar. Será que las fascinaciones más profundas no se justifican.

Fui a la cocina. Había envuelto todo mi cuerpo con la manta. Había hecho un nudo sobre mi pecho para que me quedaran los brazos libres. En una bandeja, había manzanas rojas de piel gruesa. Eran brillantes, tersas, jugosas. Me senté en una silla de cuerda trenzada y cogí una. No me fue difícil encontrar un cuchillo. No era muy grande, pero tenía la punta afilada. Sin prisa, empecé a pelar la fruta. La piel formaba una espiral que iba cayendo al suelo. Me entretuve en ello porque me gustaba ver surgir la pulpa. Me di cuenta de que me mojaba las manos. La corté a trozos y me los comí. La manzana tenía un olor cálido. Pensé que era mejor el aroma que el sabor. Son cosas que ocurren. El aroma de aquella fruta creaba unas expectativas que después no se cumplían. Tenía un gusto insípido y yo eché de menos mi vida insípida de antes, cuando los buenos olores quedaban para la región de los sueños. A través de la ventana, un pequeño rayo de sol iluminaba el cuchillo que había dejado encima de la mesa. Brillaba como si fuese de plata. Me fijé: era sencillo usarlo y cortaba mucho. Había tenido que ir con cuidado para no herirme, mientras lo usaba. No podía apartar mis ojos de él. Poco a poco, pasé mis dedos por la lámina de acero. La luz de la mañana me iluminaba. Era un objeto bello. Tenía la dignidad de las perfecciones minúsculas. Entonces, pensé que me habría gustado ver a Ramón muerto.

XXV

Vinieron días llenos de confusión. Yo no era la mujer joven, que tiene la vida repleta de proyectos que llevar a cabo. Me había convertido en un ser desvalido que miraba al mundo con una sensación de fraude. Tenía la certeza de que me habían cambiado la historia. El pasado, que habría tenido que ser diferente, había sido un relato de pérdidas. Las personas que habían ocupado un lugar importante no estaban. Algunas tomaron la forma de fantasmas que me ayudaban a vivir. Eran mi abuela y mi madre, presentes en aquellos retratos. Habría querido no saber nada más. Vivir ignorante de los hechos que se encadenaron para que Elisa desapareciese en un abismo. A veces, la vida dibuja círculos poco creíbles. Nos cuesta aceptarlos con la mente, pero el corazón nos los dicta. Cada palabra sirve para recordarnos que nada fue como habríamos deseado.

Aquella mañana viví una sensación de incendio. Era casi mediodía, cuando abandoné la casa de piedra. Antes, me vestí con cierta prisa. Tenía ganas de huir de aquellas paredes, de irme afuera. No quería encontrarme con Ramón, cuando decidiese volver. En el suelo, quedaron las pieles de manzana y la manta. En el aire, los restos de los momentos que habíamos querido retener, aunque no supimos. Volví a recorrer el camino hacia casa. A la luz desvergonzada de la mañana, las cosas parecían diferentes. Me encontré con algunas personas que me observaban con expresión de sorpresa. No entendía su perplejidad ni me paré a pensar en ello. Les resultaría extraña mi presencia a aquellas horas. Tal vez la expresión de mi rostro se les hacía difícil de entender. Quizá habían oído historias sobre mí que los llevaban a observarme con atención. No me importaba. Me ganaba la prisa por llegar.

Subí a mi habitación. Delante del armario, dudé. Miraba su interior con sorpresa. Colgaban los vestidos, uno junto al otro. Algunos aún llevaban las etiquetas de la tienda donde los había comprado. Di un vistazo, un rápido recorrido que sólo me sirvió para constatar lo que intuía: eran disfraces. Había comprado aquella ropa para parecerme a Elisa. Quería parecerme a ella para gustar a Ramón. La verdad era así de sencilla, pero me hacía sentir muy poca cosa. ¿Cómo había sido capaz de transformarme de aquella manera? Había perdido el tiempo tras un hombre que también supo disfrazarse. Me escondió una verdad que no era capaz de reconocer. Llené algunas bolsas con la ropa del armario. La doblaba con cuidado y la colocaba en un montón. Me desprendía de ella con una impresión de ligereza, como si me quitase de encima un peso inmenso. Volví a dejar los vestidos de antes. Las piezas que formaban parte de la vida de una Carlota casi olvidada.

Me miré en el espejo. Llevaba el pelo rizado. No era el peinado de siempre, cuando la cabellera me caía en cascada por encima de los hombros. Olas suaves que desaparecían si movía la cabeza. Aquello también formaba parte de la metamorfosis. Lo llevaba recogido atrás, como ella en el cuadro. Se escapaban algunos mechones que significaron su revuelta, pero no la mía. Había vivido una situación extraña: me había adentrado en ella sin quererlo, cuando lo que deseaba era complacer a un hombre. Pasé un cepillo que alisaba los rizos y les devolvía un aspecto similar al que tuvieron. A medida que iba cumpliendo los pasos que me alejaban de la imagen de Elisa y me hacían recobrar la mía, respiraba más tranquila. Me sentía como si aprendiese a recuperarme. Volvía a recobrar el aspecto que me permitía reconocerme delante de un espejo, pero yo ya no era la misma. Había vivido un proceso irreversible que me costaba aceptar. Las dudas aún estaban ahí, aunque las prefería a la certeza que había empezado a intuir.

Pasaron tres días con sus noches. Transcurrieron el uno tras el otro, en una carrera silenciosa. Todo se volvía lento. Cada minuto tenía una forma propia. Me encerré en mi habitación. Era la misma que ocupó Sofía, con la cama de dosel y la cómoda antigua. El armario tenía un espejo. La abuela Margarita no entendía nada de lo que me sucedía. Se sentaba en la cama y me preguntaba si estaba enferma, si estaba triste. Yo no sabía qué debía responderle, ya que todo era cierto y todo era mentira. Era incierto el mundo y eran inciertas sus historias. Al fin, me atreví a preguntarle:

–¿Te acuerdas de la muerte de mi madre?

–Claro. Entonces yo sólo era una vecina. Apenas conocía a tu abuelo, pero me enteré de la noticia.

–La gente hablaría de ello.

–Sí. Cuando alguien muere muy joven, la gente habla. No se puede evitar.

–¿Qué decían?

–Déjalo estar, querida; contaban mil historias. Nunca creí ninguna.

–¿Qué historias? ¿Alguien dijo que no fue un accidente?

–Sí. Hubo quien dijo que murió en circunstancias extrañas.

–¿Un asesinato?

–No exactamente. La verdad es que me cuesta recordarlo. No pienses en ello. Han pasado tantos años.

–Los años no deberían borrar la memoria.

–A veces los recuerdos son materia inútil. Sólo sirven para hacer daño. ¿Para qué nos vamos a recrear en ellos?

–¿Los recuerdos, dices? Me gustaría tenerlos. Sólo conozco su rostro en un cuadro. ¿Quién tiene la culpa? ¿Me lo puedes decir?

–No hay culpables. Carlota, descansa. Tienes una vida espléndida por delante. No quieras perder el tiempo en quimeras absurdas.

–Vete, abuela. Tengo sueño.

No era verdad. No dormí en aquellos tres días. Por las noches, miraba a la oscuridad y me quedaba muy quieta. Nada interrumpía el silencio. Ni mi respiración callada, ni las voces de la memoria. Procuraba mantener los ojos bien abiertos, para que los fantasmas no pasaran de largo, si se decidían a visitarme. Estaba dispuesta a hacer muchas preguntas, cuando tuviese la ocasión. Mientras tanto, contaba los segundos y me ponía triste.

El cuarto día, Ramón vino a visitarme. Le vi llegar desde la ventana de mi habitación. Era media mañana y llevaba un rato dedicándome a contemplar el paseo. Tras los cristales cerrados, observaba los árboles. Recibían una luz amarillenta que brillaba en las hojas casi doradas. Me entretenía mirando cómo filtraban la luz. Había ramas muy altas. Algunas llegaban hasta los cristales. Mi imagen debió de recortarse en el marco, porque él alzó la cabeza y se quedó quieto. Desde aquella altura podía distinguir la palidez de sus facciones. Reprimí el gesto que, en un movimiento instintivo, iba a hacer con la mano para saludarle. Preferí esperarle inmóvil, también. Durante unos segundos, me pareció otro hombre. Quizá yo estaba demasiado alterada para captar lo que sucedía, pero tenía una mirada extraña. Era como si no me reconociera. La sensación de incredulidad no le duró demasiado. Movió la cabeza y regresó de algún lugar extraño en el que se había perdido. Mientras me daba cuenta del proceso de transformación que experimentaba su rostro, pensé que realmente le conocía muy poco.

Nos quedamos un rato sin hacer nada, observándonos en la distancia. Yo, en una ventana; él, en el jardín. Por un instante, me pregunté si sería capaz de escalar aquella pared. La fachada estaba construida con piedras que sobresalían y formaban una ruta vertical. Se me escapó una sonrisa. No me lo imaginaba haciendo acrobacias para llegar a mi atalaya. Ramón era un hombre de tierra firme, que se sentía seguro si pisaba fuerte. No hice ningún gesto para abrir los cristales ni él me lo pidió. La ventana cerrada era la garantía del silencio. Me ahorraba tener que conversar con él. De alguna manera, me esforzaba en aplazar el momento de un encuentro real. Cara a cara, los dos, con la sensación de que algo tenía que concluir.

Siempre me resultó difícil tomar decisiones. Me refiero a aquel tipo de determinaciones que tienen un carácter más o menos definitivo. Sin darme cuenta, me invento mil excusas para aplazarlas. Alguien lo llamaría cobardía, indecisión, falta de firmeza. No quiero ser tan dura conmigo misma. Hay quien piensa que la vida describe círculos. Por eso nos resulta complicado renunciar a ciertos aspectos que nos han tocado el alma. Otros piensan que la existencia es una línea que avanza, no se sabe bien hacia dónde. Son los que dejan atrás fragmentos de historia vivida. Yo creo que la vida es una espiral: avanza, pero se va y vuelve.

Me vinieron a buscar. Me avisaron de que Ramón había venido, que quería hablar conmigo. Pedí que me esperase en la sala y bajé sin prisa. Sabía que era el último encuentro. No quería pensar en sus ojos, ni en las palabras que debería escuchar, ni en nuestros cuerpos abrazándose. Me dije que las ideas deberían poderse borrar: que un trapo pasase sobre ellas para que desapareciesen. No debería quedar ni la huella, de los recuerdos que duelen. Antes de cruzar la puerta de la habitación, me miré de reojo en el espejo. Finalmente, yo también había adquirido las formas de un fantasma.

Me esperaba en pie, en la sala. Tenía la mirada fija en los retratos. Como lo imaginaba, no me sorprendió. Había sido yo quien había decidido que mis madres presidiesen el encuentro. Podría haber escogido cualquier otro lugar de la casa para recibirlo, pero allí me sentía acompañada por los cuadros. Compartía de lleno los sentimientos de mi abuelo: también se encerraba con ellas cuando tenía que tomar una decisión. Miré por el resquicio de la puerta, un poco entreabierta. Curiosamente, no parecía cohibido. A pesar de su aire descuidado –la camisa medio colgando fuera de los pantalones, la barba de varios días–, encajaba en aquel lugar. Debo confesar que me sorprendió. Esperaba encontrarlo incómodo, impresionado por un espacio que le resultaba nuevo, sin saber dónde ponerse. En cambio, actuaba con una naturalidad que se me antojaba extraña. Su cuerpo ocupaba un lugar en la habitación. La llenaba. Esta circunstancia, que no ocurre con todas las personas, me dejó sin recursos. Había esperado unos signos de debilidad que no se producían, cuando tenía que esforzarme para no demostrar mi propia vulnerabilidad. Pensé que, a pesar de todo, él era el fuerte y me dio rabia. Tosí ligeramente para anunciar mi presencia, incapaz de decir nada. Se volvió de repente hacia mí e hizo un gesto de aproximarse que quedó interrumpido, cuando advirtió mi nerviosismo. Intenté reponerme y le dije:

–Buenos días, Ramón. ¿Qué haces en esta casa?

–Necesitaba verte. Han pasado tres días sin noticias tuyas.

–Tenía que digerir nuestra última conversación. Tengo la sensación de que tú la has olvidado.

–Yo no me olvido de nada. Te echo de menos –sonaba sincero, pero hice como si no le hubiese oído.

–¿Habías visto estos cuadros? –señalé con un gesto los retratos.

–No había tenido ocasión, pero las modelos eran mucho mejores.

–¿A qué te refieres?

–A que el pintor no supo captar su belleza.

–¿La de Elisa?

–Ni la de Sofía.

–Claro. También la conociste. ¿Crees que nos parecemos?

–Las tres tenéis un aire. Esto no se puede negar, pero sois bastante diferentes.

–¿Tú crees? Siempre había pensado que éramos casi calcadas –esta última afirmación se me escapó sin quererlo.

–De ninguna manera.

–¿Y con cuál te quedarías, Ramón?

–Contigo, Carlota.

–Mentiroso. Eres un mentiroso –repetí un adjetivo que, con sólo pronunciarlo, me hacía sentir mejor–. No puedo creer nada de lo que me cuentas.

–Nunca te he mentido.

–Claro que sí. Mientes a los demás y te mientes a ti mismo. Vete.

–¿Qué dices? No te entiendo.

–Me entiendes perfectamente. Quiero que abandones este lugar: recoge tus cosas. Ahora mismo. Después, márchate. No quiero verte jamás.

–¿Sabes qué significa lo que me acabas de decir? Yo formo parte de este lugar. He vivido aquí toda mi vida. Ni siquiera sabría adónde ir.

–Otra mentira. Tú no formas parte de ningún lugar. Mucho menos de la casa que fue de mi abuelo y que ahora es mía. Es mía y no te quiero aquí.

–¿Qué voy a hacer sin la casa? ¿Cómo puedo vivir lejos del jardín y lejos de ti?

–No lo sé ni me interesa. Mañana quiero que ya no estés aquí. Tienes que haberte marchado.

Lo decía y no lo acababa de creer. Era una sensación curiosa. Una parte de mí me preguntaba qué estaba haciendo, me lo reprochaba, me acusaba de tirar la vida por la borda. Otra parte silenciaba a aquélla. Me dedicaba a sacar la rabia. Las palabras me servían para concretarla, la volvían real. Tuvieron la culpa las palabras, que me hacían decir cosas que no sentía cuando las pronunciaba. Expresaban un rencor que no era del todo cierto, o que sólo constituía una cara de la realidad. Las palabras surgen tras un proceso: primero tenemos un sentimiento que se traduce en una idea. Luego la idea se convierte en palabras. A veces, no obstante, podía ocurrir a la inversa. Las sensaciones y las ideas forman una materia confusa, que cuesta diferenciar. Abrimos los labios y salen unas palabras sobre las que no nos habíamos parado a pensar. Las palabras toman el protagonismo. Sirven para aclarar nuestra confusión o para hacerla mayor.

No me tembló la voz, mientras le decía que se fuera. Sin embargo, deseaba que todo aquello no fuese cierto. Me lo imaginaba como el resultado de una pesadilla. Ramón estaba delante de mí. Era yo misma quien derruía su mundo: adiviné en él un leve temblor, casi imperceptible, en las manos. Levantaba su frente y me miraba, pero no había un gesto de súplica en sus ojos. Sólo leía en ellos la incredulidad, la derrota. Tuve que contemplar de nuevo el rostro de mis madres y respirar profundamente. Pensaba que ellas tendrían que haberme ayudado a echarlo. Eran mis cómplices y esperaba de ellas una fuerza que no venía de ninguna parte. Seguían en la pared, inmutables, mientras yo apretaba los puños. Estuve a punto de echarme atrás: habría querido gritar que no era cierto, que no me creyese, que lo quería junto a mí para siempre. La voz se me quebró antes de nacer y callé.

Vi cómo salía de la casa. No se volvió para mirarme, aunque yo no me moví del mismo sitio durante un largo rato. Esperaba un signo, cualquier indicio que me permitiera creer que vivía una ficción. Me costaba tener que reconocerme en aquel papel. El jardín estaba espléndido. Todos los rosales floridos. Los de flor blanca que se deshoja con el viento, los que son rojos como la sangre, los que parecen coral marino. Muchos senderos dibujaban un trazado casi geométrico, que rodeaba la fuente. Comprendí que era su espacio, que él era el artífice, que yo lo expulsaba de un universo pequeño que aprendió a crear durante toda la vida. La sensación de dolor era casi física. Se me superponían los pensamientos, porque de repente veía el rostro de Elisa. La imaginaba indefensa, junto a un faro. En pie, el cuerpo de Elisa al viento. Veía una mano que se alargaba y no sabía si era para salvarla o para destruirla. Las imágenes se mezclaban con una cierta confusión. Yo tenía miedo de vivir, si la vida iba a ser tan complicada. ¿Por qué no me habían avisado? ¿Por qué nadie me dijo que las dudas son como gigantes?

Me senté en una mecedora y esperé. No sucedió nada durante mucho tiempo. Los cuadros y yo, en la penumbra de la sala. De repente, pensé que tendría que haber sabido enterrar las viejas historias. El abuelo tenía la culpa de aquella fascinación mía por dos mujeres que ni siquiera conocí. Mientras tanto, permitía que él se fuese. Pero Ramón era la materialización del pasado –me dije–, cuando él estuviese muy lejos, yo sería capaz de vivir el presente. No sabía si era verdad o si era mentira. Iba repitiéndome frases inconexas que nunca significaban lo mismo. Pensé en la bandeja de manzanas en la cocina de la casa de piedra. Yo estaba allí, arropada con una manta. Me comí una de piel muy roja. Cogí el cuchillo con cuidado para no herirme, porque estaba muy afilado. Metí la hoja cuidadosamente hasta el corazón de la fruta, adentro. De pronto, noté una punzada en mi propio corazón, como si se rompiera. Eché de menos a Ramón. Le añoraba y aún no se había ido. ¿Cómo era posible vivir sentimientos anticipados? Me sentía como si estuviese en el cine, la sala oscura, con la pantalla que me ofrecía momentos de las películas que quizá iría a ver al día siguiente, o al otro. Aquellos fragmentos de historias en imágenes me avanzaban las emociones que aún tenían que venir. Ahora me encontraba en una situación idéntica, pero no se trataba de una ficción.

Oscurecía, cuando me decidí a ir. El jardín olía a aromas que se mezclan. Nunca me había dado cuenta de aquella intensidad. Me dolía la cabeza y pensé que era a causa de la suma de perfumes. Volví a recorrer el camino que me llevaba a la casa de Ramón. Desde lo lejos, se adivinaba el trajín. Fuera, temblaba la luz del farol. También se veían los faros de una furgoneta, aparcada en la puerta. Dos hombres la llenaban de libros. Hacían viajes silenciosos desde el interior de la vivienda. En la entrada, en el suelo, había dos maletas de cuero. Se apelotonaba la ropa, camisas, jerséis, pantalones. Le vi de espaldas, sentado en una butaca. Tenía una carpeta en las manos y ordenaba papeles, fotografías. Pensé que tenía que decirle que me abrazase. Si me abrazaba, todo volvería a ser como antes. No me asaltaría el miedo. Se levantó de la butaca y me miró. Entonces, las palabras me volvieron a traicionar:

–¿Ya te vas? –le pregunté–. No era necesaria tanta prisa.

–Me has dado un plazo. No esperaré a que se termine para marcharme.

–¿Adónde vas?

–¿Quieres saberlo? –Se hizo un silencio y dudé.

–No.

–Me lo imaginaba.

No dije nada más. Tampoco Ramón me volvió a hablar. Pasó un rato, hasta que acabó de empaquetar sus pertenencias. Los libros y la ropa, los cuatro papeles. Habría querido decirle que se llevase los muebles, también, que no me dejase el espacio lleno de él cuando ya no estuviese, pero callé. Aún estaba ahí, pero yo ya percibía su ausencia. Podía ver su actitud firme, aunque tuviese los hombros inclinados, la cabeza algo más gacha. Eran los únicos signos visibles de aquella derrota.

Me quedé en pie, junto a la puerta. Él se despidió de los hombres que le habían ayudado. Al pasar por mi lado, me dejó algo frío en la palma de mi mano. Fue un gesto rápido, sin palabras. Lo miré y era un objeto de hierro oscuro: las llaves de la casa. Subió a la furgoneta y cerró la puerta. Arrancó el motor. Al principio, fue un ronroneo suave. Luego tomó fuerza. Maniobró la furgoneta hacia la verja de la salida. Supe que, al cabo de un instante, se lo comería la noche. Corrí algunos pasos hacia el vehículo, mientras levantaba un brazo. No sé si aquel brazo quería detenerlo o le decía adiós. Hay manos que se alargan hacia los demás, pero nunca adivinaremos su intención. Me vio por el retrovisor y sacó el brazo izquierdo por la ventanilla, en señal de despedida. En vez del farol de la casa nos iluminó la luna.